宋君波
著

经济日报出版社

图书在版编目(CIP)数据

大学之道 / 宋君波著. -- 北京 : 经济日报出版社,
2022.6
ISBN 978-7-5196-1084-5

Ⅰ.①大… Ⅱ.①宋… Ⅲ.①高等教育-研究-中国
Ⅳ.①G649.2

中国版本图书馆 CIP 数据核字(2022)第 067319 号

大学之道

作　　者	宋君波
责任编辑	王　含
责任校对	于立荣
出版发行	经济日报出版社
地　　址	北京市西城区白纸坊东街 2 号(邮政编码:100054)
电　　话	010-63567684(总编室)
	010-63584556　63567691(财经编辑部)
	010-63567687(企业与企业家史编辑部)
	010-63567683(经济与管理学术编辑部)
	010-63538621　63567692(发行部)
网　　址	www.edpbook.com.cn
E - mail	edpbook@126.com
经　　销	全国新华书店
印　　刷	成都勤德印务有限公司
开　　本	880×1230 毫米 1/32
印　　张	10.00
字　　数	200 千字
版　　次	2022 年 6 月第 1 版
印　　次	2022 年 6 月第 1 次印刷
书　　号	ISBN 978-7-5196-1084-5
定　　价	69.00 元

·自序·

大学与宇宙同构

《大学》有云："大学之道，在明明德，在亲民，在止于至善。"

《大学》里所阐述的大学之道，是指君子为学修身之道，同时也是弘扬学说、传播文化、自新新民、昭明显德的过程，通过齐家、治国、平天下实践，落实知行合一，最终使家国天下到达至善的境界。可以看出，君子大学之道的初心是"明明德"，归宿是"止于至善"，过程是担承"亲民"使命，不断提高人民的道德觉悟和知识水平。

如何践行大学之道？《大学》中提出以"八目"为要领："古之欲明明德于天下者，先治其国；欲治其国者，先齐其家；欲齐其家者，先修其身；欲修其身者，先正其心；欲正其心者，先诚其意；欲诚其意者，先致其知。致知在格物。"学者践行大学之道需要做的八件事是格物、致知、诚意、正心、修身、齐家、治国、平天下。其中，格物致知，同构于科学研究；正心诚意，对应于人文精神；修齐治平，对应于政治经济社会科学。马一浮先生认为，"六艺该摄一切学术"，包括

“六艺统诸子”“六艺统四部”和“西来学术亦统于六艺”。此说虽未全信，但溯一切学术的源流到源头，不外乎天理良知也。故，《大学》所述大学之道，也是现代大学的大学之道，对于当下学者学子修身立德为人为学都很适用。

大学之道，在《中庸》里亦有阐述。《中庸》开篇三句云：“天命之谓性，率性之谓道，修道之谓教。”三句话给出了性道教的内涵和关系；提出了教育的主张是，复人天性，教人回归率性而为的人道上。

什么是天命？儒家对这个观念有多种解释，归总而言之，人的命运、事务的结局由天不由人而决定，这个决定的力量就是天命。如果对应道家的观念，就是道的决定力。儒家把天意奉为最高意志，人世间的一切结果皆不出天意。

天命之谓性，什么含义？所谓一个人的性，乃是天命于人而成者，或者说叫天赋人性。其中有个深刻的含义是，天参与了个体人的性属形成，并决定了人的先天个性是这样而不是那样。这样就给予个体人性的一种天赋的地位和权利，是应该受到他人尊重的存在。这是天人合一，相直于行。天人合一，合于人的天性，率性为人为事，每个人都可以做。

人的个性，主要指人的天赋天性天才，由遗传基因决定，在人受孕时已经预置好了，是先于人出生的存在，在时间上有先天的决定性，不受出世后人生主观的干涉，这种先天性不仅受父母遗传基因的影响，而且受祖父母、外祖父母，以至于受到与其有血缘关系的列祖列宗的基因影响，这些基因都会刻录在他的基因上，没有任何遗漏，可以向上作无限的递推。说明一个人的性属是由列祖列宗的遗传基因共同刻录的结果，包含了千万年时空生活的信息，这些信息无法确知，而都可以叫着天命。

率性之谓道，意为尊性而生、率性而为，便是人道。以性为根，以人为本，尊重人的天赋个性是《中庸》人道论的革命性主张。之所以说这是具有革命性主张，是因为《中庸》强调了人类天性的尊贵性、重要性、价值性，制定人道的首要前提就是让社会尊重人的天性；理想的人生应该是率性而为的人生，不是抹杀天性而服从群性的人生，那样的人生是工具化、功利化的人生，是以现世的器用抹杀个体亿万年形成的天赋天才天性的歪道。儒家文化给人的印象是强调人的社会性、集体性、道德性，反对人的个性、天赋人性，可能是后儒出于儒学政治化的需要造成的曲解。

率性之谓道，这句话既深刻又高妙，但实现起来却不容易。原因有两个：其一，因为人的遗传基因隐藏于人的生命之中，无法直观，需要不断地提供一些任务挑战去测试其性情才能，一般人所接受的测试不充分，缺乏有效性，“认识你自己”成为很大的问题，人不知道自己的天赋天才天性所在，人生无所遵循，率性不知率啥，很盲目地被当成“一般人”用于做“一般事”，失去了“率性而为”做最好的自己的机会。其二，社会不以“率性之谓道”为然，以帝王将相官僚衙门形成的封建统治秩序为人道，人的天赋天性被压抑被遮蔽，并且让人们忘记了自己还有天赋天性这个东西，根本不会在天赋天性的发挥上有追求、有作为。

修道之谓教，怎么理解？按照道去修身就是教。所以，教育教学教化的总原则是合乎人道，不是背离人道另起炉灶、另搞一套。

教化是社会性活动，目的是帮助受教育者回归人道，回归“率性之谓道”的人生生活与价值追求，回归到最大发挥天赋天性天才的工作生活中，回归到最佳人生道路上。“天命之谓性，率性之谓道”，教育教化的目标设置应该是帮助受教育者找到其天赋天性天才，并指导他按天赋天性天才学习和成长，树立按天赋天性天才发展事业的理想，做足修身功课。

但是，自古以来，这三句话实行起来却是困难的，特别是教育方面，工具化功利化教育长期存在，习以为常。就人的天赋天性天才而言，每个人具有某一种或某几种占据优势的遗传基因，都是天才。按照这个人的天赋天性天才发展，他可能成为天子、学者、将军、艺术家、木匠、农夫，都会完成最好的自己，成为成功的人。但是，现实中成功者不多，一个重要原因就是人们把自己的天赋天性天才与事业选择进行了错配错置，以木匠的天赋天性天才来做天子，以文学家艺术家的天赋天性天才来做天子，怎么会不出问题呢?

“天命之谓性，率性之谓道，修道之谓教”，给出了理想人生、理想社会、理想教育的根本性纲领，打通了人类亿万年长生不死的生命形态——基因永续的生命，天赋天性天才需要得到全面尊重和发挥的生命，好的教育和好的社会人道设置应该是助人成为最好自己的人生。这就是人、社会、教育应该与人的天性相直的大德。

大学之道，在诚明，在慎独，在天人合一，在心与宇宙同构。

如何落实“中庸三句”?《中庸》里又提出诚明的法门:

“自诚明谓之性，自明诚谓之教。诚则明矣，明则诚矣。”意思说，学习者因为真诚，与天道天理合一不隔，故而得道明理，这是人的天性固有之义，“不勉而中，不思而得，从容中道”“无为而成”“至诚如神”，皆人的天性所固有固能者，真诚是为了去除私心杂念和偏见的遮蔽，让天性的灵镜澄明，直接于天道天理，天人合一，性道合一，性理合一，生而知之。圣人能达到这个境界，是因为圣人能做到“天下至诚”。如果做不到顺性而诚，被俗世“尘埃”染着，有了遮蔽和偏见，要明天理，需要“教”的帮助，明白需要诚的道理，再去修身净心，擦拭灵镜，“择善固执”，最终达到真诚无二的境界。教人真诚，这是教育所要起的作用。

具体地说，对于学习者而言，真诚学习有“五目”：“博学之，审问之，慎思之，明辨之，笃行之。”对待中庸之道，不仅要博学审问慎思明辨笃行，而且要刻苦用功，做到“人一能之，己百之；人十能之，己千之”，不做则已，做必成功。

慎独，既是对学者修身态度的要求，也是对学者在修身工夫层面上的要求。慎独在《大学》中以“诚其意”的方式出现。“所谓诚其意者，毋自欺也。如恶恶臭，如好好色。此之谓自谦。故君子必慎其独也。小人闲居为不善，无所不至，见君子而后厌然，揜其不善而著其善。人之视己，如见其肺肝然，则何益矣？此谓诚于中，形于外。故君子必慎其独也。”在这里，慎独具备两层含义：一层是行为层面的，在独处时，君子应非礼勿视，非礼勿动；一层是心理层面的，正心诚意，非礼勿念，如恶恶臭，如好好色，善性正气，自洽和乐，养成君子的心性。因为人的言行受心念支配，只有心念在君子之道上，言行才可能在君子之道上。

慎独除了上述出现在《大学》里的含义外，慎独在《中庸》里出现并具有一些新的含义。慎独在《中庸》里出现的上下文是："道也者，不可须臾离也，可离非道也。是故君子戒慎乎其所不睹，恐惧乎其所不闻。莫见乎隐，莫显乎微，故君子慎其独也。"慎独的含义不仅有态度层面的，而且有法门层面的：重视隐微，见独发新。

人的类性可由先贤总结发明，以伦理道德为基础的圣王之道可信，是故，"戒慎乎其所不睹，恐惧乎其所不闻"非指戒慎恐惧不睹不闻的圣贤之道，而是指来自于自身的浮念、心唤、性示以及天地万物发来的新的信息与启示。"莫见乎隐，莫显乎微"，是典型的道家观点，类似于老子的"大相无相""大音希声"，重视隐微实际是重视来自于自身和天地万物中那些未被他人重视的信息，这些信息往往蕴涵着新的启示，未被认知的道。如果没有这层意思，《大学》中所谓"知止而后有定，定而后能静，静而后能安，安而后能虑，虑而后能得"就没有着落，"致知在格物"就没有着落；《中庸》第十六章"子曰：'鬼神之为德，其盛矣乎。视之而弗见，听之而弗闻，体物而不可遗"就没有着落；《中庸》第二十二章"唯天下至诚，为能尽其性；能尽其性，则能尽人之性；能尽人之性，则能尽物之性；能尽物之性，则可以赞天地之化育；可以赞天地之化育，则可以与天地参矣"就没有着落；如果没有这层意思，《周易》所谓"观乎天文，以察时变；观乎人文，以化成天下"就没有着落。要明见世间万事万物，除了学习已有知识，还要心领体悟，静对万物，读大自然的原物元典，独见其新。王阳明非常重视独知独见，他认为，“无事时固是独知，有事时也是独知。人若不知于此独知之地用力，只是在人所公知处用功，便是诈伪”。

宋儒陆九渊认为，“心，一心也；理，一理也。至当归一，精义无二，此心此理，实不容有二”，“心即理也”。此处的理是指宇宙的本源和万物秩序。因此，他进一步推论说，“宇宙便是吾心，吾心即是宇宙”。用今人的话说，人心与宇宙同根同源同一膨胀，人心与宇宙同构，宇宙是我庭院，天地是我书房。在这个认识的基础上，陆九渊主张做人，一是做完人，即道德高尚者，一是做超人，“收拾精神，自作主宰，万物皆备于我，有何欠缺”，无所不知，无所不能。王阳明继承了陆九渊的心学思想，认为“心外无物，心外无事，心外无理”，灵明之心（意识）无体，以感应到的宇宙万物为体，为“我”的界限，故心见俱是我见，我见便是物在物显，心在即是我在；物不能出离我心，出离我心者即是非物；我心也以见物有所意识而见其灵动生动，知道心的鲜活，证明心的存在；心物的映照，就是此在合于彼在；心与宇宙同构。

创建于公元 1088 年的博洛尼亚大学是现代意义大学的发端，并以分科治学、培养人才为模式成为大学的传统；博洛尼亚大学还参与和推进了欧洲文艺复兴这场影响人类文明历史的运动。如果说博洛尼亚大学开创的大学以人才培养为中心，那么，创建于 1810 年的德国洪堡大学则把科学研究作为新型大学的中心任务，并带动了欧美大学的办学模式改变，领世界大学风气之先。20 世纪 20 年代，美国威斯康星大学带头将大学的科研成果投入社会，开发出大学服务社会的功能。2011 年 4 月 24 日，胡锦涛同志在庆祝清华大学建校 100 周年大会上的讲话中指出，必须大力推进文化传承创新，自此，大学开拓出文化传承创新这一大功能，成为引领大学发展的新动力。

就现代意义的大学而言，大学之道在于，大学要有大精神，大学要让人类知识的增长跟得上宇宙膨胀和万物变化节奏，落实大学与宇宙同构。

遥想宇宙初起，无穷大能量的奇点爆炸，开启了宇宙百余亿年的演化史。热流迸发，其有阻乎？粒子组合，其有穷乎？星辰聚散，其有定乎？万物流变，其有止乎？道德规律，其可遍乎？信息澎湃，其可知乎？因缘空色诡谲奇，阴阳明暗玄冥虚。宇宙顾自膨胀，万物遽尔转变，宇宙精神乃是不可抑制的增长精神，宇宙精神乃是常变常新的行健精神，宇宙精神乃是包容万物、齐德并育的大道精神，宇宙精神乃是永无限量的发散精神。贯通了宇宙精神，大学就装上了与宇宙同一膨胀的心劲、动力，大学就拥有了与宇宙同一宽阔包容的胸怀，大学就拥有了探索宇宙奥秘的无穷视野，大学就拥有了无限可能的创造力，大学的学问才是真正的宇宙学问，大学才能真正成为开创人类宇宙文明时代的先锋。

有了大精神，就可俯瞰万物世界和人生，从中得到诸般问题的根本解。

万物为用，不在物而在人。一个苹果，既可解渴疗饥，又可启迪发现万有引力定律；一株野蒿既可作牛羊草料，又可成为治疗人类顽疾的仙葩灵芝，登顶诺奖桂冠。无用之用，其用维新，故观鸟飞而用之，人类发明了飞机；无用之用，其用在养心，藉此而有哲学、宗教、艺术与美学，心灵得以安顿，精神得以滋养；无用之用，其用在未来，今时的耕耘、培育与播种，必将成为未来时空的萌芽、开花与硕果；我们可能不知道种下去的是什么，或者长出来的有没有用，但我们要多点耐心和容量，且慢拔“草”，袁隆平还等着用这棵野草培育新的水稻。

射箭选人，人皆知中的之用，未知不中之用；物竞天择，人皆知强者之用，不知弱者之用。竞争法则的要义不在优胜劣汰，不在缔造英雄，而在于让所有人找到自己的德性和适合自己的事业，让齐白石成为齐白石，让小木匠成为小木匠，让整个事业系统处于人尽其才、物尽其用的良序状态。《中庸》说：“天命之谓性。率性之谓道。修道之谓教。”教育的本质是使受教育者找到自己的天命天性天赋，找到自己的“生命的核心”（牟宗三语），使其乐而执之，成就自己。以往的经验是，我们把工作都集中在选拔获胜者方面，而对于非获胜方不予关注，这是一种严重的偏见，很大的不公，极其严重的资源浪费，这是一种制度式漏洞陋习，依此而埋没的人才甚于成就的人才。孔子曾为委吏、乘田、中都宰、大司寇，正是因为仕途不顺，孔子才有时间和精力授徒教学、著书立说、周游列国、推行仁学，不然，中国历史上将多一官吏而少一圣人矣。

有了大精神，就别说“不可能”。文明源自梦想，源自实践的坚持。见到鸟虫飞，人类也想飞，经历千百年的尝试，人类发明了飞机；受鱼游启发，人类发明了舟船与潜艇；电磁的发现启发出通讯文明……有种农药叫六六六，是经过666次试验成功的，还有类似的二百二，爱迪生发明电灯，等等。这说明什么？说明经过 n 次试验，实验者就能获得成功。这个 n 可以是 100，可以是 1000，10000，可以是千万、亿万，只要人类能够坚持，亿万次地坚持梦想并穷尽一个又一个方案，任何功能系统最终都能造就。

目 录

大学之道

第三篇　大学之道

第四篇　大学文化

第五篇　创建世界一流大学的战略性机遇

第一篇 从中国传统文化中汲取大学发展的养分

有请孔子

当下，一股寻根传统、复兴中华优秀传统文化的热潮席卷中国大地，全球孔子学院掀起的中国文化热亦方兴未艾。坐落于孔孟之乡的山东大学更以研究儒学、传播儒家文明为重任，成立了儒家文明协同创新中心。由此，山大与儒学的联系更加紧密了。

孔子是伟大的思想家、教育家和政治家，儒家学派的创始人。孔子的思想观念对今天的世界和中国社会仍然有很好的指导意义和启发价值，孔子的精神、学识与人格依然可以激励今天的学人自强不息，孔子的理想情怀更是“立德树人”的借鉴。

大学有人才培养、学术研究、服务社会、文化传承与创新4项功能，这4项功能均与2500多年前孔子创办私学的学旨一脉相承。孔子“自行束脩以上，吾未尝无诲焉”“有教无类”等教育思想，“因材施教”“不愤不启，不悱不发”的教学方法，“温故而知新”“学而时习之”、举一反三的学习方法，“知之为知之，不知为不知，是知也”的学习态度，“一箪食，一瓢饮，在陋巷，人不堪其忧，回也不改其乐”“朝闻道，夕死可矣”的为学精神，至今仍活跃在大学的教学、学习、学术活动中，且行之有效。

有请孔子，我们请的是真孔子、“活”孔子，而不是神坛上的孔子、教条化的孔子，更不是被人曲解、误会的假孔子。毫无疑问，要找到真孔子、“活”孔子，关于孔子的研究要下苦功，要进行方法创新，要找到新的证据。我们必须复活孔子的精神、情怀、思想、方法和人格。让真孔子、“活”孔子走进校园，走进教室，走进情感和心灵的精神世界。让师生与孔子为伍，让师生与仁义和真理为伍，让师生与愿为中华文化的伟大复兴努力奋斗的人为伍。

子无定是，实事求是，君子时中，这是孔子中庸之道活的精髓。孔子的伟大思想、非凡学说和辉煌成就并不是在实验室里做出来的，也不是菩提树下顿悟的结果，而是基于春秋时代“礼崩乐坏”的社会现实问题，思谋求解、反复实践的结果。我们今天要复活孔子，就是要复活孔子悲天悯人、入世救世的人文情怀；就是要复活孔子为天地立心、为生民立命、为万世开太平的道义担当；就是要复活孔子志道、立道、安道、弘道的精神；就是要复活孔子教育、教学的思想、态度与方法，解决当代家国天下的问题，解决人生的问题，解决教育、教学、学术、学习中的问题，通过创新来见“活”孔子、真孔子；就是要以孔子为榜样，以孔子为导师，以孔子为同仁，以孔子为同学，修身、齐家、治国、平天下。

重视社会实践，重视学说传播，在实践中丰富和完善儒学，在游历中教书育人，孔子所创立的游学教学模式至今仍有很好的借鉴性。据史载，孔子曾从当时的鲁国出发，先后到过卫、曹、宋、郑、陈、蔡、楚诸国，共 14 年，每到一地，必问政事，必察民风，向诸侯宣传政治主张，传播儒学。即使匡地被围、陈蔡绝粮，孔子犹弦歌不辍、慷慨讲诵，以身作则，教育弟子坚定信仰，不可动摇弘道之心。当下，在经济与文化全球化背景下，在中华民族崛起的大趋势下，学人更应该学习孔子游学的模式，深入各国各地，考察文明文化，解决实际问题；发扬“礼之用，和为贵”“和实生物”“和而不同”“协和万邦”的“和文化”精神，传播中国文化，吸收各文明的精髓，创造适合于人类生存与发展的新的文明样式。“和”首先是一个过程，其次才是一种结果，必须源自实际问题的解决。没有实践，“和”只能是空谈。

世界诺贝尔奖获得者在一次集会上宣布：“如果人类要在21世纪生存下去，必须回头二千五百年，去汲取孔子的智慧。”英国作家亚当斯·贝克在《东方的哲学故事》一书中说：“以我之见，应该把《论语》作为所有上大学的年轻人的必读书，如果这能够实现，那么每个伟大民族的最伟大人物的最伟大的思想，就是全人类的共同的财富了。《论语》读本应放在那些把个人的和民族的最高伦理价值上的进步看作最可珍贵之物的一切男人和女人伸手可及之处。”这些发自肺腑的话，代表了西方有识之士对孔子道德、智慧与学说的推崇！

创建世界一流大学需要一流大师。大师本就在，如何发挥他的价值，的确需要深入思考和谋划。天时地利人和，有请孔子，带来的将是思想观念、方法和成果的突破。

“孔子不讲理”刍议

儒学复兴，儒家文化日趋热烈，令人不由自主地翻翻经典、重温旧籍了。温故而知新，读书经年，动人心魄的妙论见过不少，而令我吃惊的莫过于梁漱溟先生的“孔子不讲理”论。

梁漱溟在《东西文化及其哲学》中说：“一般人是要讲理的，孔子是不讲理的；一般人是求其通的，孔子则简直不通！然而一般人之通却成不通，而孔子之不通则通之至。盖孔子总任他的直觉，倒没有自己打架，而一般人念念讲理，事实上只讲一半，要用理智推理，结果仍得凭直觉。”

初见此论，令人惊诧；细思量，深思考，又令人恍然大悟，拍案叫绝，深表赞同。

如何见得？须给“孔夫子不讲理”做一点铺垫，略说中国形而上学大意。中国学人公认《易经》的中心意思是“调和”：“其大意以为宇宙间没有那绝对的、单的、极端的、一偏的、不调和的事物……凡是现出来的东西都是相对、双、中庸、平衡、调和。”（梁漱溟语）这是中国人言行思想的依据，是尚中的文化传统与精神的哲学根据，也是中国人的文化信仰。举凡一切事物，人的言行举止，思想情怀，必须是“调和”的，否则，就是一偏的、极端的，就不稳定，或者在走向“调和”的过程中，仿佛旋转的硬币，人若肯定它某一面就会犯错。

孔子不认定的态度语出于《论语·微子》：“谓：‘虞仲、夷逸，隐居放言，身中清，废中权。我则异于是，无可无不可。’”孔子“无可无不可”亦即“子绝四：毋意，毋必，毋固，毋我”。孔子“无可无不可”的态度，深得孟子称道，赞孔夫子为“圣之时者也”。马融注“我则异于是，无可无不可”说，不必进退，唯义所在。义者，宜也，不保守一物，不认定死理，时措之宜也，即庄子所言“可乎可，不可乎不可”也。

孔子抱一切不认定态度，空洞无主张，凭什么言行处世为人呢？梁先生说，孔子一任直觉。

天人合一为直，不召而至为直，不虑而得为直；“观乎天文，以察时变”为觉，“观乎人文，以化成天下”为觉。任直觉是诚的表现形式。如恶恶臭，如好好色，任直觉，就是自诚明，就是率性，就是天使自成。《中庸》提出的修身关键是诚明，任直觉是诚明的一个法门。《论语·子路》记载一个孔子释直的一段对话：叶公语孔子曰：“吾党有直躬者，其父攘羊，而子证之。”孔子曰：“吾党之直者异于是，父为子隐，子为父隐，直在其中矣。”孔子之直恰恰是任直觉的直，就是儿子（父亲）知道父亲（儿子）偷了人家的羊，直觉告诉他是隐瞒，不是揭发，这是维护人伦的直觉使然，也是孔子所说的“仁者，人也，亲亲为大”。至于要揭发治罪，那是外人的事情。这是亲人之间的直，和孔子主张的三讳原则相一致。如何以直待他人呢？子曰：“孰谓微生高直，或乞醯焉，乞诸其邻而予之。”（《论语·公冶长》家里没醋就直说，何必向邻居借醋给人呢？子曰：“知之为知之，不知为不知，是知也。”（《论语·为政》）这是说对待学问认知方面的直。推己及人，直是仁的根基。“或曰：‘以德报怨，何如？’子曰：‘何以报德？以直报怨，以德报德。’”（《论语·宪问》）以德报怨，听起来很好，但有助恶的嫌疑，不可取。以直报怨，诚心对待别人，诚心对待自己，没有虚妄。

《中庸》的关键词之一是诚明。关于诚明的话如：“自诚明，谓之性”“率性之谓道”“诚则明矣”“诚者自成也，而道自道也”“故至诚如神”，实际上也是讲人性的直。春秋战国时代，“礼崩乐坏”，人的诚信很成问题。所以，和讲理相比，诚更重要。人做到了诚，就不用解释、辨析、讲理了；做不到诚，有了误会，才用讲理来剖析是非，表白曲直，但，已是等而下之者了。老子言“智慧出，有大伪”“绝圣弃智，民利百倍”，讲的就是这个意思。

那么，辩理真的有用吗？辩理有没有终极意义呢？庄子在“齐物论”里阐述了讲理会失效的话：假如我和你不能相知（做不到诚），而世人原本也都承受着蒙昧与晦暗，我们又能让谁作出正确的裁定？让观点跟你相同的人来判定吗？既然看法跟你相同，怎么能作出公正的评判！让观点跟我相同的人来判定吗？既然看法跟我相同，怎么能作出公正的评判！让观点不同于我和你的人来判定吗？既然看法不同于我和你，怎么能作出公正的评判！让观点跟我和你都相同的人来判定吗？既然看法跟我和你都相同，又怎么能作出公正的评判？在“子非鱼”的典故中，人和鱼所差者“诚明”而已矣。

“已欲立而立人，已欲达而达人”“已所不欲，勿施于人”。（《论语·卫灵公》）这是孔子对人与人关系所下的著名断语。但，这是直觉的产物，你要讲理，要问为什么，问题就大了。孟子要问为什么，结果就得先弄出个人性善的假设，演绎出一套叫着《孟子》的东西。荀子不以为然，反其道而行之，弄出个人性恶的假设，演绎出一套叫《荀子》的东西。后儒继续讲理，演绎，结果各有所成。理学也，心学也，博大精深了，“存天理，灭人欲”了，但却离孔子仁者爱人的主张十万八千里了。

我注六经，此六经不是彼六经。圣人出，有大伪，非圣人之伪也，实是传者之伪也，实是解读之误也。当一个社会在足够长的时间里接受一个人是圣人的时候，不知这个“圣人”已经经历了多少面哈哈镜的映射？行文至此，一个不召而至的问题是，我们距离孔子有多远呢？我们误会孔子有多少呢？我们在坠入追求讲理却又讲不通的悖论时，是否能发现已经丢失的东西？

老子的智慧：大相若反和相反相成定律

老子的哲学思想不同于别家的显著特征是，尊道贵德，重视阴虚无的认知和作用，重视阴阳有无的变化转换，重视系统整体性考量把握，重视人类向道德自然学习，重视人类的自身和平及与自然和谐，重视时间参与事务变化的缓慢作用。总体而言，老子的价值观以反对和批判之前的集约化价值观为主，在破除旧的价值体系同时，另立一套“大相若反和相反相成”的认知体系、实践体系和价值体系。

反者道之动，弱者道之用。天下万物生于有，有生于无。（《老子·第四十章》）

这两句话是老子哲学的主要观点之一，第一句说的是“道”的作用、作用方式及作用方向，属于本体论范畴；第二句说的是在道的作用下，万物的运动变化、人类对这些变化的认知规律，属于认识论范畴。当然，如何理解“反者道之动，弱者道之用”，牵扯到道的定义内涵讨论。我用本著定义的“道”，讨论会方便些。我定义的道是，诸有共作为道。有 = 这一个 + 非这一个。对于“这一个”而言，除此之外的宇宙中的其余的存在，即是“非这一个”，对“这一个”都有作用（力和其他影响），而且这个作用和“这一个”要保持其秉性“相反”，是无序的，各个“非这一个”自然发出的，并不以“赞成”“这一个”为存在前提，故，其作用往往是“非”“反”的。所以，总起来说，道的作用是“反”的，对事物的作用效果也是提供令其向相反（与秉性相反）方向变动、变化。而且，因为道是宇宙万物混处总合的作用力，故，这个作用力是平和、柔弱的，能够保证万物的“这一个”德性禀赋按照其独特的一面存续一个“生命周期”，从产生到“物壮”到“老”到衰亡。正因为道作柔弱，依物自然演化而成，道又有无为而治、无为而无不为之能、功成不居的大德。

“天下万物生于有，有生于无”，这里的“生”，不是实际的创生、产生，而是人类认识（意识活动）对客观事物的肯定，就是“这一个”到达人的意识，受到人的关注，叫“生于有”，因为万物本身就是存在的，到了人的脑海意识中，引起他的关注了，才叫“有”，因为，接下来，人要说这个“有”，做这个“有”，使得这个“有”有价值、有意义。“有生于无”，怎么理解？就是，“无”并不是绝对的那个无，而是在人的意识未出现的那个“无”，人还未关注的那个“有”，未到达人的意识报到的那个“有”。因为，按照物质守恒定律，无不能生有，有便恒有，只是存在方式变了。

五色令人目盲；五音令人耳聋；五味令人口爽；驰骋畋猎，令人心发狂；难得之货，令人行妨；是以圣人为腹不为目，故去彼取此。（《老子·第十二章》）

五色，一般指青黄赤白黑5种正色，也泛指多种颜色。五音，指宫商角徵羽，也可引申为多种声音。五味，指酸苦甘辛咸，也可引申为多种味道。驰骋畋猎，意指骑马打猎。行妨，指行动越轨，因而受到限制和妨碍。

老子在这段话里表达的主要意思是反对现实生活中繁复的事物是非善恶美丑的标准、人为价值选择对人的朴素的根本的需要造成纷扰和困顿，让人奔驰于舍本逐末的生活误会歧途中，要改变这种南辕北辙的困局，只有学习圣人，返璞归真。这里，特别要注意的是，万物所具备的有，能够遮蔽人的耳目口心诸感觉之器，使人被现有的色相迷惑，不能窥探事物的本质究竟，反而失去了其真正的本义。不仅如此，事物属性中的彼和此也有相互遮蔽取代的弊端。比如，五色之中，爱青则失黄赤白黑，爱白则失其余四色。

天下皆知美之为美，斯恶已。皆知善之为善，斯不善已。（《老子·第二章》）

老子的这段话，按寻常逻辑并不好理解。通常，人们，特别是管理工作者会认为，统一认识、统一行动，是群体治理的秘诀要义。但，老子不这样认为。因为，统一有统一的好处，也有统一的弊端。比如，双眼皮、高鼻梁被认为是美的，是因为还有单眼皮、趴趴鼻子在那里比对映衬着，如果所有人都是双眼皮、高鼻梁，双眼皮、高鼻梁也就不稀罕了，也就算不上美了。再如，人们都知道两点之间以直线路径距离为最短，但，大家都走两点之间的直线路径，一定会造成严重堵塞，这个直线路径反而不是最佳选择路径了。又如，如果每个人都行善而不承善，不接受别人的善，那么，人们所行之善就毫无用处，必然成为不善了。

三十辐共一毂，当其无，有车之用。埏埴以为器，当其无，有器之用。凿户牖以为室，当其无，有室之用。故有之以

为利，无之以为用。（《老子·第十一章》）

老子发现了虚无的功用：无论是制作车辆，还是制成器皿，还是建筑房室，真正有用的是所成之物的虚空部分，可以载人，可以盛物，可以住人。构筑实体需要材料和劳动时间，所以人们拿所成之物的实体去交换买卖，产生利润价值，而不知道真正有用的是所成之物虚空的部分。想想，人在社群中也是有这种表现：实打实地占据可以争取到自身的利益，而只有包容和辞让才会对别人有用。

天网恢恢，疏而不失。（《老子·第七十三章》）

天，近一点说，是大气层，远一点说，是宇宙时空。天网，就是宇宙万物一切存在织就的互相作用的网，道作之网。天网广大宏远，看上去空疏有隙，但是，任凭万物如何变化运动，都不会出其范畴，跑到宇宙之外，道德之外。道的作用，看似柔弱，实则强大，没有能够摆脱其作用的事物，且万物在道的作用下，生长衰亡，流变不已。

大成若缺，其用不弊；大盈若冲，其用不穷。大直若屈，大巧若拙，大辩若讷。（《老子·第四十五章》）

大成，指圆满的东西，也指宏大如天地宇宙的成就。冲，虚。圆满的东西仿佛有缺陷，但它的用处却不会衰竭；充盈的东西仿佛有虚空，但它的妙用不会穷尽。最直的东西仿佛是弯曲的，最精巧的东西仿佛是笨拙的，最善辩解者仿佛不善言辞。大成若缺，比如日月，有昼夜四时的变化，让人感觉有缺陷似的，但恰恰因为有昼夜四时的变化，万物才养成了其自身的生物钟、生活规律，各有自己的生存法则，天地之间的生物才能多彩多样。“大直若屈”，比如道作，道对万物的作用各不相同，但都是最直接的，既无偏私，又不偏好，万物接受而自成自己，千差万别，仿佛曲折有私有偏。大，包容万物，无为任物自成，故能成其大，故可言无为而无不为也。

绝圣弃智，民利百倍；绝仁弃义，民复孝慈；绝巧弃利，盗贼无有。此三者以为文，不足。故令有所属：见素抱朴，少思寡欲，绝学无忧。（《老子·第十九章》）

陈鼓应认为，“绝圣弃智”“绝仁弃义”在郭店简本中分别是“绝智弃辩”“绝伪弃诈”，通行本出现这种字句可能是传抄者根据《庄子·胠箧篇》《庄子·在宥篇》所改。老子对于“圣”寓意为最高人格修养境界者，持完全肯定的态度。在这段话里，老子典型提出反世俗价值的命题，是反集约化的强烈表述，也可以理解成反对儒家的主张号召，让老百姓“见素抱朴，少思寡欲”，民可自治，王亦无为。苏辙认为，世俗之人不能彻解圣智所见之道的根本，而见其末，所谓巧胜物者也，乃是伪“圣智”，如老子所说“大道废，有仁义；智慧出，有大伪；六亲不和，有孝慈；国家昏乱，有忠臣”。

夫唯不争，故天下莫能与之争。（《老子·第二十二章》）

道家的根本价值观是无为、不争、齐物论、逍遥游。万物之综合大者，莫过于“道”，道不争，道成物，道视万物平等，道周流不改，最为逍遥。道家、儒家、释家都主张不争，而且给出各自的出路，不争而生、不争而胜的出路。本书的主旨亦在不争而生、不争而胜，除了包括东方文明主张，还把西方文明模式一同包括在内，合东西方文明通盘考量，给出人类文明发展的出路，打破集约性，打破竞争零和性，找到不争而胜之法门。《云笈七签·七部语要》引《妙真经》轶文：“太上曰：天之道，利而不害；圣人之道，为而不争。故与时争之者昌，与人争之者亡。是以有兵甲而无所陈之，以其不争。夫不祥者，人之所不争。垢辱者，人之所不欲。能受人所不欲，则足矣。得人所不争，则宁矣。”

天之道，损有余而补不足。人之道，则不然，损不足以奉有余。（《老子·第七十七章》）

老子认为，“反者道之动”，向相反的方向转化是道的运动规律。故，天道“损有余而补不足”，正是热力学第二定律所反映的规律，富裕者遭到否定，不足者促进生长。人类创造的私有制法则相反，逆天道而行，“损不足以奉有余”，正如马太效应反映的，有的让他更有，穷的让他更穷。如果考虑时间因素，是天道持久还是人道持久呢？答案不言而喻。消灭私有制、消灭阶级、消灭差别，建设共产主义美好社会是人类为之奋斗的目标。共产主义社会符合天道。

是以圣人不行而知，不见而明，不为而成。（《老子·第四十七章》）

这段话的前半段是“不出户，知天下；不窥牖，见天道。其出弥远，其知弥少”，老子所说的“知”“明”“成”是大知、大明、大成，是对道的了悟、觉明和妙用，不是靠眼观、耳听、触摸得到的色相偏执，只有闭目看、塞耳听、用脚思考，“塞其兑，闭其门；挫其锐，解其纷；和其光，同其尘”，达到玄同混一之境，才能有大知大明大成。

为学日益，为道日损。损之又损，以至于无为。无为而无不为。（《老子·第四十八章》）

老子在这一章里讨论了学知识的人和求道者的不同，并指出如何修成圣人的法门。学知识的人，贪多，故其欲望越来越多，往往容易被色相所迷，失道；求道的人恰恰相反，欲望越来越少，心灵接于道德，得道；不断减少自己的欲望，能达到无为而还能治事、自存、治理国家，那就算得上是圣人了。圣人能像道一样，意不私出，力不偏执，自然而然，无所作为而任物自成。

企者不立；跨者不行；自见者不明；自是者不彰；自伐者无功；自矜者不长。（《老子·第二十四章》）

老子说这段话的主要意思是，过犹不及，欲速不达，强力不成。踮起脚尖想站得高但立不住；甩开大步想走得更快那不能够；自己的发现一定很难得到别人的赞同；自以为是必然得不到大家的支持；自夸者虽然做得好也未必有功；自高自大者不被众人拥戴。老子还反对主观愿望太强、自欲太盛、不管不顾、强力硬为的为人处事之道，认为只有合乎自然的、被多数人普遍接受的事务才有价值。这个见识非同寻常，它告诉人们，即使王天下而治，其所作所为亦不可自以为是，需要得到大卜人的认同。

将欲歙之，必故张之；将欲弱之，必故强之；将欲废之，必故兴之；将欲取之，必故与之。是谓微明，柔弱胜刚强。（《老子·第三十六章》）

歙，敛，合。想要收拢来，必先让它张弛而耗尽力气；想要弱化它，必先使它强到极致；想要废除它，必先让它兴盛到疲态已现；想要从他那里得到，必先给他想要的（让他放下戒心）。这是不察觉的制胜之道，是柔弱可以战胜刚强的根本所在。这是老子“反者道之动”的应用，相反相成原理，欲擒故纵之术。

宠辱若惊，贵大患若身。何谓宠辱若惊？宠为下，得之若惊，失之若惊，是谓宠辱若惊。何谓贵大患若身？吾所以有大患者，为吾有身，及吾无身，吾有何患？故贵以身为天下，若

可寄天下；爱以身为天下，若可托天下。（《老子·第十三章》）

老子认为，宠辱皆会导致心惊不宁，福祸相依，非人生之常；人因为有身体供养爱护的需要，所以会一直担忧外来祸患的发生。对于圣人而言，不是大公无私，为别人忙碌得“腓无胈，胫无毛”，而应该像珍惜爱护自己的身体一样，一毛不拔，才可以把天下人托付给他。

上德不德，是以有德；下德不失德，是以无德。上德无为而无以为；下德无为而有以为。上仁为之而无以为；上义为之而有以为。上礼为之而莫之应，则攘臂而扔之。故失道而后德，失德而后仁，失仁而后义，失义而后礼。（《老子·第三十八章》）

老子在这段话里，比较了上德与下德的根本差异，实际上是通过批判俗世流行的人为设置的“虚伪”的反自然的下德，提出真正的上德，上德无为，无功利目的性。道是全德，故是上上德，管理者若丢失了道的根本精神，只能从上德上下功夫；丢失了上德的根本精神，只能用仁来挽救；仁也丢了，就拜托义；义再丢了，依靠礼，每况愈下。

物壮则老，是谓不道，不道早已。（《老子·第五十五章》）

物壮则老现象规律是“反者道之动”定律的表现。事物从发生，到发展，到壮大极致，到达其发展轨迹的“抛物线”顶点，开始走下坡路，开始衰老，走向灭亡。

天下之至柔，驰骋天下之至坚。无有入无间，吾是以知无为之有益。不言之教，无为之益，天下希及之。（《老子·第四十三章》）

老子在这段话里，再次强调柔胜刚、弱胜强、无为之有益的道理。天下之至柔，就是道，诸有共作为道，道是作用、影响，无所不在，无物能拒。故，即使最坚硬的东西也被道所驱驰，处于时刻变动变化过程中。无形的力量可以出入致密无间之物，无为的好处也是顺物自然而成之，万物不感到有反对者，万物又不能拒绝无为带来的益处，这个益处的高妙，没有别的东西能够带来。于人而言，人们往往只注意到有的益处，比如，衣食住行，钱财援助，不注意在生活与生产活动中"没有"之益。比如，我们生活在大气中，所以行动起来阻力小，能依靠体力完成各种体力劳动；如果换成在水里、在沙漠里，很多体力劳动可能完成不好；我们赖以生存的水、空气、环境是干净的，我们才可以健康生活，传宗接代；一旦环境污染超过了一定的范围，人类和其他生物的生存就会发生危机。

圣人不积，既以为人己愈有；既以与人己愈多。天之道，利而不害。圣人之道，为而不争。(《老子·第八十一章》)

老子给出的圣人境界，是最高的境界，是人道合一的境界，人能够像道一样，周流不殆，恒一不衰。具体到生活中，圣人并不积蓄物质财富，而是不断地把物质财富分给别人，通过这种做法，把美好的德性传播给人们，让人们增长的德性化成勤劳的创造，生产更多的物质财富。从因果上看，圣人给了别人（物质与精神财富），反而形成社会物质财富与精神财富的增加，出现越给越多的效应。在人类的未来社会，这种圣人宏德之力量会成为文明发展的主要动力，直至实现共产主义，直至达到人类的至善之境。

慎独法门的启示

——如何独对天地万物与自己

君子慎独是战国以来的成语，见于《大学》《中庸》《荀子》、郭店楚简《五行》篇、马王堆汉墓帛书《五行》篇等。一般认为，慎独是儒家道德修养的一种功夫。但若仅限于此，难免局促，无法开拓人文思想的大境界，亦不足尽显“天人合一”“心外无物”的法门要旨。故，学人当以心为寰宇，真诚与万物对语，重视隐微，全息全明，广开局面，让慎独的含义由单纯的道德修养向道德与知识双修双向递进，接通古今中外，接通宇宙万物，创新文明。

慎独在《大学》中的含义

慎独，一般解释的基本含义为，君子在个人独处时，也要谨慎举止和心念，使之合乎礼仪道德规范，念念不离君子之道。此类释义主要集中在道德修养层面上。

慎独在《大学》中以“诚其意”的方式出现。“所谓诚其意者，毋自欺也。如恶恶臭，如好好色。此之谓自谦。故君子必慎其独也。小人闲居为不善，无所不至，见君子而后厌然，揜其不善而著其善。人之视己，如见其肺肝然，则何益矣？此谓诚于中，形于外。故君子必慎其独也。”

在这里，“君子必慎其独也”基本含义就是上面提到的，是正心诚意的修身态度与功夫。为了区别人在独处与众处时的不同，特别批判小人闲居为不善的两面性以警醒君子。是否做到独处时念善、心善、行善一致，表里如一，是君子与小人的重要区别。

在这里，慎独具备两层含义：一层是行为层面的，在独处时，君子应非礼勿视，非礼勿动；一层是心理层面的，正心诚意，非礼勿念，如恶恶臭，如好好色，善性正气，自洽和乐，养成君子的心性。因为人的言行受心念支配，只有心念在君子之道上，言行才可能在君子之道上。

慎独在《中庸》里的含义

明道先于守道。

“道也者，不可须臾离也，可离非道也。是故君子戒慎乎其所不睹，恐惧乎其所不闻。莫见乎隐，莫显乎微，故君子慎其独也。”

慎独在上文中出现了解释：“是故君子戒慎乎其所不睹，恐惧乎其所不闻。莫见乎隐，莫显乎微，故君子慎其独也。”这两句解释用的是遮诠式集合判断，没有确指，其含义可能引起误会。如郑玄解释为：“小人闲居为不善，无所不至也。君子则不然，虽视之无人，听之无声，犹戒慎恐惧自修正，是其不须臾离道。”这个解释与慎独在《大学》中的意思一样。

但是，要理解慎独在《中庸》的含义，须从道人关系及诚明修习两方面整体把握。守道不离的前提是明道，找到自己信仰的道，特别是成就我天赋、天才、天性的人生大道。

什么是道呢？人们有共通的人道吗？个人有没有理想的自由之道呢？《中庸》开篇明义曰：“天命之谓性。率性之谓道。修道之谓教。”明道之前先要见性。

天命之谓性，什么是天命呢？人们只有一个共同的人性、类性，还是各有天性？“天命之谓性”，是说天命是人性形成的总因果，是人性形成历史过程的总积累。要理解这个解释，先要明白人是亘古而来的因果总集，是自存与天择的成果，即道、德、天地、环境的作品。

怎样认识自己？怎样认识天命？怎么理解天命形成人性？人起于精卵结合，精子带有父本的遗传信息，卵子带有母本的遗传信息，这有四层含义：其一，精子与卵子都是活的，故人可以视为父母生命的延续；其二，基因实质是人个体天赋天才天性的载体，一个人的祖先遗传信息都刻录在其基因链上，列祖列宗的天赋天才天性呈现于子孙后代身上；其三，来源于父本母本的基因组合经历千万代的积累，使得一个人的基因中带有千千万万种组合、平衡与选择，一个人的天赋天才天性便拥有了无穷多的贮藏；其四，天地万物通过这个人的列祖列宗生活的影响，嘉其善能，修其恶劣，固化为先天禀赋，传至后代。

可见，人之性既有共通的类性（如，食色性也之性，性善、性恶之性），又有天赋天才天性，个人历世而来的天赋异禀（个性）。前者成为人类社会伦理道德的基础，后者成为人类文明生活多样化的根器，文化繁荣的种子。

问题在于，人的类性可由先贤总结发明，而人的个性必须由自己体悟（诚明），并在生活中加以尝试和验证（修身齐家治国平天下）。人在独处时，万事万物入心来照，人当扪心自问，如何面对宇宙万物的影像和如潮的浮念？这些独来的独生的意识信息岂不就是独有之“我”吗？王阳明所谓“心外无物，心外无事，心外无理”可以借助慎独的功夫而明朗吧？

重视隐微，见独发新。“是故君子戒慎乎其所不睹，恐惧乎其所不闻。莫见乎隐，莫显乎微，故君子慎其独也。”不仅是个态度问题，其中亦有法门。

人的类性可由先贤总结发明，以伦理道德为基础的圣王之道可信，是故，“戒慎乎其所不睹，恐惧乎其所不闻”，非指戒慎恐惧不睹不闻的圣贤之道，而是指来自于自身的浮念、心唤、性示以及天地万物发来的新的信息与启示。“莫见乎隐，莫显乎微”，是典型的道家观点，类似于老子的“大相无相”“大音希声”，重视隐微实际是重视来自于自身和天地万物中那些未被他人重视的信息，这些信息往往蕴涵着新的启示，未被认知的道。如果没有这层意思，《大学》中所谓“知止而后有定，定而后能静，静而后能安，安而后能虑，虑而后能得”就没有着落，“致知在格物”就没有着落；《中庸》第十六章“子曰：‘鬼神之为德，其盛矣乎。视之而弗见，听之而弗闻，体物而不可遗”就没有着落；《中庸》第二十二章“唯天下至诚，为能尽其性；能尽其性，则能尽人之性；能尽人之性，则能尽物之性；能尽物之性，则可以赞天地之化育；可以赞天地之化育，则可以与天地参矣”就没有着落；如果没有这层意思，《周易》所谓“观乎天文，以察时变；观乎人文，以化成天下”就没有着落。要明见世间万事万物，除了学习已有知识，还要心领体悟，静对万物，读大自然的原物元典，独见其新。

慎独在《荀子》中的含义是诚其独时

“君子养心莫善于诚……天不言而人推高焉，地不言而人推厚焉，四时不言而百姓期焉。夫此有常，以至其诚者也。君子至德，嘿然而喻，未施而亲，不怒而威。夫此顺命，以慎其独者也。善之为道者，不诚则不独，不独则不形，不形则虽作于心，见于色，出于言，民犹若未从也，虽从必疑。天地为大矣，不诚则不能化万物；圣人为知矣，不诚则不能化万民；父子为亲矣，不诚则疏；君上为尊矣，不诚则卑。夫诚者，君子之所守也，而政事之本也……”这段话的内容都在讲诚。郝懿行认为：“独者，人之所不见也。慎者，诚也；诚者，实也。心不笃实，则所谓独者不可见。劝学篇云：‘无冥冥之志者无昭昭之明，无惛惛之事者无赫赫之功。’此唯精专沈默，心如槁木死灰，而后仿佛遇焉。口不能言，人亦不能传，故曰独也……‘慎’字，古义训诚，诗凡四见，毛、郑俱依尔雅为释。”王念孙、陈硕甫等也认为，慎其独即诚其独也。诚其独，是要求诚实对待自己独见的道、性与天启，不因圣贤未见而否定，不因未经落实而肯定，这是正确对待新生事物的态度；见性，率性之谓道，这是道不远人、人人可以为圣人的根由。

格物致知。意识（人心）是信息接收器与处理器，是天地万物和人生社会的接待处，是人生实验室，是人决疑、择善与行动的主宰。所以，中西方文明都重视心的修养，视心为知性、知欲和知己者，把心当作反映宇宙万物的镜子，探索世界与人生奥秘的根器，与万物对语的最大“实验室”。

格物、致知，是儒家修身八目之二，源自《大学》：“古之欲明明德于天下者，先治其国。欲治其国者，先齐其家。欲齐其家者，先修其身。欲修其身者，先正其心。欲正其心者，先诚其意。欲诚其意者，先致其知。致知在格物。”因《大学》原文未作说明，后儒对格物致知各有诠释。明儒刘宗周研究认为：“格物之说，古今聚讼有七十二家。”

比较而言，作者认同《现代汉语词典》和朱熹的解释。

《现代汉语词典》2012 年发行的第六版将“格物致知”解释为：“推究事物的原理，从而获得知识。”简洁明了，意思也好。朱熹的诠释是：穷究事物道理，致使知性通达至极。

“格，至也。物，犹事也。穷推至事物之理，欲其极处无不到也。”“所谓致知在格物者，言欲致吾之知，在即物而穷其理也。盖人心之灵，莫不有知，而天下之物，莫不有理。唯于理有未穷，故其知有未尽也。是以《大学》始教，必使学者即凡天下之物，莫不因其已知之理而益穷之，以求至乎其极。至于用力之久，一旦豁然贯通，则众物之表里精粗无不到，吾心之全体大用无不明矣。此谓物格，此谓知之至也。”“故致知之道，在乎即事观理，以格夫物。格者，极至之谓。如‘格于文祖’之格，言穷之而至其极也。”朱熹的诠释有两个特点难能可贵，一个是格物的工夫要达到“即物而穷其理”，一个是致知要达到“知之至”，即“则众物之表里精粗无不到，吾心之全体大用无不明矣”。从程度和境界上，王阳明的“致良知”和朱熹的这个意思是一致的。格物致知是对万物知性、知用、知理，是对万物的诚明。推而广之，就是知人，知道，八目皆全。

格物致知和慎独有什么关系？格物致知是慎独的一项内容，慎独同时还是格物致知的态度和法门。慎独，以心面对宇宙天地万物人生社会和自己，格物致知是慎独的一部分内容；同时，慎重对待来到心中的一切信息，慎重对待自己心灵产生的感受、感想和猜想，慎重对待自己独到的见解、创新和异想天开，慎重对待一切可能性，是知物知性知用知己知道不可或缺者。王阳明所谓“心外无物、心外无事、心外无理”成立的前提是，必须下足“慎独”的工夫，无偏见，无遗漏，全息明，道周遍。

慎独是见性致中和的工夫，是“天人合一”的法门。

《中庸》曰：“喜怒哀乐之未发谓之中，发而皆中节谓之和。中也者，天下之大本也；和也者，天下之达道也。致中和，天地位焉，万物育也。”喜怒哀乐之未发谓之中，谓之性，谓之天赋天才者。因其未发，故，别人所未见、不闻而独知之也。以天命所赋之性朗照来我心者，明其善恶属性而成己成物。明儒刘宗周说：“圣贤千言万语说本体说工夫，总不离慎独二字。独即天命之性所藏精处，而慎独即尽性之学。”又说：“慎独之功，只向本心呈露时随处体认去，使得全体荧然，与天地合德。”（《刘子全书》）

未发之“中”以心念、灵性及欲望的形式呈现出来，怎样面对？怎样甄别、判断和取舍？原则就是“发而皆中节”，就是和已有的道德知识达到“中和”的状态，方法是反求诸己，灭其恶者，存其善者，以达内圣之境。也有调和不了的独见、创新与发明，表现出来，和他人、社会、自然规律发生联系，需要经历外在的生产生活的实践检验，通过社会的、万物的以及天道的致中和的检验，成则为创新创造，为功果，为规律，为新德。只有经历内外两种致中和的过程验证，才算下足慎独工夫。

格物致知，赞天地之化育，至诚如神，都是天人合一思想的体现。慎独亦是达到“天人合一”境界的法门。

钱穆在文章《中庸》新义中认为，若就宇宙一切事象而论其意义，则真实无妄即为一切事象最大之意义。若论价值，则真实无妄亦即一切事象最高之价值。换言之，凡属存在皆是天，即是诚，即是真实无妄。既属真实无妄，则莫不有其各自之意义与价值。此一义，乃中国思想史中一最扼要、最中心义。必先首肯此义，始可进而言中国思想之天人合一。钱穆的意思，存在即合道，存在即合理，存在即为意义。

于学人而言，天下可读之经有三种。第一部经叫道经或元经。以道视之，万物皆是，万物自是，自然呈现，不受人类干扰，诸有之元息总集。世所称天文地理、万物自然者皆属此类。第二部经叫心经或德经。诸有对人有所启，人有所感，心中起念，诸相之总集。万物来照，心有戚戚，灵明交感，情欲性气之未发者属于此类，心中之相，未成文字。第三部经叫书经或表经。圣贤感道见德而表其心意者，成文成著，传世而来者。世人重视第三部经而忽视前两部经，未在圣贤放眼处下工夫，未在慎独上下工夫，只见圣贤所见者，未见圣贤之所未见者。《诗》曰："上帝临汝，毋贰尔心。"慎独，就是静心清念，以俟上帝（道机），万物来投，灵明相照，天赋发新，全德合道。

对于第一部经和第二部经，"陆王心学"的陆九渊和王阳明都有清晰的主张。陆九渊与朱熹的主要分歧表现在对待"君子尊德性而道问学"的态度及下工夫的重点。朱熹注重"道问学""格物致知"；陆九渊注重"尊德性""心即是理"。陆九渊反对君子外求万物之理，工夫应下在"明心见性"上，若得"明心见性"，则"六经注我，我注六经"一事也。陆九渊有句口头禅是"尧舜所学何书"，其实就是反对君子一味只读先贤的经书成说，泥古不化。在这个意思上，陆九渊的后继者王阳明阐发得更通透："学贵得之心。求之于心而非也，虽其言之出于孔子，不敢以为是也，而况其未及孔子者乎？求之于心而是也，虽其言之出于庸常，不敢以为非也，而况其出于孔子者乎?”

《中庸》中提到天道与人道合一的方法，就是至诚。“至诚之道，可以前知。国家将兴，必有祯祥；国家将亡，必有妖孽；见乎蓍龟，动乎四体。祸福将至：善，必先知之；不善，必先知之。故至诚如神。”又说：“诚者天之道也，诚之者，人之道也。”认为人只要发扬“诚”的德性，即可与天一致。“唯天下至诚，为能尽其性；能尽其性，则能尽人之性；能尽人之性，则能尽物之性；能尽物之性，则可以赞天地之化育；可以赞天地之化育，则可以与天地参矣。”“与天地参”是天人合一。这才是《中庸》天人合一的真实含义。因而《中庸》始于“天命之谓性，率性之谓道，修道之谓教”，而终于“‘上天之载，无声无臭。’至矣”。这就是圣人所要达到的最高境界，这才是真正意义上的天人合一。

什么是至诚?怎样达到至诚?对待天地万物的至诚，是遵道任物，实事求是，是什么就是什么，客观对待；人如明镜，万物来照，各成各象；万物有性，率性而成；人对天地万物之诚，除了态度上遵道知性外，还有方法与技术层面的明道用物，完成从师法自然到与天地参的天命。物之为用，在人不在物，其用无穷，人不能尽。“故至诚无息。不息则久，久则征，征则悠远，悠远则博厚，博厚则高明。……如此者，不见而章，不动而变，无为而成。”要做到客观对待天地万物，慎独是必须的：在态度和环境上，排除各种人为的干扰，君子与天地万物对话，接受天地万物的信息，领悟天道物理；在方法层面，特别重视隐微者，从中找到显著的真相存在，达到天人合一的境界，赞天地之化育，成就人类。

一切学问发端于心的活动，是对心中信息的定向有序组织。在客观条件不变的情况下，如何才能更好地做学问？先贤们早有探索。今天的学人需要从优良传统中汲取营养，重视树立慎独的学问态度，下足慎独的清寂工夫，坚守学术自由、学术中立、学术独立原则，让学术创新贯穿整个学术生涯，博学之，审问之，慎思之，明辨之，笃行之，维新之。要重新认识心的力量，向心力心境要学问，把心当作最大的实验室，把自己的意识活动扩展至宇宙时空，扩展至微观世界，扩展至困惑自己、困惑人类的一切问题上，极尽天赋天才天性，极尽一切资源，极尽一切可能，开创人类宇宙文明的新时代。

鸡百足

鸡三足

鸡三足，见于《公孙龙子·通变论》："谓鸡足一，数足二；二而一，故三。"所谓的"谓鸡足"，是说名义上的鸡足，或足之名，或足之所以为足者；所谓的"数足"，则是实际上的足，或足之实，或足之为足。直白点说，鸡有左足、右足，再加上一个叫鸡足的名足，鸡拥有三足。

鸡三足，从常识看，不通；从逻辑看，也不通。所以，有人把"鸡三足"这个命题称作诡辩。这是一种看法，除此而外，能不能做点剖析呢？

从逻辑上看，鸡三足实质上可以表述为 1 + 2 = 3。1，就是谓鸡足一；2，就是实际的鸡足，左足和右足。问题是，按照算术法则，这 3 只足不一样，不能做加法运算，就像 1 只桃子 +1 只苹果 = ？一样无意义。这叫逻辑。

但是，这件事情并不这样简单明了。1 + 1 = 2 真的成立吗？是无条件成立，还是有条件成立？理性以为，世界上没有完全相同的两个东西（到目前为止，没有发现），所以，理性应该否定 1 + 1 = 2。1 是什么？1 只是一个符号，没有实质。只有 1 遇到具体的东西时，才会产生意义，获得实质。比如，1 个苹果，1 个桃子。概念也是一样，只是一个符号；概念的集合，叫理论，叫理性之创造物，都可以，也只是一个符号的集合。= 也是一个符号，只是具有想象意义，若是细究，相等不能成立。相等成立，需要模糊，一个苹果 = 另一个苹果，只是模糊意义的相等，即你不计较，我不计较，他不计较，便是相等。在近似的意义上，或者误差容许范围内，1 + 1 = 2。

鸡的左足、右足是有区别的，结构和功能方面，一个左倾，一个右倾。搞政治的人对左倾、右倾非常敏感，所以，分立场，结帮派。在区别的意义上，1 只鸡左足 +1 只鸡右足 =2 只鸡足，是无意义的，是不成立的。如果忽略区别，比如，两只鸡足都做成凤爪，无论左右，可以忽略不计，1 + 1 = 2 可以成立。

“鸡三足”是不是纯粹的诡辩而无意义呢？不是。在功能层面上，如果忽略一些差别，鸡足的加法就有意义，或者，“鸡三足”是有意义的。

足，功能上表现为三个方面。一个，是位下承上；一个，平衡稳定；一个，起止而行。这三个含义其实就是足的抽象的含义，不论器物之足，还是动物之足，都有类似功能。所以，“谓鸡足一”就是包含了这些意义的鸡足，每个鸡的鸡足都有这三个意义。左足、右足，有点具体的意思，具体的东西都有各自的独特性、倾向性，也就有局限性。比如，左足，它就倾向于左出、左行、左立，它在第二、第三各功能方面就有局限：单立不能久，单行不能远。只有左足右足并立才可平衡稳定持久；只有左足出右足继，才能至于千里。这叫中庸之道。于鸡而言，“谓鸡足一”就是体现鸡的中庸之道的那只足，就是综合左足、右足而让鸡达到目的那只足。

静态的中庸之道就是平衡，于物而言就是重心得到稳定不动，比如鸡，左右分足就可以。动态的中庸之道，是诸偏互较，左出右达，右出左到，得其中焉。对于一个社会而言，东西南北各有其俗，五行八作各有其规，中庸就是入乡随俗、随行就市，而不是脱离实际，另起炉灶。所谓中道，就是适合各种倾向扬长补短的道路，不是削足适履、道出帝心，也不是儒家“为天地立心，为生民立命”所划定的千古不易之道。时中，于动变中得其宜。

左足、右足，有差异、有矛盾，故可以对立，可以寓诸一体，可以和，可以立，可以行，可以统一。“谓鸡足一”，这只足就是比左足、右足更理想、更高级的足，就是走在中道上的足，是谓中足也。中足，亦是形而上之足也，它超越了具体的左足与右足，是善足也。但此中足、善足，唯有得到非中、非善的左足、右足才能得其善、达其中。这个道理叫是非一体、善因恶生。

鸡四足五足

鸡足，从功能层面上分析，亦有不止两足三足的道理。鸡有双翅，有羽毛，故在特殊情形下可以腾跃，可以飞翔，其道在空中，其足亦在空中。此种意义下，鸡翅亦是鸡足也。因此，在上述鸡两足三足的基础上，鸡或四足五足也。

鸡六足七足

鸡身心中有一足，谓之欲足，谓之意足，谓之知足，谓之性足。心足决定鸡的行止、方向、轨迹。鸡性，乃鸡之为鸡的天赋禀性也，千万年形成之生活样式与习性也。鸡由鸟驯化而来，为人类所拘，以笼为屋宇，以庭为天地，渴饮饥食，其心足在牢笼、庭院、街巷，鸡有望鸟兴叹之慨。鸡之性足，是鸡运命之足也。鸡的欲足，决定鸡的行动，是为食物而动，还是为闲逛而行，抑或是求偶私奔。

鸡身心外有一足焉，其足曰路足。鸡欲向前取食，有狗断其路，鸡弃之他去，牵绊鸡足者，路也。故鸡有欲足，有路足，此两足制约鸡的行止。路足，就是客观制约鸡行的外在因素。

鸡百足

鸡有群焉，前呼后拥，成群结队，是故，鸡欲东欲西，欲行欲止，皆非自我决定，而群中任一鸡足足以影响鸡群的动向。是以，群中鸡足皆长在个体鸡的身上。

人有百才千能

鸡百足这个命题启迪人们，要用全面的、整体的、深入的、变化的、发展的眼光看待事物。这个道理同样适用于对人的认识认知、培养造就、成长成才。

个体人究竟拥有多少种才能？不好说。因为，人的才能有显露出来的，有隐藏在潜能里的，有深藏于千万年遗传基因里没有机遇表现的。显能与潜能总体看，人或有百才千能，而表现出来的显能，不过冰山一角。当一个人的才能还未显露的时候，社会和团队应如何看待这个人、使用这个人？以人为本，还是以才为本？

教育的目的在于帮助学生学者认识自己，认识自己的天赋天性天才，挖掘自己的潜能，选择适合自己按天赋天性天才发展的学业事业，选择能够开发自己潜能、用尽自己潜能的事业。由此而从事的事业，必然是最适合自己从事的事业，成功是必然的。

二师妙论及人生三难

学人拜师证道，不必亲往，亦不必蒙其应允。张爱玲说，于千万人中遇见你所遇见的人，于千万年之中，时间无涯的荒野里，没有早一步，也没有晚一步，刚巧赶上了。芸芸众生，茫茫书海，有缘而深契我心者，即为我师也。

我与胡适师相遇在其著《我的信仰》里，他提出一个“社会不朽论”：“两千五百年前，喜马拉雅山的山峡里死了一个乞丐。他的尸体在路旁已在就腐了，来了一个少年王子，看见这个怕人的景象，就从事思考起来。他想到人生及其他一切事物的无常，遂决心脱离家庭，前往旷野中去想出一个自救以救人类的方法。多年后，他从旷野里出来，做了释迦佛，而向世界宣布他所找出的拯救的方法。这样，甚至一个死丐尸体的腐溃，对于创立世界上一个最大的宗教，也曾不知不觉的贡献了其一部分。”紧接着，胡适提出“社会不朽”的概念：“这一个推想的线索引导我信了可以称为社会不朽（Social Immortality）的宗教，因为这个推想在大体上全系根据于社会对我的影响，日积月累而成小我，小我对于其本身是些什么，对于可以称社会、人类或大自在的那个大我有些什么施为，都留有一个抹不去的痕记这番意思。小我是会要死的，但是他还是继续存活在这个大我身上。这个大我乃是不朽的，他的一切善恶功罪，他的一切言行思想，无论是显著的或细微的，对的或不对的，有好处或有坏处——样样都是生存在其对大我所产生的影响上。这个大我永远生存，做了无数小我胜利或失败的垂久宏大的左证。”胡适师自我评价说：“这个社会不朽的概念之所以比中国古代三不朽学说更为满意，就在于包括英雄圣贤，也包括贱者微者，包括美德，也包括恶德，包括功绩，也包括罪孽。就是这项承认善的不朽，也承认恶的不朽，才构成这种学说道德上的许可。一个死尸的腐烂可以创立一个宗教，但也可以为患全个大陆。一个酒店侍女偶发一个议论，可以使一个波斯僧侣豁然大悟，但是一个错误的政治或社会改造议论，却可以引起几百年的杀人流血。发现一个极微的杆菌，可以福利几千百万人，但是一个害痨病的人吐出的一小点痰涎，也可以害死大批的人，害死几世几代。”

关于人和人之间的关系，胡适在《我的信仰》中写道：“一个人就是他所吃的东西，所以达柯塔的务农者，加利福尼亚的种果者，以及千百万别的粮食供给者的工作，都是生活在他的身上。一个人就是他所想的东西，所以凡曾于他有所左右的人——自苏格拉底、柏拉图、孔子以至于他本教区的牧师和抚育保姆——都是生活在他的身上。一个人也就是他所享乐的东西，所以无数美术家和以技取悦的人，无论现尚生存或久已物故，有名无名，崇高粗俗，都是生活在他的身上。诸如此类，以至于无穷。”

胡适的社会不朽论既反映了社会与历史的真实，又揭示出每个人的善恶价值，扫荡了此前文化对人的评价偏见，尤其是告诉人们，吾人实际也活在他人身上。数年之前，我独立地（那时还没有读到胡适先生的这个妙论）悟到这个道理，由此推及精英主义的偏见，社会现象的荒诞，很高兴了一阵子。及至见到胡适先生的妙论，更是高兴得手舞足蹈，拍案称奇。我认为这是凡人中很了不起的见识。

我与冯友兰师相遇在其专著《人生哲学》中。其时正纠结于人的生死难题中，见了冯师的“凡人皆不朽论”，心中豁然开朗。其论曰：

“凡人皆不朽。盖某人于某时生活于某地，乃宇宙间之一固定的事实，无论如何，不能磨灭。换言之，无论何人不能使之无有。就此方面说，唐虞时代之平常人，与尧舜同一不灭，其差异只在受人知与不受人知；亦犹现在之人，同样生存，而因其受知范围之大小而有大小人物之分。然即至小的人物，吾人亦不能谓其不存在。能立德、立言、立功之人，在当时因其受知之范围大而为大人物，在死后亦因其受知之范围之大而为大不朽。大不朽非尽人所能有；若仅只一不朽，则人人所能有而且不能不有者也。”

可见，决定不朽本质的是存在，而被文明记录的却在于认知。认知是有所选择的，或者说有所偏嗜的。文明的秘诀在于记录并且遗忘。冯师之论妙在肯定了所有人的不朽，而且同一不朽，不能不有的不朽，这是任何人都不能更改的事实。

受二师之论的启迪，我就此思考人生哲学的三难问题：我是谁？我从哪儿来？我向何处去？

人由父母所生，父母乃是人的第一因；父母又由其父母所生，祖父母乃是人的第二因……由此上溯，某某先祖父母乃是人的第 N 因……之前的或猴或猿，或鸟或鱼，生物进化论所假定的种种因果链条一直可以推至生命的起源，推至地球、太阳系、银河系乃至于宇宙的起源（宇宙的种种学说），最终推至太初，也就是人类认知的极致开始。毫无疑问，每个人都这样：在其身后连着一根通向太初的因果链。这条因果链没有出过任何差错，才有了今天的这个人。相对于当下文明人所能察觉和承认的因果而言，这条因果链可以看作由无穷重因果构成。

那么，从这个因果链的意义上看，天性即在其中，人人都有相同的道行（人作为生物的一种，先前进行了种种遗传、变异及其他的生命活动，而这个生物之所以今天还生存着，是因为他做出了正确的生命行为选择，那些错误的生命行为选择者已然被淘汰了，这就是所谓的道行，合乎生存之道的行为与选择），人是无分别的，人人平等；今世的那点因果微不足道，而所谓的等级、尊卑、贵贱以至于世俗的价值不过是一种设置的倾向；人自生下来就被陷进这样的偏见里，受到俗世的蒙蔽与贻误；释迦牟尼说人人皆有佛性、人人皆可成佛，孟子说人人皆可为尧舜，都是大实话；人生所求、社会所助者，不过诚明二字，不过复其天性一事。

你若顺着一个乞丐的因果链上溯，他的祖辈必定有帝王将相宗师学者英雄豪杰慈善家，必定大有祖荫庇世泽后，乞丐的这些祖荫祖德益于他人，益于社会，他人的后代就欠着乞丐的，今天的世道就欠着乞丐的，他的乞讨就合情合理，我们的施舍就是一种义务。由此而论，每个人，祖先既有荫德，也有亏欠，就历史的平均意义而论，他都有享受今世生活的入场券。

我是谁？人 = 文化 + 己 + 超世修。己，乃是此一人之为此一人的本质内涵，是亘古而来的千因万果的道行之所积累，是传至久远的所历练、所修持、所由起、所成立。己，《说文解字》解为“中宫也。象万物辟藏诎形也。己承戊，象人腹”。引申之，己，是人的天性灵明的所在，是人的肉体以及肉体所需、所本、所生的合乎本体存续、发展、自我完备的意志，是此生自尚、自贵、不肯放弃的精神。所谓我，是以己为根器所进行的生活的过程，是一个人的天性灵明选择适宜其表现材料的过程，是寻找吾人见之而喜、失之必忧的文化调式，社会藉此让孔夫子成为孔夫子，让李白成为李白。

论“士”精神的弘扬

我国第 29 个教师节，是党的十八大召开之后的第一个教师节。教育部提出这一年教师节的主题是“立德树人，同心共筑中国梦”。

实现中华民族伟大复兴是中华民族近代以来最伟大的梦想。其内涵特征是实现国家富强、民族复兴、人民幸福、社会和谐。“功崇唯志，业广唯勤”，中国梦体现了中华民族的共同志向，必须团结和依靠全国各族人民通过不懈的努力才能实现。在实现这个伟大的梦想过程中，我们可以从优秀的传统文化中寻找有益的成分。笔者个人认为，传统文化中的“士”精神值得发扬光大，这其中与大学在培养人才的过程中，要立德树人，重视人才在“士”精神品质方面的培育有着联系。

孔子曰：“士志于道……”换言之，志于道者谓之士。曾子曰：“士不可以不弘毅，任重而道远。仁以为己任，不亦重乎？死而后已，不亦远乎？”人问“士何事？”孟子曰：“尚志”。又曰：“无恒产而有恒心，唯士为能。”三圣之言，皆强调士治天下、护道义、爱人民的公共品质。

有知识者未必就是士。修身齐家治国平天下，四目咸备方可称士。西方学术界认为，所谓知识分子，除了其专业工作外，他还必须关怀国家、社会以至于世界上一切有关公共利害之事，而且这种关怀是超越个人、集团私利之上的。

学士、硕士、博士，三种学位反映知识掌握的程度有分别，而统一于士的品质。院士（Academician）源于 Academy，Academy 是古希腊传说中的一位拯救雅典免遭劫难而牺牲的英雄。大学的教育目标不是知识拷贝，不是职业之造就者，不是某些指标的生产者，为国家民族养士是其应有之义。各种知识有分别，但知识服从于人类的德性是共同的；知识各有各的功能和适用性，而综合起来解决人的问题、解决社会问题以造福人类是共同的。

《山东大学堂章程》第三章第八节：“公家设立学堂，是为天下储人材，非为诸生谋进取；诸生来堂肄业，是为国家图富强，非为一己利身家。庶几所志者闳，而所成就者亦大，行之既久，非独可与各国学堂媲美，且骎骎乎复古学校之旧矣。”这段话既有对山东大学的办学宗旨的概括，也有对“士”精神的强调。我校有志于办成中国最有德性的大学，培育山大人的“士”精神品质非常重要。

中国社会发展到今天，除了经济改革开放所带来的社会红利外，政治改革、文化创新也会带来巨大的社会红利。文化也是生产力。如提高行政效率，反腐倡廉，调整经济结构，科学发展，建设公平公正的和谐社会，进一步调动广大人民的生活积极性和创造性，形成良好的社会道德风气，都会带来较好的社会效益、经济效益。民风需要士气，其要在于士可领风气之先，大学人责无旁贷。

实现中华民族的伟大复兴有许多大事要做，其中有件要务需要大学人发扬“士”精神，攻坚克难，准备好中国崛起与全球化的文化系统构建和交流平台搭建。这需要中国知识界建立新的天下观，就是中国知识界融和中西及各主要民族文化、为解决人类生存与发展的各种主要矛盾而提出的新文明模式，提出基于中国文明与智慧的全球主义，构建人类命运共同体。在这个前提下，解决中国文化的“请进来”与“送出去”问题，解决中国崛起与他国家发展无矛盾性问题，让21世纪成为中国文化的世纪，成为中华民族伟大复兴的世纪。

冯友兰先生的不朽论

有两位朋友和我讨论人生意义方面的问题。我在这个问题上说过很多话，特别是在专门文章“人生何为”中表述较多。往常的文章里零星有所涉及，仔细的朋友能找到有意思的说辞。冯友兰先生的不朽论影射人生意义，拿来做个引导，叙谈叙谈。

俗间畅行功利主义，教世间变作名利场，所以，有义利，有名誉，有道德，有仁忍，有价值，有意义，都是人群或者社会孤悬观念，都是驱动人心的梦幻或者锁链。社会假此以行百利兴焉，精英假此以行功名成焉，帝王将相，英雄豪杰，文痞流氓，俑乐歌妓，熙熙洋洋，利害趋避，亏空（价值相对）

的是芸芸众生，星斗小民，此之谓零和游戏也。

人和人之间究竟有多大的差异？胡适先生有段话说的是人乃是一种时空与社会的中庸：“一个人就是他所吃的东西，所以达柯塔的务农者，加利福尼亚的种果者，以及千百万别的粮食供给者的工作，都是生活在他的身上。一个人就是他所想的东西，所以凡曾于他有所左右的人——自苏格拉底、柏拉图、孔子以至于他本教区的牧师和抚育保姆——都是生活在他的身上。一个人也就是他所享乐的东西，所以无数美术家和以技取悦的人，无论现尚生存或久已物故，有名无名，崇高粗俗，都是生活在他的身上。诸如此类，以至于无穷。”我发明过一个公式：人＝文化＋己＋超世修，其中文化就是胡适先生话里所提及的东西，时空与社会的中庸乃是文化。人们之间的差异性主要表现在己和超世修的层面，此处不论。正是共同的文化把人们置于共通的名利场。

人，无论是谁，能不能不朽呢？冯友兰先生的话给了肯定的答复。他在《人生哲学》中有段话把不朽的专利从精英主义者那里偿还给芸芸众生：“凡人皆不朽。盖某人于某时生活于某地，乃宇宙间之一固定的事实，无论如何，不能磨灭。换言之，无论何人不能使之无有。就此方面说，唐虞时代之平常人，与尧舜同一不灭，其差异只在受人知与不受人知；亦犹现在之人，同样生存，而因其受知范围之大小而有大小人物之分。然即至小的人物，吾人亦不能谓其不存在。能立德、立言、立功之人，在当时因其受知之范围大而为大人物，在死后亦因其受知之范围之大而为大不朽。大不朽非尽人所能有；若仅只一不朽，则人人所能有而且不能不有者也。”“其差异只在受人知与不受人知。”可见，决定不朽本质的是存在，而被文明记录的却在于认知。认知是有所选择的，或者说有所偏嗜的。文明的秘诀在于记录并且遗忘。夫子述史有三讳：为尊者讳（耻），为亲者讳（疾），为贤者讳（过）。

冯氏之论妙在肯定了所有人的不朽，而且同一不朽，不能不有的不朽，人不能更改这个事实。此论推而广之就是万物不朽，无论泰山还是草芥，皆同一不朽。物质不灭，能量守恒，信息不息，这大约是万物不朽的表现形式。我在博文“打通三关，看人之所以为人”中论及人和万物的来由同一、道行同一，这里又辨明万物的去路相似。就此三个层面，齐物论是可证的。

冯氏之论的缺憾在于承袭了功利主义的老套，在不朽之中别立大不朽的名目。就数学而言，很多无穷之间并无差等，这和人们对于有限之间的差等认识大为不同。就事物的本质层面而言，大不朽和不朽是一样的，受人知与否并不影响其本质，只是一种心理消费和预期。名声只是人为的东西，正如价值的相对性一样，由别人评价。但是，宗奉功利主义者喜欢追逐这种由别人评价的玩意儿（相对价值），他们的信条就是我做故我在，人生若不流芳百世，便当遗臭万年。他们的追求术语叫，影响力，控制力，干预力，权力，名利，面子大，德高望重，英雄，精英，上流人，等等。但是，无论做什么，影响是不朽的，恶做恶存，善做善存。这个做包含了物质的力的影响，能量的影响，物理的、化学的、生物的改变，行为的、心理的、文化的信息的影响，这种影响不消失，随着各种机缘显现，其确证正在胡适先生所列举的情形里。言论或者著作也是不朽的，这是信息的不朽。一位农夫农妇的话足以形成领袖的良心和人格，百千年前的一段话通过读书而进入少年胡适的心灵，形成他的信仰。

在文化的层面上，人有生以来欠债甚多，还债便是一种不能推卸的道义。为了这份道义，人生出种种关联，世间的事务纠缠是推脱不了的。人由群而生出事业，发展事业，完成事业中的某些目标，乃是这个层面的人生意义。在己的层面上，人生在世就是一种由己规定并维持的秩序。自定义秩序自然要有独特性，最好是创新的，由此而产生独特的价值，新的价值；维护这个秩序，实质就是反哺文化，就是让由己而生的文化秩序生化为普遍的文化秩序，由己化人，化群，化时，化世。正是这种独特的秩序标示着这一个之所以是这一个的生活意义。人由己生出志业，他的意义就是发展志业，完成志业的某些目标，乃是这个层面上的人生意义。在超世修层面，超越旧时空与文明的约束，寻找无穷境界的新生活，在不能中找到能，在玄秘中照亮道，或许是值得追求的人生意义。

由本我谈教育的本质

什么是本我？要弄清这个问题，先考察一下人的来由。人由父母所生，父母乃是人的第一因；父母又由其父母所生，祖父母乃是人的第二因……由此上溯，某某先祖父母乃是人的第N因……之前的或猴或猿，或鸟或鱼，生物进化论所假定的种种因果链条一直可以推至生命的起源，推至地球、太阳系、银河系乃至于宇宙的起源（宇宙的种种学说），推至太初，推至人类认知的极致之始……毫无疑问，每个人都这样：在其身后连着一根通向太初的因果链。这条因果链没有出过任何差错，才有了今天的这个人。相对于当下文明人所能察觉和承认的因果而言，这条因果链可以看作由无穷重因果构成。这个无穷重因果包含了天人合一、物竞天择、文明进步在人身心中的总影响，孕育出人的天性、人的道行。

本我，或叫作己，乃是此一人之为此一人的本质内涵，是亘古而来的千因万果的道行之所积累，是这个人基因链条上所承载的一切天赋秉性，是诸辈诸行善恶的总叠加，是天地万物灵动的总影印；是此世这一个的总根器；是传至久远的所历练、所修持、所由起、所成立。换个说法，人是在其之前的无穷无尽的因的果，凡所有因皆有影响，皆生活在他的身上。其中的祖祖辈辈的生物性遗传皆活在他的身上，其祖祖辈辈的性情好恶偏嗜善恶皆生活在他的身上。生物遗传的、性情偏嗜的、家族累积效应的、社会的自然的——时空的蝴蝶效应的千因万果都由己来承担，都由己来表现。可见，己的道行很深，己的品性尊贵，比起当世的流行的价值估量要深刻和尊崇。

《中庸》说："天命之谓性，率性之谓道，修道之谓教。"又说："喜怒哀乐之未发，谓之中；发而皆中节，谓之和。中也者，天下之大本也；和也者，天下之达道也。致中和，天地位焉，万物育焉。"依此意解释，己是人的天命之性，己是藏于身心中的真性情，是天生我材，是"天下之大本也"。从这个意思看，子思之儒推崇人性的尊重本我，尊重个性。

率性之谓道（这个道是人道），意思是人要率性而为，为人、为事、学习、生活，这叫诚明。但现实中的人生不这样，有很多虚伪的文化成分，把人引向歧途；有很多功利性操弄，把人性遮蔽起来。子曰："人皆曰予知，驱而纳诸罟擭陷阱之中，而莫之知辟也。"卢梭说，"人是生而自由的，但却无往不在枷锁中。”人群或者社会，其生活方式或者文化都带有明显的集约性，就是让人服从他人、服从集体、服从社会的属性，这个外来的进入人心的东西叫作他性，他性对人性采取的是统治、压迫、威逼、利诱等干预手段，教人跟他走。“修道之谓教”，说的是靠修正完善人道，根除社会弊病，把人从罟擭陷阱中救出，回归人性，做自己。从这个层面看，子思之中庸并不是单方面强调“发而皆中节”去辖制人性，而是同时要求修道去伪以尊人性。

人怎样才能见到本我的天性呢？子思的方法是诚明。“诚者，自成也；而道，自道也。诚者，物之终始，不诚无物。是故君子诚之为贵。诚者，非自成己而已也，所以成物也。成己，仁也；成物，知也。性之德也，合外内之道也，故时措之宜也。”所谓自成，即是人依其天赋天性而成；所谓道自道，就是人道要依照天道的引导而成道，不去做有虚假的导向，就是老子的无为无不为的任道为的思想，充分体现了子思尊重天道人性和个体禀赋的思想。物没有思想和欲望，所以，无主观，不自作，任道为，自始至终都诚。物若不诚，必然被自然天道所淘汰，所以，不诚无物。诚，包含成己和成物两个方面，成己为仁，成物为知。成己，就是依其天性禀赋而成；成物，亦是依照物性而使其合道，不逆物性，不违天道物理。什么才算得其性呢？外合天道，内合人道（天命之谓性，人个体之所由来而秉承者，各种生物遗传信息，天赋，气质，灵命，个性，等等）。

子思又说：“唯天下至诚，为能尽其性；能尽其性，则能尽人之性；能尽人之性，则能尽物之性；能尽物之性，则可以赞天地之化育；可以赞天地之化育，则可以与天地参矣。”只有天下最诚的人，才能尽着自己的天性生活、作为；这样的人依其极诚（己欲立而立人，己欲达而达人；己所不欲，勿施于人，等等）而治理天下，就能人尽其才（让别人也尽其天性而生活、作为），物尽其用，天地人三才才能够相符，各依其道而至于至善，抒写各自的伟大。

“修道之谓教”，是说要不断修除存在于人道中那些遮蔽人性的东西，创造让人们都能够按照率性而为的法则真诚、自在生活的条件，帮助失去本我的人找回本我，这才是教育的本义。一些流行的观点认为，教育的本质是“传道授业解惑”，是文化的传承，是知识与技能的传授，是人才的培养，是为人类未知世界寻找和培养探索者，等等。其格式均为自外向内的功能性诉求，是“他”对己的诉求，是“为人之学”，非“为己之学”。教育的本质是让人成为自己，即受教育者通过充分的文明材料选择，找到适合本人天赋禀性的知识元素，确定自己颠沛必如是、造次必如是的那个是，乐而执之，竭尽才智、性情与意志，成就所执，实现人生自我诉求与价值。

明确了教育的本质，师生的关系即可确定。老师和学生都是人，都在文化证成自己的途中，都受到文化中“他者”与“己者”的困惑。所不同的是，老师是善于发现人的天性的人，老师是善于用既有的文化试探出学生天性并有助于养成学生天性的人，一句话，老师就是帮助学生找到自己的人。教育、教学的一切活动必须围绕帮助学生找到自己这个中心问题展开，所有的知识、技能、方法和探索都是一些材料，用于试探学生天性之所在的材料。此前的教育乃是一种标准化教育，假定学生模型，制定各种指标，采取既定模式，进行教育教学。以标准为中心，让学校、教师、学生围绕这个中心运转，展开种种活动，是偏重让“我”成为“他”的教育，是过分强调符合标准的教育，是将人群等级化的教育。我们的教育为什么不出天才？根源全在这里。

强调学生在教育中的核心地位并不否认教师在教育中的主动性，恰恰是为了帮助教师找到施教的着力点和发力方向。孔夫子强调“因材施教”，强调“不愤不启，不悱不发”，就是要找到教育的着力点和发力方向，就是要找到学生“己”的门户，循门户而入，进心灵，和然濡化，醇然新生。所谓“知之者不如好之者，好之者不如乐之者”，也是希望教师找到施教的着力点和发力方向，让学生找到自己。

每一个人，只有在本我的天性上发展，才有可能成己达仁，才有可能成为这一个，才有可能成为第一。而受“他性”蛊惑或者压迫，跟“他”走的人，决不可能成为“这一个”，人云亦云，人争我争，东施效颦，邯郸学步，随波逐流，飘萍一生，终究可惜了亿万年进化而来的天赋。大学之所以为大，非谓有大楼之谓也，非谓有大师之谓也，乃是帮人找到自己、成为自己之谓也。由此生上溯至其父母、其祖父母、其曾祖父母……以至于宇宙之发生的太初，斯亿万年而成的人的天性天赋在大学教育中得以认证，由潜隐而显明起来，让鲁迅成为鲁迅，让臧克家成为臧克家，让自己成为自己。

第二篇 人与人才的再认识

丁肇中　诺贝尔　山大

公元2004年的早春2月，3个不同寻常的名字在科学探索与人类福祉相互交织的时空里相遇，并因此而迸发出流光溢彩的文化。这3个不同寻常的名字是：丁肇中、诺贝尔、山大。

为了考察AMS项目合作，1976年诺贝尔物理奖获得者、美国麻省理工大学教授丁肇中先生应邀访问山东大学。在为期4天的山大之行中，丁教授通过学术报告、学术考察、学术参观、学术讨论、观看文艺演出、接受媒体采访等活动将他的风采、魅力、学识、情怀和精神传递到山大的每一个角落，将诺贝尔情结深深地系在每一个山大学子的心头，将诺贝尔精神带进了山大的文化殿堂。丁肇中热、诺贝尔热、AMS项目热和反物质讨论热成为山大的一种时尚。

诺贝尔逝世已经有100多年了，但是诺贝尔的伟大却与日俱增。这种伟大，一方面源自诺贝尔奖广泛而深刻的影响，这种影响几乎可以说是推动人类在过去的100多年里文明创新与进步的最直接的动力；另一方面，这种伟大源自诺贝尔的精神感召，这种感召使得那些不同国籍和文化信仰的人们高尚起来，睿智起来，行动起来，将人类的福祉当作自己的毕生追求，唯日孜孜，筚路蓝缕。什么是诺贝尔精神？也许答案不止一个，因为诺贝尔精神寄附于人类生生不息的文化本体上，月映万河，每一种感悟，都是一种全新的自觉。丁肇中用很简洁的话概括说："诺贝尔奖是世界公认的。我理解的诺贝尔精神有三点，一是公平，二是不分国籍，三是谨慎（有很多研究成果要等二三十年后才被证明是对的）。"除此之外，诺贝尔的悲天悯人的情怀和理想主义倾向也是诺贝尔精神的重要组成部分，这在他的那份著名遗嘱中表述得很清楚。

尽管相隔100多年，两个地域，两种文化，但是，丁肇中和诺贝尔还是有很多相似性。比如，生活简朴，不屑于无谓的交际，喜欢探索，善于思考，对自己所从事的事业兴趣盎然，都是搞爆炸（诺贝尔搞的是炸药，丁肇中搞的是粒子对撞爆炸和宇宙大爆炸学说的验证），都是世界主义者，等等。丁肇中的独特魅力在哪里呢？丁肇中在其"寻找宇宙中最小的结构"谈了5点体会：（1）做科学研究不要盲从专家的结论；（2）永远要对自己有信心，做自己认为正确的事，别人反对是别人的事，不要因为大多数人的反对而放弃；（3）做科学家，尤其是实验科学家，对意料之外的发现要有思想准备；（4）与别人合作，最重要的是选好题，选到大家最感兴趣的题目；（5）要实现一个目标，最重要的是要有好奇心，对自己做的事情感兴趣，而且勤奋地工作。在回答大学生的提问时，丁肇中的话很好地概括出他自己的学术精神——"我毕生的追求是满足好奇心，而我毕生的学术态度是永远保持怀疑。"

立竿见影，壁破道见。丁肇中的到来，一如天空中的闪电，大地上的犁痕，汪洋中的潮流，他带给山大人的震撼是广泛的、深刻的、多层次的。我们面对着这位物理学领域的大师，读出了各种信息和价值，也看到了自己的不足，看到了需要从外面的世界学习的东西。从这个意义上讲，无论我们参与AMS项目的合作经历怎样的历程，或者结果如何，我们都已经从与大师的亲密接触中得到了有益的启示。而一旦合作启动，山大将毫无疑问地走向国际学术合作的前沿，山大也将毫无疑问地走向空间物理与技术的学术前沿。但是，我们也清醒地看到，高精尖的项目合作，更多地意味着责任，对科学负责，对历史负责，对人类负责！

丁肇中喜欢用一个比喻说明J粒子发现（他因此获诺贝尔奖）的难度："这好比在一个下雨天，在某个地方每秒钟落下100亿个雨滴，其中有一滴是彩色的，我们要把它找出来！"换一个比喻，在丁肇中带给山大的这场学术春雨中，每一颗山大的心灵都沾溉了那滴彩雨的滋润，每一颗心灵都会产生异样的萌动。那么，谁会是下一个100亿雨滴中的彩雨呢？

人的向量描述

在信息化意义上，人的信息化模型可以表述为：人＝我＋我的，这是准确的公式。在实际分析应用时，可以采用指标化近似，用n维向量近似描述。n维向量"人"用$R=\{r_1, r_2, \cdots, r_i, \cdots, r_n\}$表示，n维向量"我"用$W=\{w_1, w_2, \cdots, w_i, \cdots, w_n\}$表示，n维向量"我的"用$J=\{j_1, j_2, \cdots, j_i, \cdots, j_n\}$表示。$R=W+J$，$r_i=w_i+j_i$，$i=1, 2, \cdots, n$。n是向量的维数，意即刻画人各种指标的总数，根据对人的认知和事业需要，确定其大小，n 也可以不断增大，趋于 ∞。$R=\{r_1, r_2, \cdots, r_i, \cdots, r_n\}$，实际意义是某企事业系统对人员才能、品性、素质、欲求等考核指标体系，n 可大可小，指标 ri 由系统自定，没有此项指标的个体可以用 0 替代，数值可正可负。“我的”向量 J 的内容可以有通行体系，也可以有本单位自己制定的体系，如某个人的过往成绩，某个人的工作态度，某个人的追求，某个人的团队精神与合作性，等等。鉴于当下的人学认知水平以及文明发展需要，人的向量指标体系尚未建立，或者有些粗略的评价体系，需要丰富发展完备。

向量加法除了上述 $R=W+J$，$r_i=w_i+j_i$，$i=1, 2, \cdots, n$ 外，还有另一个运算，维数拓展：$R=W+J=\{w_1, w_2, \cdots, w_i, \cdots, w_n \quad j_1, j_2, \cdots, j_i, \cdots, j_n\}$，2n 维向量。通常，该种运算发生在两种指标 w_i 与 j_i 不可合并的情况下，其中 $i=1, 2, \cdots, n$。如人隐藏的天赋天性天才和此世表现出来的功利性指标不可合并，必须分列在向量中，作为人的考察和使用依据，特别是对人才潜能潜力的挖掘、工作任务安排、团队组建都有极为重要的参考价值。

“人” $R=\{r_1, r_2, \cdots, r_i, \cdots, r_n\}$ 表明，人有百才千能，人有 n 个生命位，既是其天赋天性天才的 n 个生命位，也是人类文明的 n 个生命位，也是每个社会的、群团的、文化的、可能性的 n 个生命位。文化的这 n 个生命位正如 n 个乳房，刺激人的 n 维生命萌芽，哺育人的 n 枝生命成长，评价人的 n 枝生命的花朵与果实，造就人，成就人，实现人的天赋、意欲与价值的最大化、最佳化。既然 r_i（$i=1, 2, \cdots, n$）源自人类文明，它们就具有先天的平等，价值具有等同性，人们在评价它们时就不应该带着偏见，厚此薄彼。现实中为什么对人产生了偏见？而且从未根除？其根本原因在于，集约文明的局限，如人们（人群）的事业设计出了偏差，事由人定，领导者带着个人的偏好和利益偏袒，用人的才能就有所选择，有所偏向，进而固化了某些才能与素质的需求。根除此弊的根本做法是以人为本、因人设事、成人成业。以群体内所有人和所有才能为事业设计的根本，吸纳全体人力和所有的才能，构建开放的事业系统，各尽所能，各展才华，通过成就人来成就事业。社会的恶性竞争及其带来的事业萎缩正是过度重视某些指标、轻视另一些指标的结果，而创新所带来人的生命位、文化的生命位、文明的生命位的增加也促进了事业的发展、社会的繁荣、文明的进步。

教育让人成长，让人发展，而成长和发展应该是全面增长，无所偏颇。用向量表述，$kR = \{kr_1, kr_2, \cdots, kr_i, \cdots, kr_n\}$，让人的每个生命位都得到滋养，让人的每一种才能都得到平等的承认。传统的人才观强调的是外在的工具化需求指导，当权者的需要成为教育投入和教育指导的唯一根据，这使受教育者弃其天赋，迷于外惑，失己失根，容易产生揠苗助长、削足适履、东施效颦、邯郸学步等效应，在成就奴才的同时埋没了人才，埋没了天才。在这种意义上，教育平等和教育自由都会发生问题。在发散文明体系中，教育的目标既是为社会服务，也是为受教育者服务，核心是以人为本，天命之谓性，率性之谓道，修道之谓教，发现人、完善人、成就人，把一个个体的天赋天性天才发掘起来，培之育之，提供成长成才的机遇、资源和任务，使其成就最好的自己，贡献最大的价值，成为自己的圣人。

向量有大小、有方向、有始点、有终点，其差异性是全面的n个维度。人与人的差异或者比较也在n个维度上。向量学通过引入向量之间的夹角、投影等概念反映两个向量之间的关系和方向性差异。人与人之间的关系和方向性差异也可以有类似的描述。而向量的加法与数量的加法是那样的不同，以至于我们可以从中感悟出古老的思想智慧。向量的加法遵循平行四边形法则，如图所示，**a**+**b**既不在**a**的方向上，也不在**b**的方向上，而是在由**a**与**b**构成的平行四边形的对角线上，其大小（模）也不是**a**与**b**大小（模）之和。“和而不同”“和实生物，同则不继”，正是向量之和的“和”，古老的思想智慧和科学法则不谋而合。对于人而言，把他看作向量要比把他看作标量好，人的立场和观点（出发点和方向）具有天生的差异，承认差异才有和，有和才能生新，才能发展壮大；服从、依附、投降、整齐划一、强调统一等种种皆为假象，“同则不继”、虚妄和强迫。**a**+**b**所遵循的平行四边形法则恰恰也和中国中庸的原则不谋而合。如果用**a**+**b**表示两个不同的人的“和”——合作、共处、折中，体现**a**与**b**是按其大小与方向产生的影响来体现，折中也不是“中”位。中庸原则调和出来的系统是各种积极因素都得以彰显且并行不悖的和谐系统。在社会组织与管理系统中，人以向量的模型参与系统设计要比人以标量的模型参与设计来得准确。

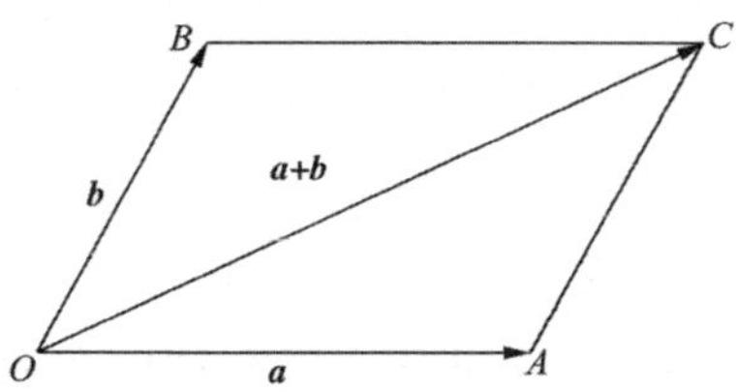

能够反映人的 n 元指标具有同等价值地位的道理在向量的数量积（点积）中。向量的数量积的物理背景是力（向量）通过某一位移（向量）所做的功等于两者的数量积。其人文意义在于，人（向量）克服困难（向量）或者做事（向量）所得功效（功绩）等于两者的数量积，困难（向量）就是事（向量），就是矛盾（向量）或要求（向量）。如果困难（向量）用 $K=\{k_1, k_2, \cdots, k_i, \cdots, k_n\}$ 表示，功效（功绩）$W=R\cdot K^t=k_1r_1+k_2r_2+\cdots+k_ir_i+\cdots+k_nr_n$（$K^t$ 是 K 的转置）。可见，人的每个才能元都对功效（功绩）有贡献。推而广之，一个团队的功效（功绩）或者事业控制可以通过一个线性方程组表示，$AX\geqslant Y$（简化问题，可以取等号，得到一个线性方程组），A 是团队矩阵，由所有人的 n 元指标构成；Y 是目标向量；X 是解，是任务，是投入，其意义相当于一个可以调和共同的契约，它保障系统完成目标，实现团队价值。$AX\geqslant Y$ 反映的是个团队经营的控制问题，目标向量 Y 和团队人力资源矩阵 A 都是可以调节的。

人工智能机器人的发展也可以按照向量描述的人模型进行模拟，这样构建一个多功能人工智能机器人团队，甚至工厂或者城市，根据系统目标的不同设置，参数设置，实现不同标的的产出。如果机器人也具备了根据不同需要制造机器人的功能，文明的增长就是指数型增长。人类的工作大概只剩下科研和艺术创作两个领域了。

人的向量（模型）观是对人的数量（指标）观的超越。站在二维空间看一维空间的事物，看者会有超越，其实如鸡啄尺蠖；站在三维空间看二维空间的事物，看者会有超越，其实如鹰逐脱兔；站在四维空间看三维空间的事物，看者会有超越，其实如史家观俗；站在五维空间看四维空间的事物，看者会有超越，其实如圣人观史。对于人而言，看一两个指标很容易把人看死，而全生命位看待一个人，就会看出勃勃生机，就会发现异彩纷呈。

借助于人的限量描述模型，可以给出超人的定义。所谓超人，就是维数 n 趋于无穷大的情况，意即无穷维的向量；每一个向量指标 r_i 可以自由取值，$i = 1, 2, \cdots, n$。

达己即成才

“人的发现”是文艺复兴对人类文明发展的一大贡献，也是西方文明成为强势文明的基础，并且对当下文明的发展影响至深。所谓文艺复兴对于“人的发现”，是指文艺复兴认识和揭示了“丰满的完整的人性”，给人的个性以最高度的关注和发展，引导个人以一切形式和在一切条件下对自己做最热诚的和最彻底的研究，对于个人——自己的和别人的人格给予前所未有的承认。文艺复兴所提倡的人文主义思想，肯定“人”是现世生活的创造者和享受者，要求文学艺术表现人的思想感情，科学为人谋福利，教育要发展人的个性。西方人及其教育在寻找和追求己的道路上迈出了一大步。但是，西方功利主义的大兴带来了新问题——资本主义经济及其商品文化对人性形成新的压制——竞争与垄断造就新的“金字塔”，商品生产与销售的规模与利润最大化导致对人的趋同性文化消费和人力的趋同性需求。这种压制结果依旧是人的工具化。人的工具化是对人本体的外力强迫，于人寻己、求己都是极大的伤害。

基于传统文化意义上的人才标准是建立在人的器用意义上的标准，人才的工具化意义不言而喻，外在的东西多一些，奴性多一些。因此，本文要给人才赋予新的意义。在公式人 = 文化 + 己 + 超世修中，人可以分三种境界：其一为奴才，指完全失己的人，他是完全依附于别人的人，既无人格，也无自由，他完全被文化所化，对文化毫无反哺；其二为天才，大己之人（或尽己之人，极尽天赋的人）为天才，他创造了新的文化元素或样式，受既有文化影响较少而对文化的反哺最劲；其三为人才，指介于奴才与天才之间的人，他身上有奴性，但不足以左右他的自我追求与自我完善，他是一位达己者，即通向大己的路人，或者说他是天才的前身。

在公式人 = 文化 + 己 + 超世修中，要人成才，祛除文化中的奴性必不可少。卢梭说："人是生而自由的，但却无往不在枷锁中。"文化中的奴性伴随人的一生，而且飘荡于社会的各个阶层的各个角落，于人生息如饮食男女，如呼吸吐纳，影响时时地地。从人的孩提时代起，教育就必须祛除奴性，要平等，要尊重，要自由，要自己，不要强迫，不要随大流。而且，这种祛除奴性的教育必须贯彻一生。消除文化中奴性根源的关键是拓展事业系统，大力扩大文化投入与产出的规模，提高文化多样性，提高事业系统对人力的吸纳度，将社会进步与每个人的进步联系在一起。相对于宇宙系统而言，地球系统、人类文明系统相当渺小，反过来说，宇宙系统可以看作人类文明系统的无穷的外系统，人类事业（如果成立）系统的扩张空间无穷无尽，所有人都用上恐有不足，为什么还要用一部分人而弃一部分人呢？文化要创新，文化要全球化，核心的东西是人类的共同利益，人类的共同超越。人人求己，人人有事做，人人有价值，人人不可替代，当下的社会问题、国际争端、民族战争等等精英主义所有逞能的领域都将风平浪静，精英主义者除了求己，别无他事。

社会或者文化打破金字塔式结构之后，要建立“汪洋式”结构，即每一滴水或者每个水分子都具有等同的地位，所有的水滴或水分子都是平等相处，彼此联结，互为依存；与此同时，汪洋之水又是动的、变的，有波浪，有潜流，所有的浪花、所有的潜流都各有不同，都各有价值——这些变化是自由的，平等的，被包容的，籍此构成汪洋的伟大。自由、平等、博爱、互证、互补、互助、互成是“汪洋式”社会或文化结构的特征。

在行的方面，徐悲鸿的“独持偏见，一意孤行”可以作求己的座右铭。持己固行，不为名利动，不为权贵倾，百折不挠，终于成己的例子如司马迁所列：盖西伯拘而演《周易》；仲尼厄而作《春秋》；屈原放逐乃赋《离骚》；左丘失明，厥有《国语》；孙子膑脚，《兵法》修列；不韦迁蜀，世传《吕览》；韩非囚秦，《说难》《孤愤》。

达己具有真正的人本价值，应该位于文化全球化的核心，应该是人类共同伦理和普世价值的奠基石。

青年人成长成才的三个关键词

每到五四青年节，就有一种想和年轻人聊聊的冲动。因为身边有一批年轻人在报社做记者、助理编辑和报纸发行等工作。察言观行，见心知意，总想说点什么。比如，平时积攒的一些心里话，“不愤不启，不悱不发”的那些未缘的“启发”。

在人生道路上，年轻人抓住三个关键词，落实好其中的内涵，对个人成长成才会起到关键性作用。这三个关键词是：人生初心、使命担当和人生梦想。

人生初心，就是人之为人的心，就是我之为我的心。人之为人的心，就是人类性本善的类心、公心、善心，仁义礼智信。孟子认为，人心有四端：恻隐之心，仁之端也；羞恶之心，义之端也；辞让之心，礼之端也；是非之心，智之端也。人生初心，本性本善，即是此意。我之为我的心，就是自知自明，知道自己的天赋天性天才所在，知道自己该在什么方向上着力，积累资源，积累优势。

人生梦想，须是自己的梦想，既不是别人强加给你的，也不是你从别人那里移植或模仿过来的。自己的梦想是发自本我的心性且合乎人之为人的初心的梦想，天命之谓性、率性之谓道者，使自己的天赋天性天才得到充分发挥，同时为社会繁荣、文明进步做出积极贡献的梦想，实现做最好的自己的那个梦想。这不容易。因为，人的梦想很容易被父母亲友干预，也很容易被流行的东西干预。追求了不该追求的梦想，从一开头就错了。

使命担当，是对初心与梦想的担当，是对社会和时代需要的担当，是用实践行动去完成有价值与意义的任务而立德立功立言，因为解决了社会问题、学术问题、文明存续问题而成功成才。一般人没有意识到，只有在为他人为社会解决问题的过程中才能创造价值和意义，单纯的私心私利不创造价值，因为价值和意义的评判者是他人与社会，不是自己。而且，更重要的是，只有为社会为时代担承使命，面对有足够难度的任务挑战，才能用上自己的天赋天性天才，才能激发自己的潜质潜能，把自己的才干发挥到极致，立大功，成大已。

在伟大的时代成为最好的自己

决定一个人成就大小的因素来自两大层面：一个是内因，即这个人的天赋天性天才；一个是外因，即这个人所生活的时代环境、事业环境、团队环境，特别是他所面对的挑战能否激发他的天赋和潜能，他要解决问题的价值和意义是否够大。孔子之所以为孔子，既与孔子有大仁大爱大志大才的内在有关，也与孔子生活的“礼崩乐坏”时代背景有关，特别是与他要解决的何以为人、何以治国、何以平天下的问题有关。设若非孔子生于春秋，就会出现朱熹所说的“天不生仲尼，万古如长夜”的情况！

人的天赋天性天才是此人由祖先亿万年进化而来的道行，累世隐藏在遗传基因里，寻常难见，一旦择机而发，常能一鸣惊人。人的天才潜能处于阴隐状态，只有遇到有难度的问题挑战，才能被激活激发，变困难为机遇，战胜危机，建功立业。这个机理被著名历史学家汤因比引申为“文明起源于适度的挑战”。一般而言，每个人都有自己的天赋天性天才，而且具备了“人人可以为圣人”的天赋潜质，真正缺乏的是机遇，一个能够发挥天才和潜能的挑战，一个足以激发出其天赋天性天才的问题。

学校教育的功能之一是让受教育者明心见性，见其天赋天性天才所在，见时代见自己立志向，为成就此生最好的自己做准备。牟宗三把人的真性情（天赋天性天才）叫着人的“生命核心”，并认为，一个人不容易把他生命中那个最核心的地方、最本质的地方表现出来，人们常说“搔着痒处”的那个“痒处”。用定义说就是，见之而喜，失之必忧者，天性也；事半功倍，人一我十者，天才也。人所学的东西是不是一定能“搔着痒处”？一定能打中他生命的那个核心？假定打中了那个核心，他从这个生命核心的地方表现出那个学问，或者说他从这个核心的地方来吸收某一方面的学问，那么这样所表现的（或者是所吸收的）就是于他而言最真实的学问。一个人一生没有好多学问，只有依着他的生命的本质那一点去吸纳、去学习、去实践、去成长，才能成为最真实的最好的自己。

在人的成长与成才过程中，最容易出现的问题有六类。其一，不认得自己，意即无论是自己，还是家人亲朋师友，都不曾把他的天赋天性天才之所在弄清楚，其学习与“成长”存在严重的跟风、赶时髦倾向，杂七杂八学了好多，也选了热门专业，可是都不在他的“生命核心”上。其二，没有选择挑战性任务，没有足够的困难砥砺，没有激发出他的天赋天性天才和潜能，他不知道自己究竟有多大能耐和多高水平，自己屏蔽自己，自己平庸自己。其三，缺乏对未来的向往，不立大志。其四，最易被“不可能”阻拦，最易受“没有用”蒙蔽；事物的本质是，一切都有可能，一切都有功用；人生的真相是，没有人能够用尽自己的天赋和潜能，不少人终其一生亦未触及自己的天赋与潜能。其五，不知天下大势，未把个人的成长成才和国家民族发展使命联系起来，未把个人天赋天性天才和人类命运联系起来。其六，不爱惜青春大好时光，没有成长成才的紧迫感，总以为还未到起跑发力时间。

我们遇上了伟大的时代，从富起来到强起来的伟大时代。宏观而言，人类面临着文明发展的重大突破和百年未有之大变局带来的机遇与挑战，实现中华民族伟大复兴的中国梦，构建人类命运共同体，为全球治理提供中国方案，任重道远、前景光明；微观而言，个人与家庭的梦想正在一步步实现，成长与成才的机遇越来越多，没有什么不可能，只要敢想敢干，只要会想会干，只要真干实干，梦想就一定能够实现。

"大人才观"大在哪儿

山东大学原校长展涛曾提出了一个"大人才观"，其主旨是"关注每个人的成长和发展"，即"我们关注的不仅仅是少数'优秀学生'和少数'杰出学者'，我们同时要关注每一个学生和教师的成长和发展，我们还同时关注管理团队的成长；我们强调人才是由一个个'个性鲜明'的个体组成的，强调关注人才的'个性化特征'、尊重人才的'个性化发展'"。山大"大人才观"是对传统人才观的突破，是教育以人为本的全面体现，解决了全方位开放办学战略的内动力问题，是新山大新百年发展的奠基石，是一把解决大学发展过程中多种问题的关键性钥匙。

"大人才观"之大，大在突破了精英主义，因而突破了传统的人才观。传统人才观的核心是精英主义。精英主义是特权与专制的产物，是维护正统的有效工具。精英主义的结构模式是典型的"金字塔"式，运作机制和封建政治极其相似，在对人类文明的发展影响至深、贡献巨大的同时，也对人类社会产生了负面的危害。正如封建专制对奴才有着天生的依赖一样，精英主义主导下的人才培养也带有先天性的奴性——人评人，主观因素多起来，客观性无法保障，公正性无法保障，后进者须向先进者“投诚”，先变成“自己人”或者“利益共同体”，让自己变成他者——这个过程的实质就是奴化。“大人才观”的实质在于，大学之人，人人皆可成才，人人皆有价值，人人皆受支持。

“大人才观”之大，大在突破了人才系统的有限性，将闭合的事业系统开拓为开放的事业系统。精英主义所维护的事业系统是闭合系统，系统的资源投入和产品产出都是有限的，因而系统内的基本秩序是等级制——等级分权，等级消费。在闭合的事业系统中，事由上出，岗由官定，事业的组织与运作由官僚机构保障，其利益分配也由官僚机构操作，官本位是其必然产物。人为因素多，竞争环境恶，阴谋胜阳谋，奴才赢人才，中国两千多年的封建社会中究竟是人才多些还是奴才多些？开放事业系统的显著特征是开放带来无限的发展资源、无限的发展机遇、无限的发展空间和无限的生机，系统通过对外拓展提高事业对人力的吸纳度，提高对人才成长的支持度，为个性提供更大的包容度，降低内耗，形成良性竞争秩序。事业系统开放的关键是人的开放。开放人要有开放的事业、开放的胸襟、开放的气度、开放的思想观念、开放的思维方式、开放的人生态度和开放的成才模式。

学生、学者、学术，大学三学的核心是人，是人才的培养和养成，是人的成长与完善，是让人找到自己、成为自己并获得承认。“关注每个人的成长和发展”，是以人为本在大学里的具体体现，是大学发展的出发点和归宿，是全方位开放办学的理论基石，是一把解决大学发展过程中各种问题的关键性钥匙。在思想认识上，我们必须澄清一个模糊的观念，这个观念认为，事业的发展依靠人才。正确的观念应该是，事业的发展依靠人民。大学的发展的内在动力源自包括人才在内的全体大学人，而不仅仅依靠少数的“人才”。一个常识性的定律是“天生我材必有用”，关键看如何用。伟大的事业必然是用得上全员的事业，真正的发展必然是人人皆得到发展的发展，大学之大大就大在人人皆大。我们搞全方位开放办学有年，成就不凡，但尚未到达顶峰，原因之一就是我们的开放还没有开放到人的层面，还没有把每个人的成才和发展与学校的发展紧密的联系在一起，内在的和谐尚需调理。“大人才观”的确立恰恰解决了全方位开放办学战略的内动力问题。

十年树木，百年树人。春之大德曰生，万紫千红，生机盎然。“大人才观”的大德曰生，生才生学，生生不息。新山大，新百年，愿山大“大人才观”大出一个百年之春。

人才究竟在哪里

在竞争时代，人才竞争是关键性竞争之一。对于大学而言，人才竞争则上升为核心竞争。山大对人才问题非常重视，把“人才战略”作为建设国内外高水平的研究型大学的三大战略之一。一位校长多次撰文阐述人才培养的理念、目标，探索人才引进与养成的机制，并呼出“人才培养是大学的第一使命”的时代强音。但是，我们常常感觉人才不够，思贤若渴，产生了“青青子衿，悠悠我心。但为君故，沉吟至今”

的情结。什么样的人算人才，或者，人才究竟在哪里？

人才就在人群里。“天地之性人为贵”，人是万物之灵，位列“三才”“四大”之一。等量齐观，人皆是才，所谓“天生我才必有用”。一个人有一个人的才分，一个人有一个人的贡献，生活不会舍弃任何人。但是，一些人与另一些人还是会有差别，所谓“物以类聚，人以群分”。这个差别就是群与群的差别，这个差别就是文化的差别，这个差别就是信仰、语言、价值观、嗜好、生活方式的差别，这个差别就是志趣与事业的差别。一个人之所以被判定为有用，或者被称为人才，是因为他适合于这个事业，适应着这种文化，创造着种种被认可的价值。宏而言之，世人皆可为我用，世人皆可成我才，关键是看你有多大的志气，你有多大的事业，你有多大的文化。一所真正的开放大学也许需要这样的气魄，否则，很难说 University 是大学值得骄傲的洋名。具体而言，大学要树立全员人才的思想，把大学里的每个人都视为宝贵的人才资源，倾心培养，量才为用，体现以人为本，而不是以人才为本。尽人之性，竭人之才，好的大学能够为大学人提供尽可能多的成才道路，也能为其工作人员提供合适的岗位。在动态方面，好的大学能够为人成才建立良好的机制，这种机制不是单单为培养一种或几种人才而设，而是要形成成才激情喷涌迸发、奇才异士竞显神通的局面。在人与才的正态分布中，我们要把关注和管理的重心向“下”移，着力从处于“中”“下”状态的人力资源中培养和发现人才，特别是发现那些可能成为奇才、特才的人。这需要我们对人才思想和战略进行新的调整。

人才就在旗帜下。招致人才，需要旗帜，需要一竿文化的旗帜。不愁天下无才，不愁大学无才，愁得是没有一竿合适的文化旗帜。把大学的志向、理想、旨趣、对世界的见解、人文关怀、聪明才智、办学特色浓缩在几句警句里，昭告天下，昭告世人，通心意，同声气，合智力，谋共业，集人才。国内大学皆喜以流行语为幌子，给人的感觉是千学一面，彼此雷同。时下，创建一流大学成为国内很多大学的“学幌子”，殊不知“一流大学”词义相当空泛，人们透过这个词汇无法了解到这所大学的任何情感倾向、文化主张、办学特色等具体信息，根本不会产生感召力。

人才当从和字生。“夫和实生物，同则不继。”大学的事业广博伟大，所需要的人才也不拘一格，“兼容并包”既是学术管理原则，也是人才共生之道。因为有异，才具备了构成复杂的、高级的系统的基础，才有了互补与相济的可能，才会生出相反相成的异象，才获得啮合互竞的动力。异中求同，这个同是同文化的同，是同事业的同，是同目标的同，也是同心同德的同。系统扩张的实质是生异、求新的过程，是对异质事物选择的过程，是对异己包容的过程。但是，人对已知的事物具有强烈的依赖性，且自信有余，使排斥异己成为文化习惯，人与人的猜忌等文化之锈、文化垃圾导致了系统的失和。系统维和，既是大学管理的责任，也是大学人的义务，既需要宽广的人文情怀，也需要远见卓识的大智慧。要学会从异己处生新、求补、借力、得益、发展的本领。

换个角度看人。左丘失明，厥有《国语》；孙子膑脚，《兵法》修列；司马腐刑，世传《史记》；三保太监，七下西洋。鸡鸣狗盗争战国，织席贩履演三分。西施胸痛，竟得捧心之美；飞燕身轻，故擅掌上之舞；玉环体肥，方得无力之妙；昭君孤傲，艳名芳于塞外。金由沙生，珠从尘起，瑕成玉洁，疵显毛真。高山之下，必有深壑；大海之旁，必有乱礁。物生一凸，必随一凹；人具一能，必留一憾。看人的长处，越看越喜其才；盯人的缺点，天下无一人才。以待才的心待人，以视才的眼神视人，以厚才的待遇厚人，以孟尝君待冯谖的肚量待人，以伯乐知马之能知人，才虽在天涯，亦将归之；反之，以待奴之道待才，才虽在身边，亦必去之。大学里过分单调的人才价值评价体系对人才的生存极具杀伤力：一些人才成为某些指标的奴才，一些人才成为官僚主义的奴才，一些人才成为另一些“人才”的奴才，一些人才成为金钱的奴才，一些人才搞起了学术腐败……

人才生于文化。大学不仅仅是人的地理群居，更重要的是人的文化群居。大学文化是被大学人所采用并在时间中传袭下来的一种选择型模。因为大学事业的博大精深和永无止境，大学的文化价值观必须以多元体系的构建来保持大学发展的活力，在模型形象方面，大学文化的选择模型是球状物，而不是线状物或平面物。

百流归于海者，因为海低而有容；千岩归于山者，因为山高且有志。

新伯乐千里马论

千余年前，韩子怀才不遇，慨然叹曰：世有伯乐，然后有千里马，千里马常有，而伯乐不常有。千余年来，辱于奴隶之手而骈死于槽枥之间的千里马何其多耶？没入草莽而寂于巷陌之间的伯乐何其多耶？千里马常有，伯乐亦常有，善驭马而用伯乐者不常有也！

天地生马，善驰者佳。骏马者，非牛耕驴驮之畜也，乃英雄驰骋疆场杀敌立功之坐骑也。人马为骑，英骏不分，气吞山河之骁将，必得追风嘶电之骅骝相配。关公温酒斩华雄，千里走单骑，非赤兔之功耶？

世无伯乐，千里马或隐于驽马之中，或没于田垄之上，与牛为伍，与驴相杂，日辱于奴隶之首，夜梦于槽枥之间，悲嘶长路远，慨叹风雷喑。然世有伯乐，世有千里马，而世无俊杰，千里马终无一用，伯乐终无一用。

驭马者昏昏，用才者庸庸。日行百里尚嫌颠簸之劳，夜行十里更有坠马之虞，胸无长志，心在安逸，千里之马，非其良匹也，伯乐之才，非其良师也。有责之者，其必曰：驽马虽劣而性驯，骀马虽庸而行稳，行于磨道胜过驴，驰于快道快于牛，稳官骒马，其道“中庸”，妙哉，妙哉。

或有害群之马曰，吾即千里马也，驰骋于官场之上，沉浮于宦海之中，为人役使，虽受犬马之劳，然金玉为鞍，珠宝为饰，行于路则有扬鬃奋蹄之威，休于途则受拍马溜须之益，息于枥，更得夜料之肥。今以千里马之名为旗号，无他，乃名利二缰使然。至于老夫的脚程如何，麾后之马岂敢妄议？

有人指驴为马曰：“此善驰者也。”或有疑之者，其必请“伯乐”以驴相马，举凡眼耳口鼻背臀蹄腿毛色叫声皆以此驴为准绳。若请驰骋，则以驴道试之，陷阱羁绊，坑马于驴后。

呜呼！马不得其道而行，人不尽其才而用，非欺马也，非辱人也，乃欺天也。

走谁的路，让谁说呢

但丁有句云："走自己的路，让别人去说吧。"中国演艺界常常喜欢幽一默曰："走别人的路，让自己去说吧。"后来更演绎出一句："走别人的路，让别人无路可走。"笑完之后想一想，究竟那句更有哲理呢？什么是自己的路？什么是别人的路？我们究竟是在走自己的路呢，还是在走别人的路？自己的路自己说了算，还是自己的路别人说了算？实际上，人们走的是谁的路，评价的人又是谁呢？

一位朋友和我讨论梁任公。梁启超先生我曾经很是喜欢了一阵子的，要不是疼钱，600 多元的《饮冰室文集》就买了。现在，也还是喜欢他，只是有些懈怠了，少了些唐·吉诃德样的激情。曾经还喜欢过胡适之，花了 1000 多元买他的文集；再早，还喜欢过吴宓，买过他 10 卷本的日记；还有梁漱冥、熊十力、牟宗三，等等。读书，不知不觉地跟了他去！

读梁读胡，梁胡的名气高是一个因素，而核心因素却是为了找自己，印证自己的一些浅见，寻找新文化的脉络。人有见己而喜的习惯，也有从他人那里映照自己的需求。一个己字，如何能够分析清楚？牟宗三慨叹：见己甚难。文化先于个体存在，文化中的他者因素为多，我要见己，必得先见他，借他见己，所谓"六经注我"也。见己也还不是己，还要立己，由他去体认我，由他去成就我。写过一篇文章，叫"你即我"，讲文化认同，讲人的价值深化，讲人究竟能走多远，讲人能否突破有限的囿限。因为，人是文化的人，人必然受到他化，而且首先要受到他化；人是人类中的人，人是社会网络的网格和接点，人必然要化他。拿什么化他？以他化他，这是文化传播，其中很难见到己，以己化他，我中必须含有创新的“这一个”。自然，“这一个”里也还含有“那一个”，原因有二：其一，“这一个”非空化而来，乃是由文化从他处化来，但有新处，有异质；其二，“这一个”必须含着一面镜子，让他照见自己，让他体味着自己的经验与想象。鲁迅先生曾说过：“《红楼梦》单是命意，就因读者的眼光而有种种：经学家看见《易》，道学家看见淫，才子看见缠绵，革命家看见排满，流言家看见宫闱秘事。”是说“那一个”对“这一个”的体味各有“妙处”。

学校教育如果不能宗奉多元文化价值，自由凝滞，兼容折扣，它在按某些标准成就人的同时，也把另一些不合标准却又暗含异禀的人埋没掉，使其终生不得见己。文明一词说得明白，就是记录看得见的，辉煌的，忽略看不见的，失败的，丑陋的。孔夫子的编史三讳（为尊者讳，为贤者讳，为亲者讳）原则及态度把个中国历史改了模样。这或许是精英主义创造文明的共同模式，正如霍布斯堡和盖尔纳所认为的，民族或亚民族的身份是被构建起来的身份，是由政治精英分子编造的——这些精英分子重新发明了一部历史，一部民族的史诗。精英主义者用他们创造的文明丰碑竖起了多数人的墓碑，他们用小部分人的伟大掩饰着多数人的渺小，并籍此来显示精英分子的不可多得。说穿了，这种文明模式不过是一种零和游戏，那些失败的、被遮蔽的人们从来就没有人为他们鸣屈——从文明的根本处、从教育的根本处看到多数人的冤屈。

见己见得早、见得好的例子有鲁迅、钱伟长、臧克家、姚明等。有人“夸”鲁迅弃医从文才找到自己“天生的尖酸刻薄”天性；钱伟长考大学本来报的专业是历史，其文科成绩非常好，但是受到日本侵华的刺激，他弃文从理，物理考了5分（百分制）也不气馁，在连续7周的测验中，屡败屡战，终于找到自己，成就一番大业；臧克家运气好，碰上了诗人闻一多，得到以诗立身的机会。姚明9岁开始训练打篮球，比一般人要早四五年。因为他的个子高，又遗传了他父母的篮球天赋（他父母均为篮球运动员），所以，很受到当时教练的器重，针对他的训练比较科学。比如，给他的训练强度适度，而不是过度，以保证身高的增长，别的队员在训练场上流汗，他却可以睡大觉；总是让姚明跟比他大两三岁的年龄组的球队打比赛，给他适度的挑战，激发他的潜能和上进心。反过来想，假如按常规的训练方法培训姚明，他很有可能就是一名常规的篮球运动员，而不是今天的篮坛巨星，届时人们会认为是他个人努力不够造成的结果，而不去检讨针对他的错误的培训方法。

但是，籍籍无名如吾辈者多如牛毛，一大部分原因就是我们没有找到己，我们在走别人的路，而且，且走且疑，牢骚满腹。因为别人的路，别人开创，别人轻车熟路，别人领先居首，跟风或者跟从只能位居第二，亦步亦趋，施展不开。但凡是一个文明系统，它总会成就一部分人，即让一部分人找到己，发展己，成就己。评价这个文明系统优良与否的关键是看它成就的人的多寡，看它的游戏是否是零和游戏。任何封闭系统内的游戏都是零和游戏，只能是零和游戏。只有发散系统的游戏可以打破零和游戏，带来多方共赢。开放系统是走向发散的系统，具有相对发散性，因而，具有在一定条件下突破零和游戏的可能。

中国古代有那么几位皇帝很特别。一位是李煜，本性是一位词家（依着天赋与性情发展，最适合做词家），却阴差阳错地继承了皇位，到头来弄到亡国的田地。另一位是宋徽宗，酷爱书画艺术，并以“瘦金体”独领风骚，但皇位也坐不稳，做了金人的俘虏。明朝天启皇帝更离奇，居然爱做木工不上朝，而且让太监把自己的木工拿到集市上卖，据说卖得行情不错。但是，他被宦官钻了空子，搞得朝野乌烟瘴气。这几个反例说明，认错了己，选错了路，走错了路，还是要折返回去，找到自己，回归自己。别人误了他，害了他，他反过来去误别人，害别人。

鲁迅说，世间本无路，走的人多了，便成了路。文化与文明之路即是这般形成的，人生之路即是这般形成的，跟着众人走，未曾计较是非曲直。但是，西谚云，条条大路通罗马，在两点之间，可以划出无穷无尽的线，直线固然可贵，曲线何尝不美？在文明拓展的时空里，新的目标和新的路径尤其难得，尤其珍贵，而开拓者为什么要背负种种非议呢？任何事务，从起点到终点，允许有很多路径，是非曲直，走了才知道。更为重要的是，每一条道路都会有每一条道路的景致与价值，都会有每一条道路上的感悟与收获，这正是文化多样性的魅力。人类中的很多人不能尽己，并非他们的才能不够或不好，而是人类的事业系统容量欠缺的缘故，是人们没有找到能够容纳全体才情、激情、智慧与体魄的事业的缘故。

学者离学术究竟有多远

——从孔繁今教授学术报告“学术与人生”中寻求答案

学者离学术究竟有多远？这是一个老问题。因为缺乏功利性诱惑，公众缺乏炒作的热情，偶尔有所检讨，也只是文人出于磨牙的需要。因为缺乏必要的参照，技术缺乏探讨的标准，偶尔有所痛骂，也只是感情不能平服的宣泄。唯其如此，这又是一个新问题，一个时时伴随着学者生活的新问题，一个处处考验学术良心的新问题，一个文化幽灵对一个时代的逼问，一个价值困惑对一个历史忠诚的失语。孔繁今教授的学术报告“学术与人生”对解答这个问题提供了一个很好的参照系。

何谓学者？何谓学术？梁启超定义道：“学也者，观察事物而发明其真理者也；术也者，取所发明真理而致诸用者也。”学与术连用，泛指形而上的认识与形而下的器用所涉及的一切范畴。学者，以学术发明与创造为唯一快乐的人，以学术价值为唯一价值追求的人，为学术而生死的人。比对这个定义，时下的学者自查一番，有何感想？扪心自问，学者离学术究竟有多远？

学术腐败的风气危害学术生态，学者异化的趋势令人担忧，学术界所遭受的抨击异常猛烈，究竟是什么夹杂在学者与学术之间疏离了两者与生俱来的亲密关系？概而言之，世俗的反化让“学者”洗心革面，学术本性随之迁移，学术精神随之流失，取而代之的是功利主义和享乐主义。学术造假、学术剽窃、学术买卖、学术交易、学术垄断、学术舞弊、学术欺诈、学术泡沫化等种种卑劣行径都是一些“学者”被世俗反化的表现，是一些“学者”“道德底线崩溃”的表现。孔繁今教授通过引入“志业”和“职业”两个概念把真假学者区分开来；孔繁今教授又将知识的复制和知识的创造区分开来，排除“学者”与学术间的杂质，将学者队伍进一步纯化。爱因斯坦认为，对于一些人来说，“只要有机会，人类活动的任何领域他们都会去干；他们究竟成为工程师、官吏、商人，还是科学家，完全取决于环境。”这类人至今犹存，他们以学者自居，并以学术的名义攫取资源，窃据显位，却反过来危害学术。

学术管理弊端是带来学者与学术之间杂质的又一条重要渠道。出于竞争的需要，学术机构等将学术管理体系指标化，通过种种量化指标的比较区分学术研究的价值，衡量学者的“分量”，配置学术资源。于是，一些“学者”使出浑身解数参与竞争，用非学术竞争手段竞争。因为管理者需要指标，“学者”就生产指标，利益一致，配合默契，杂质不杂质哪里计较得。学者不学者，指标说了算！静下心来想一想，有限的学术资源分配总是要的，但是，是不是非要按当下的指标化体系才公平、合理？实质上，当下的学术竞争与学术管理指标化体系移自商品生产管理体系，其根由是将学术研究与商品生产相比附。根源性错误带来全方位弊病。指标的意义只是一种人为的区分，不能增加一丝一毫学术的品质，而人为的区分会带来人为的祸害，得不偿失。

如何清除学者与学术之间的杂质、缩短学者与学术的距离？孔繁今教授也给出相应的答案。他的报告是为研究生新生作的，隐含了正本清源抓善始的意思。他在报告中强调以守住人类文化的永恒价值为职责，以构建自己的学术个性为方法，以明确心智、稳定心神为风格，包含了一个真正学者的丰富经验，这是告诉我们要善行。他的报告题目叫“学术与人生”，乃是说对待学术要生死相托，任重道远，毕生追求，不离不弃，这是要求学者要善终。

学术是人类文明进步的能源，是国家与民族兴盛的动力；学者是学术的灵魂与肉体。只有学者与学术亲密无间，学术才会繁荣，学者才会成功，文明才会进步，国家和民族才会兴旺发达。学者，请拿出勇气缩短你与学术的距离。

和谐社会的一个基础性理由

在人类的一切概念里，最难界说清楚的莫过“你”“我”。何谓你？何谓我？语言学家说，“指称说话的对方”叫你，“自称之词”叫我，你我不过是相对而立的代词而已。言表而不究实，说异而不求同。哲学家说，所谓“我”，就是主体，所谓“你”，便是客体，因而，世间的一切学问便是“我思故我在”。政客说，“我”就是个人主义，就是精英，就是权威，就是独裁，而“你”便是“我”的附庸，或者叫衍生物。社会家说，你和我是社会网络的经纬，是文明传递的双环，使动者叫“我”，受动者叫“你”。爱情家说：“你侬我侬，忒煞情多，情多处，热如火，把一块泥，捻一个你，塑一个我。将咱两个，一起打破，用水调和，再捻一个你，再塑一个我，我泥中有你，你泥中有我，我与你生同一个衾，死同一个椁。”宗教家说，“你”也是众生，“我”也是众生，众生之生，当以善行。俗家说，你扫你的门前雪，我管我的瓦上霜，各流各的身上汗，各花各的腰包钱……

我说，你就是我，我就是你。你从你中求我，我从我中求你，世界由此和谐，你我何来烦恼？

沿着人类的史迹回溯，逻辑无法将你我的本根合二为一而泯灭其差异性，同样，偏见也不能让你我分道扬镳而割裂其共性。正是因为差异性的存在，你才所以为你，我才所以为我，相对相立，互补互生，才有了人类今天的多样繁荣；而共同的需求与合作是保证相异互生的必要前提。见贤思齐也好，见异思迁也罢，异，终究是新事物开始萌动的原始动力；异，终究为人类的选择和评判提供了参照或标杆。但是，今天的世界又是你我双择互动的结果，是其然，必其然，你愿意，我愿意。

人生的有限性和人欲的无限需求是人类一切悲喜与矛盾的原根。人欲的无限需求是哪里来的？你欲，我欲，生生不息，人欲的无限性是文化传递与叠加的结果。欲望的意义，对我而言，是我的经验选择与本能冲动的综合需求，是当下我之为我的最深刻的需求和最显著的标志；欲望的意义，对你而言，是我对你的一种价值承认，是你作为我的分体尝试人生的收获。世事生一利，亦生一害，生一害，亦生一利。你乘其利，我受其害，你的害在利中，我的利在害中。我们选择着，我们发挥着，我们分承了世事的不同方面，我们合殊为一，利害与共。

既然欲望能够传递和叠加，那么，成功和喜悦便能分享与再生。我们生命短暂，我们分身乏术，我们生不逢时，我们劳而无功，人生的种种有限性都是囿于一我的偏私而生成的，不打破这个牢笼，人生的悲剧便永不可免。

交流、分享，沟通、互动，体验、体味，你就是我，我就是你，这个世界便有千千万万个你，千千万万个我，我们就能分体有术，我们就能超越时空，我们的人生就都拥有了无限性，我们的生命就和我们的欲望相配。

你沉鱼落雁，闭花羞月，巧笑倩兮，美目盼兮。但是，你只能在镜子里看到自己，而我是你最好的镜子——我理解，我欣赏，我喜悦，我赞美，你因此更美。

你学富五车，才高八斗，能掐会算，料事如神。但是，只有你把玄机点破，你教我，育我，将才智植于我心，我才能领会你，执行你，成就你。

你富有，我贫穷，你劳心，我劳力。那么，你的财富，究到根上，其实就是我呀！而我的希望，我的隐忧，我的未来，难道不是你吗？

今天，你把你的思想传授给我，我信而持之，造次必于是，颠沛必于是。我问，我是不是你？明天，我把我的习惯濡化着你，你乐而受之，食必此味，衣必此襟。你问，你是不是我？

胡适在《我的信仰》中写道："一个人就是他所吃的东西，所以达柯塔的务农者，加利福尼亚的种果者，以及千百万别的粮食供给者的工作，都是生活在他的身上。一个人就是他所想的东西，所以凡曾于他有所左右的人——自苏格拉底、柏拉图、孔子以至于他本教区的牧师和抚育保姆——都是生活在他的身上。一个人也就是他所享乐的东西，所以无数美术家和以技取悦的人，无论现尚生存或久已物故，有名无名，崇高粗俗，都是生活在他的身上。诸如此类，以至于无穷。"适之的这些话，今天听来，仍然味厚。

《红楼梦》非曹雪芹一人之梦也，乃千人万众之百年大梦也。金陵十二钗之诸美与诸德是宝玉兼得共和之者，亦是人类自补自备之必要也。

你竞争，我竞争，你成功，我失败，这种结果说明你比我更适合这一事项。我并非就是一个完全的失败者，我可以重新选择，重新介入，可以另起炉灶，可以创新。于是，你我在这种公平竞争中找到各自的自己的同时，也找到了各自的延续。世界在这种公平竞争中得到发展与创新的力量的同时，也得到了和谐及其秩序。

我们需要交流，我们需要沟通。于是，我们述说，我们写作，我们发明了各种样式的艺术。正是这些千姿百态的交流煽动了我们的欲望之火，让我们在憧憬与绝望之间寻找并扮演着一个又一个的角色，你成了我，我成了你。

于是，我们拿着交流之刀将世界和历史的生活时空一一剖开，将千千万万个生活模式展现在面前，了解，理解，体味，体会，我们感同身受，我们分身成了千万个你，千万个我。我们走进历史，我们与尧舜禹汤为邻，我们与孔孟老庄为伍，我们与苏格拉底为友，我们与柏拉图论道。我们走向世界，我们与欧洲人称兄道弟，我们与非洲人同歌共舞，我们同美洲人共进晚餐，我们同亚洲人巡视家园。由此而论，我们分身有术，我们让时光倒流，我们打破了时空的囿限，我们身欲合一。

沟通真的可通么?《庄子·秋水》记曰：庄子与惠子游于濠梁之上。庄子曰："鲦鱼出游从容，是鱼之乐也。"惠子曰："子非鱼，安知鱼之乐?"庄子曰："子非我，安知我不知鱼之乐?"惠子曰："我非子，固不知子矣；子固非鱼，子之不知鱼之乐，全矣。"……庄惠之辩的逻辑基础是：你是你，我是我，你不是我，我不是你。由此，他们推导出人们不能同感共受或者沟通是不可能的结论。事实是，在文化的意义上，你是我，我是你，是人类文化交流的成果，同感共受凝结了价值的信仰的心理的情感的文化内核，这个文化内核滋养出相同的你，相同的我。换句话说，我内栖于你的肉体，你寓居于我的本心。沟通不过是唤醒你因而也唤醒了我的一种过程而已。为什么我们能与哈姆雷特同悲而与柏拉图同喜？因为哈姆雷特就是你，柏拉图就是我呵！

要保证沟通的真实有效，诚明是必不可少的。我对你诚，实质上就是我对自己诚，因为，我在你中。同样，你对我诚，实质上就是你对自己诚，因为，你在我中。

共同的你共同的我有多大？共同的你我就是你我的全部。你作为我的分身而存在，你的一切经历与感受就是我的经历与感受，我因此将生命延续到了你的身上。反之，亦然。由此可见，道义上的异己是不存在的。消灭异己也就是消灭自己。

你就是我，我就是你。当你以千千万万个我为分体生活在时空的每一个片段时，当你以我为分体获得千千万万种生活体验时，一世确当是百世，一生何曾就是一生？而你千千万万种欲望之火不也正在千千万万个分体上燃烧着么？

人生根基，在大学里扎实

人生意义是什么，或者说，人生活着为了什么？这个问题是人类亘古就有的疑惑，难以言说清楚，或者达成共识。包括很多人文学者研究了一辈子人的问题、社会的问题、人类的问题，也不能说清这个问题。比如，胡适先生说：“生命本身不过是一件生物学的事实，有什么意义可说？生一个人与一只猫、一只狗有什么分别？人生的意义不在于何以有生，而在于自己怎样生活。”

人生意义是什么其实隐含了哲学三问：我是谁，我从哪儿来，我到哪儿去，这三大难题至今无解，也就意味着回答清楚人生意义很难。

如何看待人生？各种文化差异很大。中国文化主张以连续的、普遍联系的和整体的三观来看待人生，对待人生。因此，人生意义可以获得纵向和横向两个纬度的观照。

纵向的，我从哪儿来，我到哪儿去，谁是我，我能做什么、不能做什么，所作所为意义何在，都串联起来了。从我这个原点上溯，我由父母所生，父母由祖父母和外祖父母所生，由此类推，无数世代的祖先都生活在我的身上，其中包括遗传物质、遗传基因的程序、列祖列宗的天赋天性天才和意志意愿、宇宙万物的信息因缘，诸如此类不可穷尽的因素。毫无疑问，列祖列宗的人生遗产、价值和意义，既包括物质层面的供给和遗产，也包括人生经验、人生精神品质和人生态度等方面的代代相传，这些传承都是他们的人生意义。以我为原点向下推演，我的子女继承了我的人生价值和意义，我的孙子孙女以至于千秋万代都在继承我的人生价值与意义，那些物质的财富、精神的财富、天赋天性天才的生物性财富、一世修炼的道行、期待期许与激励。人生从整体上看，是连接祖先与后代的必不可缺的一环，上有继承，下有传递，美好的东西始终在传递中发挥好的作用，造福子孙后代，成就家国辉煌。

横向的，人以群居生活方式工作和生活，分工、协作、统一行动、同荣辱共患难，是利益共同体、命运共同体的一分子。个体从群体中接受任务，竭才尽力完成任务，产生成果、利益、贡献等利他性，并因此获得评价，获得价值和意义，获得相应的物质财富精神财富配额。值得注意的是，人生价值是由他人和社会给出的评价，是对利他性大小与质量的评价；人生价值并非是自评自定的；人生价值和意义与人所接受的任务、机遇、缘助以及个人天赋天性天才能力有关，适度的挑战和充分的缘助都有利于完成任务、建功立业。是故，个体人生的价值和意义无法脱离群体社会独成独立独存。

一个个体人生价值与意义如何影响他人和社会呢？胡适在《我的信仰》中写道："一个人就是他所吃的东西，所以达柯塔的务农者，加利福尼亚的种果者，以及千百万别的粮食供给者的工作，都是生活在他的身上。一个人就是他所想的东西，所以凡曾于他有所左右的人——自苏格拉底、柏拉图、孔子以至于他本教区的牧师和抚育保姆——都是生活在他的身上。一个人也就是他所享乐的东西，所以无数美术家和以技取悦的人，无论现尚生存或久已物故，有名无名，崇高粗俗，都是生活在他的身上。诸如此类，以至于无穷。"胡适在这段话里清楚地说明了一个个体人生的所作所为是如何进入他人的生命与人生产生影响的。一个人的作品，或者产品，被别人消费，那么这个人的人生态度、三观、技术巧拙、诸善诸恶都通过这些消费品进入别人的人生过程，产生善果恶果，循环往复。这种影响是纤毫毕现的，人做人受，人做天看，没有任何含糊的地方。

人当为仁行善，不作恶，为什么？因为，为仁行善除了自利安身之外，还有富余利他利群，增加社会积累，带动良好的文化风气，让他人和社会获得利益与繁荣；同时，在这个过程中，因为德性追求而需要面对更多困难挑战，危机处理，从而获得了锻炼能力的机遇和实践，既提高了道德觉悟，又锻炼了非凡能力，积累了丰富经验，形成良好习惯与家风，齐家有望，治国平天下之志也有着落；作恶而生活，因为违法悖理，常常遭到惩罚，是极其危险的生活方式，应当摒弃。

人类最缺乏的是对自己的了解，特别是对自己天赋天性天才的了解，缺乏对自己潜力潜能的了解，不知道“我是谁”，不知道自己最好的事业是什么、能够完成多大的功业。个人的最大财产是继承祖先的天赋天性天才，最大的机遇来源于国家和人类需要解决的难题，来源于造福他人、社会和人类的价值实现。

综合而言，人生当行“五义”：一曰活着。这是人生的基本义，第一前提，没有此义，便无别义；且人得生而为人，亦是天地之德，祖先父母之德，社会万缘之德，不可违逆，轻言放弃，要竭力维护。二曰知己成己。知己是要知自己的天赋天性天才，知自己能够成为谁；知世知物知人，知如何兑付自己的天赋天性天才，用功世事世道世人，成就天赋天性天才，成为斯世最好的自己。三曰善待诸缘。父母亲族于我有恩，我当报之，宁可富余，不使亏欠；兄弟亲友于我有助，我当报之，宁可富余，不使亏欠；社会时代于我有恩，我当报之，宁可富余，不使亏欠；夫妻子女于我有爱，我当报之，宁可富余，不使亏欠；万物与我有缘，助我成我，我当报之，宁可富余，不使亏欠。其四曰鼓励有后。人生百年，因其有后而使遗传基因垂传久远，一世修为道行，亦随之传。其五曰修养而向至善。人生有能，更有不能，有知足，有知不足；人与超人相去甚远，但可努力而至。故，道行之修，为毕生的功课，长一尺有一尺的好，长一寸有一寸的妙，累世叠加，不可限量。

三句大实话

——致 2020 届毕业生

2020 年，新冠肺炎疫情全球暴发。疫情影响人类健康与生活，影响全球经济与政治，加速了“百年未有之大变局”的演进速度，甚至可能成为世界格局变化与人类文明发展过程中的一个重要时间节点和历史分水岭。新冠肺炎疫情暴发及其防控对每个人的影响都是切身的，对每个人的生活方式和未来的人生规划也已经和正在产生影响。今年的毕业季，今年的毕业生，都是特别的，告别之际，我有三句大实话想说。

我想说的第一句话是：重新认识自己，打开自己天赋天性天才的开关，迎接挑战，释放潜能，走向人生正途。以人类文明当下水平而言，尚不能解答“我是谁”的问题，不知道自己的来源与历史，不知道自己的天赋天性天才，不知道自己有多大的潜能和多好的潜质，因而也就不知道应该追求什么，怎样去做，如何成就最好的人生、最好的自己。因为在读书学习生活中缺乏充分而适度的挑战，缺乏足够难度的困难砥砺，很多人并不清楚自己的天赋天性天才所在，也不知道自己的潜能有多大。必须经受实际问题的考验，才能找到答案。比如武松打虎，武松的天赋天性天才潜质潜能只有遇到景阳冈上的老虎挑战危机时，才能被触发、被逼出来。同样，一个人的天赋天性天才只有遇到合适的问题危机挑战时，才能被逼而激发出来。所以，毕业生无论走向社会，还是继续深造，都要无所畏惧，拥抱问题，拥抱实践，迎接挑战，解决问题，长成一个崭新的自己。

我想说的第二句话是：面包也要，诗和远方也要，生存、发展、创新、超越，百折不挠，久久为功，愚公移山，没有什么不可能。儒家文化中的“义利之辨”在诠释与传播过程中多有表面化的偏误，导致种种人生观、价值观和世界观问题的吊诡、悖论。其实，这不是原始儒家的本心本意，是误解误会所致。比如“子罕言利，与命与仁”，孔子很少谈论功利（赚钱之道），经常谈论天命、时势和仁道。为啥很少谈及钱财与谋财之道？至少有两三个原因：其一，爱钱财、谋利益是人的通性本欲本能，不令而行，不召而至，且人人都会，已成流俗，故不需要再谈论、研究、强化。其二，孔子不善于谋财之道，不能以己昏昏使人昭昭。其三，也可能是孔子厌恶钱财，像流俗认为的那样。是不是真的呢？恐怕不可信。因为，孔子关于钱财还说过另外一些话。比如，子曰：“富与贵，是人之所欲也，不以其道得之，不处也。”“君子爱财，取之有道。”“沽之哉，沽之哉！我待贾者也。”“富而可求也，虽执鞭之士，吾亦为之。如不可求，从吾所好。”“吾岂匏瓜也哉？焉能系而不食?”还有，“君子喻于义，小人喻于利”，也不是重义轻利的意思，不过是说君子、小人各有所好、各有其道而已，谈话看对象，不要对牛弹琴。所以，生活中，没有面包不行，追求利益并不意味着道德低下。但是，饭碗主义不能作为人生的最高主义，要腾出时空容量给诗与远方，给探索、发现、创新、超越，给自己发挥好天赋天性天才潜能足够的时间和精力，给成就此生最好的自己以奋斗的经历。当然，这需要有足够的面包储备，甚至还需要支付创建事业团队而预付的面包。

我想说的第三句话是：未来人生，既要追求个人梦，也要追求山大梦，还要追求中国梦，修身齐家治国平天下，一样都不少。2020年的新冠肺炎疫情暴发与防控，让我们意识到很多问题，特别是关于个人、社会、国家和全球的关系问题，更让我们看得真切：同呼吸、共命运已经是不以个人好恶和个人意志为转移的地球村村规，构建人类命运共同体、搞好全球治理、建设“一带一路”，保障人类走在和平、绿色、繁荣可持续发展的道路上，必须付诸行动！《山东大学报》所设栏目“全球化·中国化·我们”诸多文章的探讨及时而富有意义，希望更多的山大人参与其事，在世界“百年未有之大变局”形势下，不忘初心，牢记使命，敢于担当，传承“家国情怀、崇实品格、担当精神、创新能力”的山大基因，在实现中华民族伟大复兴的中国梦、建成世界一流大学的山大梦、做成最好自己的个人梦的过程中，成就“大写的人”。

学而不厌　爱而不止

——致2018届毕业生

盛夏济南，荷柳清凉，三色流苏，六彩垂布。此刻，大学校园里最大的风景是毕业季。与我的毕业季相去30多年，无法想象今天的大学生如何走过毕业季，走过紫藤花廊、小树林、雨巷，走过图书馆、教室、先生的书房，在期待与惶恐中走上社会，走向未知，踏上一条机遇与风险并存的新旅程。毫无疑问，从完成学业的层面理解，今天的毕业生都是成功者，你们获得了各种成功学的认可，至少比半途辍学的比尔·盖茨强。大学能给的，都给了；学生能学的，都学了。还有什么需要叮嘱，还有什么可以作分别的礼物？

我不赞成人们把走上社会说成是闯荡江湖，我更喜欢把社会比作一所更大的大学。千百万年的历史，广袤无垠的舞台与道路，难以计数的学科门类、行业职业和际遇……无数人在这所大学里，修身进学，学而不厌，终生不辍，死而后已。所以，今天你从一所有名字的大学毕业，并不意味着学习的终止，而是意味着一种新的学习模式的开始。因为你走进了另一所叫作社会的大学，与全社会的人比邻而坐，同堂修习，大家都做了同学。在社会这所大学里，无数的问题需要创新才能解决。你在大学里学的专业，储存的知识，掌握的方法，网结的人脉，以至于获得的无数的法宝秘笈，没有什么是永恒不变的，也没有什么是万能钥匙。这些材料只有服从于解决人的问题、社会的问题、人类的问题，才能获得新的生命力！所以，终身学习的要诀是理论联系实际，实事求是，知行合一。大学教育的要义在于，最大限度地提供给受教育者获得认清自己是谁，以及有可能成为谁的修行与缘遇。所谓的自己，就是潜藏于每个人生命中的天性天才天赋；所谓有可能成为谁，是指成为每个人有可能成为的那个最好的自己，亦即兑付了自己天性天才天赋的自己，功果最大化的自己，兼得先天存在与后天努力，做了自己的圣人。年轻人辜负青春的最大遗憾是，不曾认得自己，没有给自己接近极致的、挑战自我的困难，因而也失去了创造极致功果的机遇。而步入社会这所大学的目标是证成自己，在无限可能的缘遇中，做成最好的自己。

我对今年大学毕业生的叮嘱是，仁者爱人。爱和被爱是俗世间的真谛，是值得人类追求的永恒的价值。有两个东西人们随时随地都在面对而不自觉自知：其一，为己还是为人。庄子说，鹪鹩巢于深林，不过一枝；偃鼠饮河，不过满腹。人只有一张嘴一个胃，谁也吃不到肚子的外头去。所以，人的大部分财富不是给自己用了，而是分享给了别人，差别在于，有的人喜欢给天下人，有的人只给自己人，前者叫有公德，后者叫有私德。私德不出家、不外亲，公德不问姓、不求报。其二，相反相成。功名利禄，圣德贤良，都不是自封自给的，而是由别人来认可和评定的。所以，人生只有以成就别人为前提的工作，才会产生价值和意义，这个价值与意义是由别人衡量和评定的。“己欲立而立人，己欲达而达人”“己所不欲，勿施于人”。博施济众，与人为善，成人之美，正是仁者爱人的本义；“圣人不积，既以为人己愈有，既以与人己愈多”，是做圣人的定律。

胡适在《我的信仰》中写道：“一个人就是他所吃的东西，所以达柯塔的务农者，加利福尼亚的种果者，以及千百万别的粮食供给者的工作，都是生活在他的身上。一个人就是他所想的东西，所以凡曾于他有所左右的人——自苏格拉底、柏拉图、孔子以至于他本教区的牧师和抚育保姆——都是生活在他的身上。一个人也就是他所享乐的东西，所以无数美术家和以技取悦的人，无论现尚生存或久已物故，有名无名，崇高粗俗，都是生活在他的身上。诸如此类，以至于无穷。”可见，一个人不仅自己活着，他还活在别人的身上，别人也活在他的身上。他的言行心思善，表现在别人的生活中就善；反之，他的恶也危害着别人的生命质量。因为，一个人把他的善恶都附加在商品里、作品中，附加进文化传播与社会风气中，濡化浸染，供人消费。

上善若水。善的力量，虽柔而刚，行微功著，直达人心，涵养人性，善构成了社会缔结的纽带，休养生息的基础。善的传播存在着类似于核裂变的效应。所以，热爱慈善与公益事业的人们，可以在善的社会传导性方面下点功夫，春种一粒粟，秋收万颗子。以指数的方式行善止恶，改变社会风气，不能靠少数人，不能等，要靠社会大众共同行动：1 个人帮助 2 个人，2 个人帮助 4 个人，4 个而 8 个而 16 个而 32 个而 64……由此而推动世风好转。如此进行到第 64 次时得到千亿亿数量级的水平。试想，那将累积多少善呢？

我曾经有意去帮助几位大学生，虽不明言，但有希冀。我希望我的这点善心能成为一粒善的种子，在他们的心底萌芽、开化、结果，传播到更多的人心里，传播进社会风气里。

功成不必在我　接力方得始终

2018 年 3 月 8 日上午，习近平总书记参加了山东代表团审议。当时任山东省省长龚正谈到推动高质量发展要有“功成不必在我”的思想时，习近平强调，“功成不必在我”并不是消极、怠政、不作为，而是要牢固树立正确政绩观，既要做让老百姓看得见、摸得着、得实惠的实事，也要做为后人作铺垫、打基础、利长远的好事，既要做显功，也要做潜功，不计较个人功名，追求人民群众的好口碑、历史沉淀之后真正的评价。

习近平总书记多次在不同场合引用“功成不必在我”这句话，内涵深刻，切中实际，对新时代党员干部树立正确的

“三观”和政绩观，不忘初心，坚定信念，立足长远，心怀大局，团结协作，攻坚克难，弘毅致远，具有深远的指导意义；对高校创建世界一流大学和一流学科亦具有指导意义。

“功成不必在我”是一种客观现象，是历史的社会事实的存在。在人类社会发展过程中，分工协作是利用集体力量办大事的系统工作方法。因为分工不同，个体工作对系统功果影响不同，贡献不同，确定功劳名誉就有大小显隐之分，表彰奖励就有区别，不能搞平均主义。因此，功成名就者只能是少数人。这是私有制形成以来的社会存在，既有公平性，也有局限性。

“功成不必在我”是一种人生境界，是中国优秀传统文化的精华。处理好仁义与名利的关系是儒家学说的关键。儒家提出用道德的追求来替代名利的追求，可以从根本上解决人们因为争夺名利而生发的矛盾，避免零和游戏，维护社会安定。子曰：“己欲立而立人，己欲达而达人。”“己所不欲，勿施于人。”“君子成人之美，不成人之恶。”“君子喻于义，小人喻于利。”曾子曰：“士不可以不弘毅，任重而道远。仁以为己任，不亦重乎？死而后已，不亦远乎？”董仲舒说：“正其谊不谋其利，明其道不计其功。”道家老子认为，人生应该学习道的精神，自然无为，成就万物而不居功。老子说：“生而不有，为而不恃，功成而弗居。”“圣人不积，既以为人己愈有，既以与人己愈多。”

“功成不必在我”，既反对急功近利，也反对消极怠政。为人民服务，为时代担当，为历史负责。功利主义是西方商业文化的旗帜，追名逐利、提高效率、实现利益最大化是其核心要义。因此，加快资金、资源、技术、销售等各个环节的流转，意味着加快了盈利速度，急功近利对商家商业有利。随着商业生活的普遍深入，商品性及商业文化无孔不入，急功近利成为一些人为人处事的“法则”，成为一些机构与官员行政的风格。政绩考核指标化，能力如何看“业绩”，于是乎，面子工程、形象工程、豆腐渣工程、烂尾工程、重复建设、铺张浪费、短期行为等现象大量涌现。这些急功近利的“政绩”，或许能为个别领导脸上贴金，能让个人升官发财，但老百姓得不到实惠，历史沉淀也只能是为祸一方，贻害无穷。

“功成不必在我”的精神对创建世界一流大学和一流学科，对高校文化建设，具有很好的指导意义。毫无疑问，创建世界一流大学和一流学科，对于目前中国的高校而言，都是一个长期远大的目标，很多人可能在职业期内看不到“双一流”的建成。在此情况下，我们就要有“功成不必在我”的精神，不忘初心，敢想敢干，长远谋划，扎实推进，对时代负责，对事业负责，对未来负责，对历史负责。做文化就是做人心，同心同德，同欲同求，没有隔阂。故在文化建设方面，要真正做到以人为本，而不是以人才为本，要尊重人，而不是尊重指标；要明确知道广大师生的心在何处，才在何处，需要什么，追求什么；不仅让他们有获得感，还要让他们有实现感，让他们以主人翁的姿态干事创业，实现梦想；要实现高校发展的新旧动能转换，逐步由功利推动转成文化推动，增加信仰、道德、精神、个性、团结、协作对事业发展的动力贡献度。

于国家而言，实现“两个一百年”奋斗目标、实现中华民族伟大复兴的中国梦；于高校而言，建设世界一流大学与一流学科，目标伟大，使命光荣，任重道远。除了要有“功成不必在我”的精神境界外，还要发扬党的优良传统和革命精神，苦干实干，稳扎稳打，互相配合，接力前进，驰而不息，久久为功；要发扬“钉钉子”精神，通过保质保量完成岗位职责和任期责任目标，为伟大的事业贡献功力功果；通过多做作铺垫、打基础、利长远的好事，做好伟大事业的接力工作，让个人的功力功果在中华民族伟大复兴的进程中，发光发热，生生不息。

四元生命与社会模型

——新增加的生命维度与意义探讨

人生的一切幸福、不幸、烦恼与快乐都与个人对生命的认识有关，全面认知生命的含义是解决人生疑惑的关键。一个人的生命是由四元生命构成，或者说人的生命有 4 种基本含义。其一，生物生命，性命，或者叫身命，是指作为具有生物性特征的生命存在，吃喝拉撒，新陈代谢，生老病死，七情六欲……其二，基因生命，或者叫血脉，是指人的生物生命及其特征上承自列祖列宗、下可以通过繁衍后代的方式无限延续的一种生存方式；祖先活在我们的身上，我们活在子孙的身上，这样一条打通过去与未来的无穷尽的生命链，是超越生命的大生命；愚公移山志业，民族强盛伟业，都需要子子孙孙的连续奋斗。其三，社会生命，或者叫群命，是指一个人的人生过程不是孤立的，而是与他人组成群体社会共同生活着，他通过情感交换、心灵交流、文化传播、劳动交换等实现了与他人共情、同心、同理、同利、共赢、共荣与同命的共生性：一个人的善恶通过他所提供的物质与精神产品影响着他人的生命生活质量，善者利生，恶者伤生；因而，一个人通过他的产品被人消费的方式生活在别人的身上，你中有我，我中有你，产生了无限传播广大的社会生命。其四，信息生命，或者叫恒命，是指一个人生而为人作为宇宙间发生的一个事件，发生了，就不被磨灭，无论天翻地覆，还是地老天荒，都不能让一个人曾经在宇宙中生活过这个事实归于无有；故此，在信息的意义上，一个人于某时某地所做的某件事、所说的某句话，甚至所起的某个念，都是宇宙中发生的事实，这些信息永不磨灭；在信息生命的意义上，凡人皆不朽。在人的信息生命里，精神追求位居核心，是区分一个人清浊雅俗的重要判据。

人的生命四元说昭示人们，注重任何一元生命而忽视其他三元生命都有失偏颇，都是对四元生命整体性的损害、丧失；人生中的空乏、苦痛、困顿与疑惑是因为缺失了生命维度；此前，单一认定肉身生命为唯一性命者，把享乐主义、体验主义、肉欲主义奉为至上主义，认为健康是1，其他追求都是小数点后的庸俗主义生活态度，可以改改了，因为在人的四元生命里，有比1更大的追求；更重要的是，人的基因生命亘古而来、代代相传，社会生命因果递嬗、横无际涯，信息生命千镂万刻、永不磨灭，都是无穷尽的存在，能够超越时空、超越现象，到达肉身生命达不到的境界。有鉴于此，根据人的生命四元说进一步推演，就可以解答“我是谁”“我从哪儿来”“我到哪儿去”之类的问题。

我是谁？这个问题有准确的、精确的答案。一个人上溯自起源（如果有个源头的话），下推至断灭，一切物质的能量的信息的存在以及影响的存在，全体全息构成这个人的准确的反映。因为，一个人作为无限可上溯的生命体，包含了无穷多信息，包含了无穷多向外传播的影响力，全面准确知识一个人在当下文明水平下做不到。鉴此，人类寻求的是一个人的简化的近似的概括。

依据人的生命四元说，可以概括定义四元之我：肉身之我，血脉之我（基因之我），社会之我（“大我”），永恒之我。四我合为一我，谓之综合之我。意即，一个人在肉体欲望言行、天赋天性天才、社会群体影响、永恒不变的信息标志 4 个方面的生命综合呈现，就是对这个人的个体评价。这种综合评价不仅适用于他所生活的时代，也适用于后世根据他的信息生命影响重新评估他的价值与本质。

四元之我是否还可以再概括集约？可以。概括集约的原则是寻找一个人终生追求、守持不变之道，一以贯之者。比如，于孔子而言，仁道便是孔子的本我。子曰：“君子无终食之间违仁，造次必于是，颠沛必于是。”子曰：“仁远乎哉？我欲仁，斯仁至矣。”孔子之道一以贯之，忠恕而已矣。何谓忠恕之道？所谓忠，即“己欲立而立人，己欲达而达人”；所谓恕，即“己所不欲，勿施于人”。忠恕之道就是仁道的实践应用。曾子曰：“士不可以不弘毅，任重而道远。仁以为己任，不亦重乎？死而后已，不亦远乎？”从社会生命的意义上，孔子弟子三千、贤者七十二，周游列国、推广仁学、促进仁政，形成了广泛的“大我”影响，对仁道传播推广及后世复兴打下了良好的基础。在信息永恒层面，孔子的仁道精神至今成为儒学的生命核心，具有帮助人类克服生存与发展危机、走和平可持续发展之路的强大生命力。

如何认识我们生活在其中的世界？如何描述我们生活在其中的世界？其实有相当大的难度。应然的世界，理想的世界，仁义礼智信的世界，和人们努力挣钱、安身立命、养家糊口的个人世界是有距离的。

杜牧在《注孙子序》一文中有个关于事物特殊性与普遍性关系的名喻“丸之走盘”：“丸之走盘，横斜圆直，计于临时，不可尽知，其必可知者，是知丸不能出于盘也。”这个比喻用于描述个体的生活与社会文化的关系，也很恰切。构成个体活动范畴的社会文化的“盘”可以用（礼，理，利，力）四元系统概括：礼，礼仪道德，人伦纲常，始于周公，兴于历朝历代，迄今依旧以传统文化的重要组成部分行于当世。理，真理，道理，情理，理性，是社会规律和科学技术中的精髓，遵循理性是人类文明进步的标志。利，有益于生者称为利，惜生爱利是人性，“天下熙熙，皆为利来；天下攘攘，皆为利往”。实力、势力、人力、物力、财力、军力、武力、生产力、影响力、心力、念力，都是力的范畴。力的作用有两方面，一个方面使动使变使化，一方面相反，使事物不动不变不化，起到稳定作用。4 个“Li”有消长、有互助，也会组合起来发挥作用。有时候，礼和力合起来，叫先礼而后兵；礼和利合起来，叫君子爱财取之有道；理和力合叫王道汤汤，叫正义之师；礼和理合起来叫中庸之道；暴力攫利、强权夺理叫霸道。毫无疑问，这 4 个“Li”达到某种和谐共作时，天下就能太平，社会就会和谐。人生万事起止演化都离不开 4 个“Li”字。礼、理、利、力的作用与变化，内中有阴阳之道、文武之治、乾坤气运。有时礼治多些，有时力治多些，因时制宜，因世制宜，如“丸之走盘”。

“丸之走盘”“熙熙攘攘”“树欲静而风不止”，诸多现象，表面上看是外力在拉扯推挤，发挥作用。其实，归根结底是外在内化，是外在的社会文化濡化人心产生内力作用的因果。风动，旗动，终究还是心动。人的言行举止无不受到心念的支配，而心念会受到他人与社会的影响，信息的传导，风气的熏染，心弦的拨动。人生若是单单如“丸之走盘”，受外在驱驰，趺趺撞撞，身不由己，那便算不上自己的人生。没有自主，也就没有自由，更谈不上实现有所追求的有价值的人生。因此，积极的人生需要增加一些持守不移的东西。人生要立志，人生须寻梦，人生要在理想和目标上奋斗，用好用足天赋天性天才，用好用足心力，天人合一、人我和谐。古人强调心力，强调精神力量，强调修身工夫，都是为了强调一种定力，不以物喜，不以己悲，向上向善向着至善的境界进发，知行合一。在这方面，心学大家王阳明是个典范。

王阳明对于弟子的成人成才强调立志：“志不立，天下无可成之事。虽百工技艺，未有不本于志者。今学者旷废隳惰，玩岁愒时，而百无所成，皆由于志之未立耳。故立志而圣，则圣矣；立志而贤，则贤矣；志不立，如无舵之舟，无衔之马，漂荡奔逸，终亦何所底乎？”张横渠说圣贤使命是“为天地立心，为生命立命，为往圣继绝学，为万世开太平。”作为一个大学毕业生，踏上社会，或者继续学业深造，首要考虑的问题是，为自己立心，为自己立志，为自己立命，学习什么学问，开创什么局面，追求什么理想。立心是为人生立一颗定盘星，立志是为人生规划好路径，打破“丸之走盘”的盲目，实现四元生命的最大价值。

人生万事万求都是心意与目标的约会，都是心智情商道义对一切社会资源调配形成的缘聚，都应该本着共情同心合作共赢的中庸和谐，让四元生命在4“Li”世盘中全维度地实践，只要沿着自己的心力向上向善向着志业和理想奔去，初心不改，久久为功，终将产生充分的价值与意义。

第三篇　大学之道

大学颂

大学的第一声婴啼划破了知识黑暗的天幕，人类知性与灵气春风般拂过田野，缤纷的风雨和着泪水洇进干涸的大地，冬眠日久的人们在大学雷声中惊蛰而起，冰冷千年的理性之血被大学升起的太阳暖化着，流动着……从此，人类心灵和大脑开始了发育，文明之果成为“滋养人类的新食粮”。

大学自诞生之日起，便打上了功利性、工具性和独立性的胎记。欧洲的大学源于行会，既带有附庸性又带有独立性。这是大学寻求庇护和获取特权的必然结果。大学的主张和教育行为，使大学成为判明是非进而影响社会价值趋向的法官。

但是大学有时也是学者的大学，学者们有时会对社会上最令人困扰的问题进行尽可能深刻的思考，甚至思考那些常人无法想象的问题，并公布他们的发现。但是，追求真理是大学的永恒主旋律。因而大学的独立摆脱一切特权与世俗的干涉，按照大学自己的意志生存与发展的属性就更加显得珍贵了，并成为近现代大学为之奋斗的长期目标。学术自由、学术自治、学术独立是大学特立独行的标志，也是大学的生命核心。真理的存在是客观的，因而是自由的，它不以时间地域为限，也不以学派和信仰为宗，独裁和偏见、主观与傲慢只会离真理越来越远。

学术自由，成为千百年来在大学探索真理、发现真理的一大法宝，学术自由成为学术创新的一个前提。人类知识增长的模式与宇宙的大爆炸起源模式极其类似，从无到有，是一种爆炸式的突变。尔后便是全方位膨胀，自由自在地，无拘无束地，不可阻隔地持续进行着，有“两岸猿声啼不住，轻舟已过万重山”的动势。不停地突破，自由地突破，不可遏制地突破，成为知识增长的基本特征。这同宇宙的膨胀一样，不以人的意志为行止。人类，尤其是大学，只有遵从这个认识规律，才会顺道应天，才不至于螳臂当车。

回首历史，如果没有自由探索的学术精神，没有学术自治与学术独立的原则，人类文明的星空不知要为此暗淡多少。从牛顿力学到普朗克量子力学再到爱因斯坦的相对论，没有学术自由的天空，再好的凤凰也将折翅断羽；达尔文的进化论、马克思主义学说也是破旧立新的结果，也是真理因以自由的必然结果。

学术创新的前提是学术自由。学术创新的模式一种叫节外生枝式，即在已有学术的基础上，长出一个新的枝节。如树之生枝，鹿之长角，珊瑚分杈，没有既定的方向，皆缘于自然的选择，进行自由的呈现。学术创新的另一种模式叫“大胆假设，小心求证”。这种模式如裸子植物的繁殖方式，只听“叭”的一声，将种子分离出去。不管风把它带向何方，也不管水把它冲往何处，只要栖定一片处女地，它便开始扎根、萌芽、长叶，直至开花结果，繁殖出一片新林。学术创新还有一种模式，就是从怀疑既有的学术结论开始，从学术理论与实验或实践的矛盾中，找到学术创新的材料与契机。学术自由既包括学术研究的无禁区和学术成果发布的自由，也包括学术研究的公平与资源享用的平等。唯其如此，自由才是真正的自由，而不至于造成学术孤立、垄断与恶意放纵。

学术自由包括反对学术垄断。因为学术自由包括着学术的自由传播，像空气流动因之成风一样，学术的传统既不允许学术发明人拥学自重，垄断文明，又不允许传播过程中的阻隔。在人类文明的扩张过程中，每一项成果都不是孤立自成的，都或多或少掺杂了他人的劳动，是站在巨人肩膀上的历史的传承和社会的合作的成果，因而每一项成果应该属于全人类，学术垄断与投机不符合人类的学术精神。

意大利的文艺复兴、英国的工业革命、法国的资产阶级大革命，都曾把大学卷进政治、经济、文化及社会革命的火热洪流中，社会也因此赋予大学更多的激情，使大学成为社会运动洪流中的激流。在中国，北大、清华等大学倡导的五四运动和五四新文化运动，是那样深刻地影响着中国百年历史的轨迹，以至于两千多年的封建统治体系分崩离析。中国的现代化有了新的文化基础，大学的爱国情怀和顾念苍生的胸襟拉近了大学与社会的距离，大学因此成为人们寄托理想的地方。

大学在社会上的崇高威望和大师们妙趣横生的逸事，往往成为导致大学披上神秘面纱的缘由。李格（Stephen Leacock）在《我所见的牛津》一文中写道："据说这层神秘之关键在于导师之作用。学生所有的常识是从导师学来的……有一位学生说：'我们到他的房间去，他只点起烟斗，与我们攀谈。'另一位学生说：'我们同他坐在一起，他只抽烟同我们一起看卷子。'从这种及各种的证据，我了悟了牛津导师的工作，就是召集少数的学生，向他们冒烟。凡人这样有系统地被人冒烟，数年之后，自然成为学者……”可见，“熏陶”一词并非仅见于中国。

不管大学的风格如何，也不论大学的特长怎样，大学一直扮演着文明孵化、传播和创新于一体的重要角色。大学就像拥有无穷潜能与软脚的智慧怪物，将带着自身风格的学子们分渗进社会的各个阶层、各个行业、各种领域，在复制、再版与进化的过程中，将大学生命演绎得淋漓尽致。

在芸芸众生的喧哗中，大学使人类的知识成为一种良善，成为一种秩序，清风般掠过人类无所适从的躁动，将友爱和智慧雨滴般洇进心田，人类的心灵便从此丰盈起来。

大学乃是人类的一种福利

2011 年 10 月 15 日是山东大学建校 110 年校庆纪念日，政府官员、大学校长、各界精英、八方校友齐集，庆祝这所历经百十年而德泽家国、慧襄时世的大学生日。群贤毕至，少长咸集，思绪万千，心潮澎湃。万千思绪中我们要问，我们为什么而来？什么是大学的本质？大学的魅力安在？大学的永恒价值是什么？我们能为大学做点什么？

大学的核心是做人的工作，做人心的工作，解答人的困惑，解决人类难题，是真正的博爱，是真正的慈善。大学不是官场，那些来自于金字塔上的威权、炫色与大学的民主科学精神格格不入；大学不是市场，那些锱铢必较的市侩气息和投机取巧的商人慧黠在这里没有市场；大学不是剧场，追求真理不需要面具与化妆。大学是思想者的天堂，我们宁与柏拉图同悲，不与槽猪同乐；大学是追求真理的殿堂，我爱我师，我尤爱真理；大学是仁者爱人，我们愿意为人类的幸福背负苦难；大学是福利院，她为人类创造了无穷的财富，推动了人类文明发展；大学就是大德，人心所向，大学为归，人类的福祉即是大学的责任；大学因应宇宙，大学就是大容，“囊括大典，网罗众家，思想自由，兼容并包”。大容博爱，为学方大。

英国政治学家、社会学家艾伦·布鲁姆这样激动地描述他与芝加歌大学的初遇：“我十五岁第一次看到芝加哥大学时，就有一种感觉：我发现了自己的生活。在此之前，我从没看见过或注意到这样一种建筑物。它显然是为了某个更为崇高的目的存在，而不仅仅是出于功利或需要，也不仅是为了提供栖息之所或制造产品和买卖货物之地。它是为了一种自为的东西而存在。我的一种朦胧的渴望突然在外部世界得到了反响……从我成为该校学生的那一刻起，我就认为应当用全部的时间来思考这样一个问题：我是什么?”

在这里，大学的“自为的东西”，也就是大学的使命与本质，大学的精神与价值。为此，我试作如下的概述：宏观而言，大学以人类的自由与幸福为活动宗旨，吸纳并招聚优秀的知识分子群体，使这一群体以人类已有的文明为基础，以人类生存与发展过程中所遇到的挑战性问题之研究及解决为己任，以知识的保存、传播、创新和优秀人才的培养为天职，在较大的范围内深度影响着国家、民族和社会，并使之不断进步，走向至善；微观而言，教育、教学、文化以至于大学的一切活动，目的在于帮助大学中的每个人发现自己的天赋天性天才，完善自己的人格，找到自己乐此不疲的学问与志业。在这个概述里，为了人类的终极幸福，大学必须抛弃一切世俗的干扰，独立特行，走进象牙塔；为了“天下为公，苍生是念”，大学又必须从象牙塔里走出来，左顾右盼，服务社会，服务人类。

知识本身即是诸善，是人类的永久性福利。因为有知识，生活无恐惧；因为有知识，发展有动力；因为有知识，社会有财富。知识就是力量，知识就是财富，知识就是文明，知识就是诸善。而且，知识取之不尽，用之不竭，是人类最为优质的资源，是人类最为持久的福利。知识经济既是可持续发展的经济，又是绿色经济，低碳经济，是一本万利的代表着未来发展走向的经济。而大学恰恰是知识创造与传播的地方，是引导知识流向善业的机构。

大学有一种无用之用的功能，是对时空与世俗的超越，是人类构筑未来文明的材料。无用之用，一方面是指无关乎物质生活的道德品质、人格、精神追求等形而上的学问与修持，另一方面也指与当下生活无关或用不上的学问。于前者而言，王国维论哲学无用之用最为典型：“以功用论哲学，则哲学之价值失。哲学之所以有价值者，正以其超乎利用之范围故也。且夫人类岂徒为利用而生活者哉，人于生活之欲外，有知识焉，有感情焉。感情之最高之满足，必求之文学、美术。知识之最高之满足，必求诸哲学。”实质而言，人的道德、人格、精神境界在与他人相处以及社会维系方面具莫大之价值，这不是用金钱与物质标准可以衡量的。于后者而言，爱因斯坦的相对论是个典型，其价值要在若干年后才能被证实，而此前，这个学说只能具有“无用之用”。

大学是社会公共品质养成的地方。天下熙熙，皆为利来；天下攘攘，皆为利往。司马迁对历史社会生活的概括反映了人性趋利避害的特征，反映了民生的共性。即使在今天，这个概括依旧鲜活真实。但是，这个概括不是社会生活的全部。因为，维系社会生活还需要社会契约，还需要社会管理，还需要公众的公共品质。当人们热衷于追名逐利的时候，公共品质愈发显得稀缺而贵重。除了教授各种学科知识之外，大学还培育学子学人的道德情怀，心系苍生，胸怀天下，关注公共利益，解决公共难题。特别是，一届又一届的毕业生把大学所赋予的这种公共品质传播到社会，渗透到社会生活的各个层面、每个角落，并起到净化世风、良化秩序的作用。

山东大学110周年校庆是文化的校庆、学术的校庆，海内外学术大师、知名学者、文化名流、海内外校友来到山大，交流学术观点，探讨学术问题，开展文化活动，各种学术报告会、研讨会、讲座、文化艺术展览、音乐会、演唱会数以千计。他们为文化而来，他们为学术而来，而从中受益的是学者、学生、学术。这种文化的益处、学术的益处不能用金钱来衡量，只有用精神的慈善与福利来概括其价值才算恰当。正如种子播向原野一样，山大为师生播撒下值得期待的文化与学术之种，历经季节转换，等待人类在未来的时空里收获他们的成果。

理想的教育是使受教育者成为最好的自己

什么是理想的教育？如何才能实现理想的教育？

从《中庸》开篇的三句话说起。这三句话是：天命之谓性，率性之谓道，修道之谓教。

上述三句话定义了三个重要概念：性、道、教，而且给出了三者的关系，特别阐明了人生、社会应率性而为、与天道合一的法则；与此同时，也给出了理想教育原则是，复人天命天性，使其成为最好的自己。

什么是天命？儒家对这个观念有多种解释，归总而言之，人的命运、事务的结局由天不由人而决定，这个决定的力量就是天命。如果对应道家的观念，就是道的决定力。儒家把天意奉为最高意志，人世间的一切结果皆不出天意。

天命之谓性，什么含义？所谓一个人的性，乃是天命于人而成者，或者说叫天赋人性。其中有个深刻的含义是，天参与了个体人的性属形成，并决定了人的先天个性是这样而不是那样。这样就给予个体人性的一种天赋的地位和权利，是应该受到他人尊重的存在。这是天人合一，相直于行。天人合一，合于人的天性，率性为人为事，每个人都可以做。

人的个性，主要指人的天赋天性天才，由遗传基因决定，在人受孕时已经预置好了，是先于人出生的存在，在时间上有先天的决定性，不受出世后人生主观的干涉，这种先天性不仅受父母遗传基因的影响，而且受祖父母、外祖父母，以至于受到与其有血缘关系的列祖列宗的基因影响，这些基因都会刻录在他的基因上，没有任何遗漏，可以向上做无限的递推。说明一个人的性属是由列祖列宗的遗传基因共同刻录的结果，包含了千万年时空生活的信息，这些信息无法确知，而都可以叫作天命。

率性之谓道，意为尊性而生、率性而为，便是人道。以性为根，以人为本，尊重人的天赋个性是《中庸》人道论的革命性主张。之所以说这是具有革命性主张，是因为《中庸》强调了人类天性的尊贵性、重要性、价值性，制定人道的首要前提就是让社会尊重人的天性；理想的人生应该是率性而为的人生，不是抹杀天性而服从群性的人生，那样的人生是工具化、功利化的人生，是以现世的器用抹杀个体亿万年形成的天赋天才天性的歪道。

率性之谓道，这句话既深刻又高妙，但实现起来却不容易。原因有两个：其一，因为人的遗传基因隐藏于人的生命之中，无法直观，需要不断地提供一些任务挑战去测试其性情才能，一般人所接受的测试不充分，缺乏有效性，“认识你自己”成为很大的问题，人不知道自己的天赋天才天性所在，人生无所遵循，率性不知率啥，很盲目地被当成“一般人”用于做“一般事”，失去了“率性而为”做最好的自己的机会。其二，社会不以“率性之谓道”为然，以帝王将相官僚衙门形成的封建统治秩序为人道，人的天赋天性被压抑被遮蔽，并且让人们忘记了自己还有天赋天性这个东西，根本不会在天赋天性的发挥上有追求、有作为。

修道之谓教，怎么理解？按照道去修身就是教。所以，教育教学教化的总原则是合乎人道，不是背离人道另起炉灶、另搞一套。

教化是社会性活动，目的是帮助受教育者回归人道，回归“率性之谓道”的人生生活与价值追求，回归到最大发挥天赋天性天才的工作生活中，回归到最佳人生道路上。“天命之谓性，率性之谓道”，教育教化的目标设置应该是帮助受教育者找到其天赋天性天才，并指导他按天赋天性天才学习和成长，树立按天赋天性天才发展事业的理想，做足修身功课。

但是，自古以来，这三句话实行起来却是困难的，特别是教育方面，工具化功利化教育长期存在，习以为常。就人的天赋天性天才而言，每个人具有某一种或某几种占据优势的遗传基因，都是天才。按照这个人的天赋天性天才发展，他可能成为天子、学者、将军、艺术家、木匠、农夫，都会完成最好的自己，成为成功的人。但是，现实中成功者不多，一个重要原因就是人们把自己的天赋天性天才与事业选择进行了错配错置，以木匠的天赋天性天才来做天子，以文学家艺术家的天赋天性天才来做天子，怎么会不出问题呢？

“天命之谓性，率性之谓道，修道之谓教”，给出了理想人生、理想社会、理想教育的根本性纲领，好的教育和好的社会人道设置应该是助人成为最好自己的人生。这就是人、社会、教育应该与人的天性相直的大德。

《中庸》作者怕读者不明这三句话的要旨，于后接着注明说，“道也者，不可须臾或离也，可离非道也。”因为，人人皆具天性，人道就是合于天性，所以，正像人不能离开其天性一样，人也不能离开道。这句话也为人们给出判断“道”是真道还是假道的方法，违背一个人的天性的“道”一定不是他的真道，是可离的假道。

修道之谓教，教育的要义之一就是去除文化的遮蔽，去除社会与家庭带给个人的偏见，去除个人对自己的误认，让人发现自己的本性，率性而为，回归“率性之谓道”。每个人的教育都不可能从理想状态开始，因为，每一种文化的“有”均具有相对价值，即有条件地适合一些人，有条件地不适合一些人。人之初，人尚未被化，还处于文化“无”的状态，也就无法断定何为适合，何为不适合；换而言之，人的教育皆有可能从错处开始，或者说，有一个错误的开端，经由反复的实验、比较、选择、推倒、建立，形成一个“有”，文化选择的

“有”，这个“有”，也还是一个“他者”，不是己（真我）。这个“他者”一直伴随人的一生，尽管“他者”的内容经常变换。与此同时，一个叫作己的文化过程也在长成中。所谓己，实质是文化批判、选择、创新、被认同过程的积累以及所表现出来的文化存在，亦即，一个人的天命与其文化选择相契合，个体之人性终究获得极大发挥的文化存在。简而言之，所谓己，就是一个人的天命被其所择之文化充分表现的文化存在。给出一个粗略的描述，“己”就是我们理解极为透彻、深悉其奥秘的文化存在，就是我们据此有所创建的文化存在，就是我们见之而喜、失之必忧的文化存在。每个人所接受的文化并不就是“己者”，而是“他者”与“己者”的混合体。人终其一生都在与这两者之间做选择，由此而引发种种矛盾、斗争、取舍、困惑、痛苦、快乐。教育的目的就是使受教育者剔除“他者”的遮蔽，找到“己者”的所在。

学校通过资源优化配置，通过老师对学生找到真我施加影响，产生助力。老师和学生不同的是，老师是经验丰富的识人者，老师是善于发现人的天性的人，老师是善于用既有的知识试探出学生天赋天才并有助于养成学生天性的人，一句话，老师就是帮助学生找到自己的人。教育、教学的一切活动必须围绕帮助学生找到自己这个中心问题展开，所有的知识、技能、方法和探索都是一些材料，用于试探学生天性之所在的材料。除此之外的教育教学方法都是绕远的方法。

一流大学归义

最近，“一流大学”成为一个流行词汇。国家要建若干所具有世界先进水平的一流大学，百姓们则盼望着他们的子女考上一流大学。而国内的各高等院校之间，一场大规模的联合与合并运动正在进行，其目的在于强强联合，进而创建一流大学。

一流大学的本质内涵

江泽民同志在北京大学百年校庆的讲话中说，为实现现代化，我国要有若干所具有世界先进水平的一流大学。这样的大学，应该是培养和造就高素质的创造型人才的摇篮，应该是认识未知世界、探求客观真理、为人类解决面临的重大课题提供科学依据的前沿阵地，应该是知识创新、推动科学技术成果向现实生产力转化的重要力量，应该是民族优秀文化与世界先进文明成果交流借鉴的桥梁。

以我之见，一流大学是指这样的大学：它以人类的自由与幸福为活动宗旨，吸纳并招聚优秀的知识分子群体，使这一群体以人类已有的文明为基础，以人类在生存与发展过程中所遇到的挑战性问题之研究及解决为己任，以知识的传播、创新和优秀人才的培养为天职；它具有优良的传统，在其悠久的发展历史上，培养了大量的具有广泛影响的精英，取得了影响人类文明进程的里程碑式的成就；它在较大的范围内、在较大的深度上影响着国家、民族和社会，并在某些文明领域处于国际领先水平，发挥主导作用。

作为可操作性强的评价体系，通常评价一流大学的水平从以下诸方面考察：

第一，学术水平。主要反映在科研成果的数量，特别是质量方面。在一定范围内，其成果的创造性愈高、影响愈大，学校的声誉愈好。一流大学应有较多的饮誉世界的学术成果。

第二，教育水平。主要反映在课程教学和教育的质量上，反映在人才培养的数量和水平上，反映在社会对毕业生的认可程度上。

第三，管理水平。主要反映在出成果、出人才的效率上，反映在学术民主和科学精神上，反映在适应社会需要的应变能力上。

第四，社会服务。反映在为所在地区乃至国家的精神文明与物质文明建设的服务上，贡献愈大，效果愈好，影响也就愈显著。

第五，师资队伍。一流大学的师资队伍应是一流的，应有一大批站在世界学科前沿的专家学者，有相当数量的诺贝尔奖获得者。

第六，学科完整性。一流的大学应该具备较完备的学科体系，有很高水平和很大成就的研究生教育，应是文理相通、理工结合、法医并存的综合优势显著的大学，能充分体现现代科学的相互交叉、渗透及整合的趋势。

第七，教育资源。首先是财富，其次是地盘，再次是先进设备、图书信息、教学媒体等。

第八，学风和校风。一流大学应该有深厚的文化积淀，有优良的传统，有长盛不衰的科学与人文精神及良好的学风校风。

第九，国际交流。一流大学应是开放式大学，是对外扩展式的发展模式。除了频繁的国际学术交流外，还在国外设有多种类型的教学、研究和产业基地，有同国外多种机构或集团的合作体。

第十，人员培训，终身教育。一流大学应对社会开放，成为高层次继续教育与终身教育的中心。

第十一，校长。一流大学应有一流的校长或一流的管理主体。一流大学的校长既应是学有专长的专家，又应是有独特风格的教育家。

第十二，校友。一流大学培养一流人才，一流人才做出一流的业绩。校友通过援助、产业合作、联合办学等多种方式，支持母校的发展，造成良好的滚动发展态势。

创办一流大学，当务之急是什么

十年树木，百年树人。要创办一流大学，须经历一个漫长的奋斗过程。几代人的拼搏，数以万计的资金投入，政府的持久支持，校友的鼎力襄助都是必需的。作为主角的大学，当务之急是什么？

欲创办一流大学，当务之急在于了解并研究世界高等教育的发展趋势、潮流和发展规律，充分了解并客观评价本校的发展水平，对比世界一流大学，找出自身优势，发现自身的不足，正视差距，研究对策。欲创办一流大学，当务之急在于开发和利用好本校的教育资源、外部的教育资源，寻找并把握国家发展过程中所提供的重大机遇，将本校发展的动力枢纽同国家的振兴与社会的进步紧密地连在一起，同进退，共荣辱（如西部开发所提供的重大机遇，必须率先抢滩、把握先机）。

欲创办一流大学，当务之急在于参考国内外，特别是国际一流大学的管理模式，建立起适合本校传统特色与时代需求的管理模式。创办一流大学，当务之急在于加强与国外大学的合作与交流，加紧与国际经济集团之间的合作，不放过中国加入WTO后所带来的对本校融入国际社会极其有利的重大机遇；为实现大学的开放式教育，为提高本校的国际知名度和国际地位，为开发本校的国际教育资源打好基础，搞好与国际高等教育接轨的探索和准备工作。

最后，让我们回到一流大学的概念。要创办一流大学随时都要牢记大学的人文宗旨，不忘初心，牢记使命，服务国家社会，营造为人类自由与幸福而进行学术研究、探索与创新，培养仁人志士和栋梁之材。芝加哥大学校长马克斯·马森曾经用一句简练的话描述芝加哥大学：“除了卓越，别无其他。”也许，这是世界上每一所大学的梦想，而这一梦想正应该像种子一样，种在底蕴深厚的大学传统文化里，种进每一位受着良好教育的学子心里。

请来给俺上课吧，教授

俺是一名本科生，听说教育部下文规定，教授、副教授必须给本科生上课，两年不给本科生上课，是教授的，须转系列；是副教授的，不得升为教授。俺不能对此规定给予教育学意义上的评价，只是感觉它对俺好，也对教授好。

俺上大学就是冲着教授来的。中小学没有教授，但有教授的传说，教授的神话，教授的影响。十多年的寒窗苦读，为考上大学，走进高等学府；为投靠教授，证实传说的梦境。教授，您是知识殿堂的掌门人，您是学术圣坛的大祭司，您是开启心扉的金钥匙，您是文化风气的引领者……教授，您几乎就是大学的缩略语。在俺报考的大学志愿里，俺是看着您的面子填的，因为，每一所大学都把她的教授当作最大的招牌来招生。有什么样的教授，就办什么样的大学，就招什么样的学生。大学就是“人以群分”，就是人的文化群居，就是心相投、情相悦，就是志同道合，教授就是大学文化的扛旗人。

教授为什么不冲着俺来？俺是本科生，俺需要教授，教授是不是需要俺呢？时下的一些价值观念肯定要说不。理由“既简单又显明”：堂堂大教授教本科生大材小用；教本科生耽误学术研究，耽误项目开发，耽误挣钱、评奖；教本科生不如带研究生，带研究生可以得到廉价“劳动力”，于研究、于开发均有莫大好处；带研究生可以私授，可以图后报……

果真如此认为，那么，教授您错了。孔夫子的学问高不高？“仰之弥高，钻之弥坚，瞻之在前，忽焉在后！夫子循循然善诱人：博我以文，约我以礼。欲罢不能，既竭吾才，如有所立，卓尔；虽欲从之，末由也已！”那是相当的高了。但是，孔夫子有没有嫌弃“本科生”？没有。他甚至也没有嫌弃“中小学生”。因为，他有的是“因材施教”。教授教本科生也不会耽误学术研究、项目开发，也不会耽误任何名利。“教学相长”，长的不仅仅局限于学问，长的也可以是名利，长的也可以是爱心，长的也可以是欢乐，长的也可以是幸福，长的也可以是文明进步，长的也可以是流芳百世。就“教学相长”而言，本科教学具有无可比拟的优势。搞学问，学贵有疑，学贵多问，本科生恰恰喜欢疑，喜欢问。“不愤不启，不悱不发”，恰到好处的启发需要恰到好处的点拨，炉火纯青的学问才能激发心有灵犀的神会。很多著名的学者都津津乐道于为本科生上课，其中的奥妙就在于他们从教授本科生中受益匪浅，国外很多知名大学把教授为本科生上课当作一条教规，其来由大抵如上所述。至于算计名利，教授可得放长眼光，重实还得重势。天下大势，正是看重名利的时代，厌弃名利已是自欺欺人，不足为人师。关键是“取之有道”，不以大智营小利，不以清誉钓贪腐，做知识英雄，也做民富的表率，才财互动，化民化俗，调世情，均炎凉，通过财富的路径强国富民。

教授，您教导俺们说，知识和智慧所能达到的最高境界是“止于至善”。俺理解，至善至少包含两个意思，一个是真理意义上的，一个是仁。追求真理有很多路径，也不排斥个性化蹊径，自然不会排斥共追同求。事实上，人类文明之所以有今日的成就，很大程度上是因为人类文明能够传播，教育发挥了关键作用，也就是薪火相传、心智叠加的结果。孔夫子弟子三千尚不嫌多，“自行束修以上，我未尝不诲也”，而且诲人不倦，看来他是真正明白了教育与学术的真谛，所以他的成就大。至于仁，就是爱人，爱人类。教授给本科生上课，除了传道、授业、解惑外，极其重要的一个内容是仁，是爱的教授，是爱的示范，是爱的传播。爱真理的爱，爱人类的爱，汇合一处就是博爱，就是大爱，就是无缘无故的爱，就是无碍之爱。以无碍之爱行世，就看得见“仁者无敌”的境界了。

教授，请来给俺上课吧，带着您的真心、真情、真知和灼见，俺收获一分期盼，您收获一分惊喜。

大学要有大德

“凡我在处，便是山大”是山东大学原校长徐显明为山大校友的题词，题词在山大校园和山大校友中得到广泛传播。细思量，这个题词十分精当地概括了“我”与山大的关系，不仅适用于山大校友，而且适用于每一个山大人，可以当成山大人的座右铭。在教师节到来之际，重提此铭，感慨良多，而大学德性建设问题尤为萦怀不已，令人不吐不快。

“凡我在处，便是山大”，这个“山大”有很多寓意，其中之一是山大的德性，或者山大之德。有了这个寓意，“凡我在处，便是山大”就可以解读为：作为一个山大人，无论我在哪里，做什么事，说什么话，都要为山大积德传善，都要把山大之爱传播开去。唯此，山大之德才能积土成丘，山高水长，与天壤而同久，共三光而永光。

徐显明认为，大学之“大”，在于有大德，就像《大学》里所讲的，“大学之道，在明明德，在亲民，在止于至善”，明德、亲民、至善这三者结合在一起就是大学。要创建世界一流大学，首先要把山东大学办成最有德性的大学。什么是大学的大德呢？大学的大德是关乎修身齐家治国平天下的大德，是关乎追求真理、文明人民、追求至善的大德，是“天行健，君子以自强不息；地势坤，君子以厚德载物”的大德，是“仁以为己任，不亦重乎？死而后已，不亦远乎”的大德，是赞天地之化育、开文明之先河的大德。

后人对至圣先师孔子有个评语：“德侔天地，道贯古今”，先称其德，后颂其道，说明德对人的感化甚于“道”。今天，我们乐于研究圣人文章，探寻先贤学术，“仰之弥高，钻之弥坚，瞻之在前，忽焉在后……欲罢不能，既竭吾才，如有所立，卓尔。虽欲从之，末由也已”，很重要的一个方面是圣贤有大德，文以传德，大德如《韶》，令人如坐春风，“三月不知肉味”。随着学术发展、科技进步，先贤的学说，或有时过境迁者，或有因世而变者，唯其仁心大德历久弥新，沁人心脾。

大德的传人是老师。韩愈说：“师者，所以传道受业解惑也。”老师除了传道授业解惑外，还要传德，寓德于教，积少成多，日积月累，成就大德。德在心为仁，着实是善，是爱。德者，得也，合道得心者大。胡适说：“一个人就是他所吃的东西，所以达柯塔的务农者，加利福尼亚的种果者，以及千百万别的粮食供给者的工作，都是生活在他的身上。一个人就是他所想的东西，所以凡曾于他有所左右的人——自苏格拉底、柏拉图、孔子以至于他本教区的牧师和抚育保姆——都是生活在他的身上。一个人也就是他所享乐的东西，所以无数美术家和以技取悦的人，无论现尚生存或久已物故，有名无名，崇高粗俗，都是生活在他的身上。诸如此类，以至于无穷。”那个一直在人身上活着的东西就是德，就是善，就是爱，就是这个人毕生受益并可垂之久远的大德。毫无疑问，每一个山大学生的身上，都饱含着山大老师的这种师德教泽，都饱含着山东大学的大德、大爱。

传大德不拘小事，做小事彰显大爱。徐显明校长曾为“我心目中的好导师”评选活动题词说：“百年大计，教育为本；教育大计，教师为本；教师大计，师德为本；师德大计，师爱为本。”可见，体现师德的是师爱。师爱，第一个层次是对学生的爱，第二个层次是对学术的爱，第三个层次是对真理的忠诚。三个层次的爱，只有通过爱学生才能落实，二人成仁，以爱传德。先秦儒学之所以能够历久不衰，很大的成因在于私学这种能够体现师生之爱的传授方式，夫子“循循然善诱人”，因材施教，诲人不倦；孔子儒学能够发扬广大，在很大程度上得益于孔门“弟子三千，贤者七十二”，得人才能得学，孔学传播的最大动力是孔子之德，是孔子大爱，是孔子的人格魅力和人文精神。

利益有限，孔德无极。在矛盾各方的利益冲突中，唯德可和，出死入生，保有各方，不致澌灭。所以，德性是比利益更稀缺的文明资源，而且可以无限追求，永无止境。如果人们能够遵循以德报德、以德报怨的原则为人处事，社会之德性就会单调增加。大学是社会德性增加的最为重要的源泉。一个汲满了山大德性的学子就会是一个人格得到极大完善的人，就会是一个秉承了先贤治国平天下志向的人，就会是一个“己所不欲，勿施于人”的德人，就会是一个“己欲立而立人，己欲达而达人”的仁人，心中大爱，诸行芬芳，将山大的德性传遍千行百业，传遍五湖四海，将人类文明推向至善之境。

如何破解“钱学森之问”
徐显明建言：创建充满活力的现代大学制度

在全国两会上，全国人大代表、山东大学原校长徐显明在接受中国教育报记者采访时说，中国的大学，只有建设一个充满活力的现代大学制度，也就是总理所说的“高校要有办学自主权”，才能破解“钱学森之问”。

对比世界各国高等教育，徐显明把政府与大学的关系归纳为三种类型：一是隶属型或管理型，即大学是政府直接管理或者间接管理的对象。中国、法国的高校属于这种类型，目前两国都在进行改革。第二种是监督型，政府通过拨款、评估等对大学进行监督引导。英国的一些大学属于这种类型。第三种是自治型。美国的大学基本都是这种类型。“从世界一流大学的分布来看，自治型大学从某种意义上讲最具有活力。”徐显明说。

徐显明认为，除了政府和学校的关系之外，我国大学内部管理制度也有行政化的倾向。一所大学的校部机关有几十个处，规模大一点的大学处级干部动辄上百人。徐显明说：“用政治的和行政的公共权力，去替代和侵害学术的和民主的公共权力，这是大学行政化的一个表现。大学行政化的另一个表现就是大学的文化正在发生变异，变得以权力为追求而不是追求学术，这就扭曲了大学的价值观，和大学精神相悖。”

谈及大学的精神，徐显明告诉记者，2010 年是德国柏林洪堡大学建校 200 周年，洪堡大学对世界高等教育史有两大贡献，一是把人才培养和科学研究结合起来，一是创造了现代大学制度。他认为，“钱学森之问”可以从洪堡精神中寻找到答案。徐显明说：“具备洪堡精神的大学，才能承担起创新的使命，才能培养出创新型人才。”

那么，什么样的大学才是具备洪堡精神的大学呢？徐显明给出了自己的答案：这样的大学应该是追求学术自由的乐园，是培养具有现代精神、创新能力、对民族国家有责任感的人才的摇篮，是道德的高地，是社会的灯塔，是创新的活水，是文化的酵母，是真理的福地。

“要达到这样的目标，就要进行改革。《国家中长期教育改革和发展规划纲要》（征求意见稿）文本的出台，体现了国家进行教育体制改革的力度，非常好，我希望能够进一步深化。”徐显明说，“改革，会让大学保持道德权威、思想权威和知识权威的地位，行政化、功利化、世俗化都将无处藏身。这样的大学才会充满活力，人才辈出。”

“钱学森之问”的基本内容是：“为什么我们的学校总是培养不出杰出人才?”2005 年，温家宝同志在看望著名物理学家钱学森时，钱学森认为：“现在中国没有完全发展起来，一个重要原因是没有一所大学能够按照培养科学技术发明创造人才的模式去办学，没有自己独特的创新的东西，老是‘冒’不出杰出人才。”

爱的教育不可或缺

“构建和谐的社会主义社会”涉及社会的方方面面，是一个社会系统工程，因而需要社会全员的共同参与。尽管每个人的社会分工不同，职责各异，权力和能力也千差万别，但是，爱是共同的，爱是无限的，爱是社会和谐的源泉与动力。

大命所立，必有深旨。改革开放为经济发展和社会进步提供了强大的动力，中国所取得的成就举世瞩目。社会进步的速度快了，对稳定性的要求也就高了，社会是否和谐就会上升为突出的问题。但是，和谐社会须经历一个长期建设的过程，中国为此而付出的努力也许要比为经济建设所付出的努力还多。

未雨绸缪，早行比迟走好。

除了中央政府的宏观调控、行业部门的分工协作外，社会成员的微观参与必不可少。以人为本，强调人是事务的价值核心；事在人为，则表明人是事务的动力。人们凭什么参与和谐社会的建设？

爱是和谐社会建设的源泉与动力，爱是和谐社会建设的目标与过程，爱是和谐社会的纲目与结缔，爱是人人都能付出又都会甘之如饴的普遍价值。但是，爱的匮乏困扰着我们。一个普遍感觉是爱钱、爱权、爱物有甚于爱人，种种社会丑事、丑态和丑闻由此滋生出来，蔓延开去。

把社会丑陋现象归罪于对金钱物欲的追求是对爱的误读与误认。君子爱财，取之有道，爱财并无过错，关键是看合不合道。合道多谐，违道必乱。道就是人心，就是规则，就是社会普遍奉行的文化价值。商品也好，金钱也罢，究其实质，都是劳动与财富的凝结物，是爱的载体。换个说法，商品或金钱之所以被爱，是因为它体现价值，它附载了别人的爱。一件没有人类之爱的东西必然是一件完全彻底的废物，必然得不到人爱。可见，爱金钱的实质是爱人之爱。君子爱财，取之有道，乃是以爱博爱、以爱传爱之道。以己不爱博人之爱，以少爱赢多怜，皆属不道，必无和谐。

因为有爱，农民种的粮食才更加甘美；因为有爱，工人生产的机器才物美价廉；因为有爱，知识才有了良心，知识才有了正义的力量；因为有爱，社会才彼此关心、关情、关痛痒，人类才有情、有义、有温暖。胡适在《我的信仰》一文中写道："一个人就是他所吃的东西，所以达柯塔的务农者，加利福尼亚的种果者，以及千百万别的粮食供给者的工作，都是生活在他的身上。一个人就是他所想的东西，所以凡曾于他有所左右的人——自苏格拉底、柏拉图、孔子以至于他本教区的牧师和抚育保姆——都是生活在他的身上。”换个说法，爱，生活在每个人身上。

情爱、物欲之爱和血缘之爱在生活中生生不息，并维系着基本的社会关系。除此之外，有一种爱，叫着无缘无故的爱，人们不太熟悉。当社会上的爱丰盈的时候，当人的心灵丰盈的时候，人就会产生无端无绪的爱，回报社会，回报公众。这种爱既没有名利目的，也没有血缘解释，定要找到根源，可以把它看作和谐社会的爱的结余。正是这种无缘无故的爱引导社会走向高尚。

大学的基本使命之一就是爱的教育。爱的教育要回答人们为什么爱、爱什么和如何爱的问题。校长爱教育，教师就爱教学；老师爱学术，学生就爱学习；大学爱人类，地球就会少战争。知识的目的在于爱、人才的价值在博爱，大学必须对和谐社会的建设输出更多的爱、无缘无故的爱。

全方位开放办学战略是山大大力推行的战略之一，推行几年来取得了良好的办学效益。在此基础上，我们能够为和谐社会的建设做出更加积极的努力。最近，我校大学生服务济南社区活动已经全面展开，山大之爱由此生发出来，传播开去，为和谐社会增加了一个新爱源。

也许我们不是大款，也不是腕，我们只有一个建设和谐社会的强烈愿望，那么，请我们从爱开始一切。

文化兴族　大学当先

——创建世界一流大学的民族担承

胡锦涛同志在庆祝清华大学建校100周年大会讲话中指出，推动经济社会又好又快发展，实现中华民族伟大复兴，科技是关键，人才是核心，教育是基础。不断提高教育质量是高等教育的生命线，必须始终贯穿高等学校人才培养、科学研究、社会服务、文化传承创新各项工作之中。

笔者理解，胡锦涛的这段话高屋建瓴，为我国高等教育的发展指明了方向。其中有个新内容值得特别关注，做一番讨论。这个内容在肯定了大学的三种功能——人才培养、科学研究、社会服务基础上，强调了大学具有第四种功能——文化传承创新。对于大学第四种功能，此前教育界的关注不够充分，但是，这个功能在解决社会问题和全球化文化问题中又非常重要，值得大学高度重视，深入探讨，广泛实践。大学在改革与发展过程中，在实现中华民族伟大复兴过程中，在处理文化全球化问题中，应继承中华民族文化的优良传统，吸收世界其他民族文化精华，结合世界潮流和中国国情，创造新文化，引领新风气。

中华文化几千年，传承不断，以迄于今，其中必有一以贯之的精神在，必有薪火相传的传统在，必有担承社会的道义在。中国的大学对于中华民族的文化传承负有不可推卸的责任，特别是在人才培养过程中，正确对待传统文化，正确对待历史问题，剔除糟粕，吸收精华，结合实践，古为今用，为解决社会问题和文化全球化问题储备资源，寻求创新。

中国近代以来的文化发展进程，是传统文化遭遇西方文化大冲撞之后自我调适与创新图强并存的进程，是中国社会现代化过程中形成中国特色文化的进程，是中华民族在全球化过程中寻找话语权与话语方式的进程，是中国人民对全人类文明进步贡献才智与成果的进程。在这个进程中，我们会遇到问题和困难。在中西文化大冲撞过程中，一些重大的文化事件、文化思潮反复纠结于中西文化的调和问题：是中体西用，还是全盘西化？是中西互补，还是综合创造？是和而不同，还是世界文化整合？

文化的要素包括语言、信仰、价值观和传播性。当下很多社会问题都可归因于文化问题，归因于文化信仰和价值观念问题。特别是经济社会与文化信仰、价值体系的匹配问题关系到社会进步与民族兴盛，值得大学和其他学术机构共同研究、探索，找到合适的匹配。马克思主义经济学认为，生产关系要适应生产力的发展，上层建筑要适应社会经济的发展。韦伯在《新教道德与资本主义伦理》中也论述了新教信仰在资本主义社会经济发展中的重要性。反思我们的经济社会问题，当食品安全成为社会问题时，法律监督和道德防卫已然双双缺失了；没有超越今世名利的东西值得追求，名利就成了人们的最高标的，信钱与拜物并行，丑恶与腐败同时。

大学在继承传统文化过程中必须进行深刻的批判与反思，即使对待历史经典亦不可述而不作，照本宣科。要结合现代化的需要，选择材料，继承精神，解决社会现实问题，解决发展过程中的矛盾。特别是，能结合人类当下和未来文明发展过程中的问题，寻找中华传统文化中的智慧与方法，解决世界性难题。从实用主义的层面理解，就是带着人类的问题到中华传统文化中寻求解决的方法，不是单纯地整理国故，推销国粹。文化的传播性要求信息必须实用，解决人的问题，解决人类的问题，反对文而不化。

大学作为各民族文化交流、会同、创新与传播的平台，必须从人类文化与文明的整体为框架，以解决人类生存与发展的问题为切入，吸收各种文化的精华，构造全球化的新文化，催生新文明。正如大学在科教兴国战略担当的责任一样，文化兴族同样是大学应有之义，是大学发展的新动力、新资源、新任务，是中华民族崛起的新期待。在文化全球化趋势日益明朗的时代，大学必须一马当先，做出无愧于使命、有益于人类的新贡献。

第四篇　大学文化

总书记回信指方向 《文史哲》办刊谋新篇

——《文史哲》编辑部学习贯彻重要回信精神侧记

据新华社北京2021年5月10日电，中共中央总书记、国家主席、中央军委主席习近平2021年5月9日给《文史哲》编辑部全体编辑人员回信，对办好高品质哲学社会科学期刊提出殷切期望。山东大学迅速组织、先后召开《文史哲》编辑部座谈会、学校党委理论学习中心组（扩大）会议，专题传达学习总书记重要回信精神。围绕取信过程、学习收获以及下一步工作思路等，本报记者采访了《文史哲》主编王学典及编辑孙齐和邹晓东。

“千里”取信 期待满怀

2021年5月9日晚，一个振奋人心的消息传到山大：习近平总书记给《文史哲》全体编辑人员回信了！学校党委迅速安排，由党委、校长办公室和《文史哲》杂志社工作人员10日一早赴京取信。晚10点10分，《文史哲》编辑孙齐接到主编王学典的电话：订上明早第一列高铁车票，去教育部办公厅取信。与孙齐同行的还有党办校办林萍老师。“我们知道这一消息，都非常兴奋，感觉正在见证一个历史性时刻。”孙齐感慨道。

孙齐和林萍商定乘10日G334次列车。孙齐早上6点多从家出发，开车赶赴济南西站与林萍会合。列车7点32分出发，9点17分抵达北京南站。随后，孙齐和林萍打车至西城区大木仓胡同教育部南门，到办公厅登记身份证。在林萍办理了文件签收手续后，终于在教育部拿到了总书记的回信！

他们随后打车去北京南站，买了11点20分发车的G411车票，13点13分到达济南西站。一路上，总书记的回信就放在他们随身的公文包里。得知学校领导从9日晚到10日凌晨一直在做着认真准备，迎接信件的到来，在兴奋之余，两人更多感受到的是要在第一时间把回信安全带回山大的责任。到达济南西站之后，他们开车回校，争分夺秒，终于在13点55分准时到达中心校区明德楼。会议室里，早就坐满了翘首以盼的全体学校领导和编辑部所有老师，见到回信，会场响起了经久不息的热烈掌声。

热学回信　收获多多

《文史哲》编辑部编辑人员学习回信后，倍受鼓舞，他们共同认为，总书记的回信立意宏阔，涉及“古今中外”四重语境的方方面面，既包含对中国哲学社会科学发展的指导，也包含对《文史哲》等学术期刊办刊的指导。谈起学习收获和感悟，编辑部编辑人员认为：其一，中国特色哲学社会科学研究，应进一步向中国问题、中国道路、中国经验、中华文明集中。只有形成能够解释中国经验、中国道路、中国问题的中国特色哲学社会科学话语体系，才能坚定“四个自信”，“增强做中国人的骨气和底气”。其二，要进一步从中华优秀传统文化中发掘“更好坚持中国道路、弘扬中国精神、凝聚中国力量”的思想资源。其三，既便古典人文研究，也不应一味走“象牙塔化”“学院化”路线，而是要探索、形成“历史和现实、理论和实践相结合”的互相促进机制，在学术规范许可的范围内，对时代脉搏做出严谨而有温度的体察和回应。其四，《文史哲》现行办刊宗旨“昌明传统学术，锻铸人文新知，植根汉语世界，融入全球文明”与总书记回信精神高度吻合，《文史哲》同仁将在“古今中外”四重语境下，更全面、更深刻地认识并践行这一办刊宗旨。其五，更有针对性地发扬“学者办刊”传统，遵照“编校分离”的原则，进一步调理编辑身份与学者身份之间的关系，在人员构成与劳务分配上进一步理顺“类工作”与“创造性工作”间的协作关系。其六，继续发扬“扶植小人物”的办刊传统，因应当今人文学术积累的实际状况，重新界定“扶植小人物”，亦即“支持优秀学术人才成长”的目标群体，并通过举办“《文史哲》青年学者工作坊”等途径发现新秀、扶植新秀。其七，在巩固“厚重古典研究”优势的同时，尝试推动“古典研究社会科学化”，推动中国社会科学界从传统古典资源中汲取灵感，助力史诗般的当代中国理论建构。其八，将《文史哲》（中文版与国际版）进一步打造为中外人文学术双向互动的高端窗口。其九，继续精心策划、举办“《文史哲》人文高端论坛”，将“小规模、高层次、大动作”的论坛特色坚持下去，用切中时代脉搏的议题，设置引领学界关注中国人文学术的宏观走向，和学界一道“更好认识中国、了解中国”，“更好坚持中国道路、弘扬中国精神、凝聚中国力量”。

目前，《文史哲》编辑部围绕回信精神，已经或正在撰写、发表《以“坚持中国道路、弘扬中国精神、凝聚中国力量”为办刊使命》《“古今中外”四重语境下的〈文史哲〉办刊宗旨》《为加快构建中国特色哲学社会科学贡献〈文史哲〉力量》等专题文章。

肩负使命　守正创新

第十三届全国政协常委、山东大学儒学高等研究院执行院长、《文史哲》主编王学典教授指出，“尤其在国际形势复杂多变的当下，我们格外需要鼓起骨气和底气，总书记的指示具有特殊意义。”什么是王学典所认为的“特殊意义”?

王学典认为，习近平总书记在回信中提出的“让世界更好认识中国、了解中国”要求，有着深刻的历史洞察与现实针对性。节节复兴的中国势必驱动现行世界格局的改革与重塑，而当今世界尤其是西方发达国家对中国文化的了解，远不及当今中国对西方文化的了解。由于对“热爱生活”“崇尚和平”“毋大而肆，毋富而骄，毋众而嚣”等中华文化基因缺乏切实、系统的认识，一些国际人士容易戴着“国强必霸”“文明冲突”的有色眼镜，渲染所谓的“中国威胁论”。中国必须在深自培植其“和平发展”气质的同时，努力从文化、人文精神层面讲好中国故事，为中国与世界的和平发展赢取更长久开阔的时空。

就此而言，树立中国主体意识、努力讲好中国故事，绝不意味着持守狭隘的民族主义之道。“增强做中国人的骨气和底气”，针对的是妄自菲薄或自我迷失，因为这些消极状态绝对不是健康的“开放”“进步”姿态。中国人文学界必须拿出更大的勇气努力“融入全球文明”，创刊于 2015 年的《文史哲》

国际版（英文版）正是为此目标而生，目前已经能够做到让海外读者用专业、流利的英译文阅读高质量的中国古典学术论文，并在 2018 年、2019 年先后被 Scopus 数据库、欧洲 ERIH PLUS索引（欧洲人文社会科学研究索引）收录。毫无疑问，“古今中西”交汇语境下的中国哲学社会科学话语体系建设，既不能照搬传统也不能照搬西方。正是有鉴于此，习近平总书记才在回信中特别勉励《文史哲》，要继续肩负“促进中外学术交流”的使命。

这一勉励，既是总书记尊重“世界文明多样性”、倡导“世界文明交流互鉴”的题中应有之义，也是对《文史哲》“融入全球文明”的办刊宗旨、创办国际版（英文版）、努力成为中外人文学术交流双向窗口的肯定和鞭策。无论对中国学刊还是中国学界来说，只有在既立足本土传统又面向世界学术资源的同时，不断努力生发经得起全人类普遍推敲的论题与理论，才是“守正创新”的应然之道。

引领转型　聚势谋远

创刊伊始，《文史哲》杂志即扮演了一个从民国学术向共和国学术转变（第一次大转型）的引领者角色，这成为了奠定《文史哲》地位和声誉的最重要的因素。《文史哲》当时所发起的一系列重要学术论战，无不涉及当时的意识形态重塑，而引起学界的广泛瞩目。

《文史哲》杂志在共和国人文学术的第二次大转型中没有位于最核心、最前沿的地位，而主要是从侧翼切入。中国的现代化面临的一个关键问题是如何处理现代化与传统文化的关系，这就要求对传统文化进行理性审视和研究。《文史哲》

1984 年组织的“文化史研究笔谈”，是 20 世纪 80 年代“文化热”的发端。此后，《文史哲》又相继开设“中国传统文化讨论”“国学新论”专栏，组织“儒学是否宗教”笔谈。这些工作均旨在引领对中国文化的正面评价和深入研究。

党的十八大以来，人文社会科学的第三次转型，也即从“以现代化（西方化）为纲”向“以中国化为纲”的转型正在推进之中。整个中国的思想气候、文化气候、学术气候都在发生巨变，整个语境正在被重构。《文史哲》这一次更自觉地走在了时代的前列，主动承担起学术本土化的使命，致力于构建中国特色哲学社会科学话语体系，专门设立“文明互鉴与中国道路”“中国社会形态问题”“中国话语体系重建”等专栏，刊发在解读中国实践、构建中国理论上具有创新性和标识性的研究成果。

《文史哲》在接下来的工作中，将进一步贯彻落实好总书记重要回信精神，聚势谋远，不断进步。“习近平总书记在回信中充分肯定了《文史哲》在弘扬中华文明、繁荣学术研究等方面做出的贡献，对我们把《文史哲》办得更好提出了殷切期望。我们要感悟思想伟力，坚定文化自信，开创办学新局，一定牢记总书记嘱托，全力以赴把《文史哲》办得更好。”山东大学党委书记郭新立表示。

（本文作者　宋君波　王巍　张延杰）

为天地立心　为时代领风

——论党媒在新时代条件下的文化职责

中共中央总书记、国家主席、中央军委主席习近平于2016年2月19日在北京主持召开党的新闻舆论工作座谈会并发表重要讲话。习近平指出，在新的时代条件下，党的新闻舆论工作的职责和使命是：高举旗帜、引领导向，围绕中心、服务大局，团结人民、鼓舞士气，成风化人、凝心聚力，澄清谬误、明辨是非，连接中外、沟通世界。这48字的职责与使命都和文化密切相关，故要理解职责使命，做好党媒工作，既要从各家媒体自身做起，也要从文化的社会整体性上下工夫，引领时代风气，特别要正视全球化过程中中国崛起的话语需求与权力，主动出击，争夺舆论阵地，切实提高党的新闻舆论传播力、引导力、影响力、公信力。

在新时代的条件下，具体到成风化人，党媒要经常问一问，人心安在？天地之心安在？弄清这两个问题，有助于找到自己的文化职责，有助于学习贯彻落实习近平总书记新闻舆论工作座谈会重要讲话精神，有助于成为党的政策主张的传播者、时代风云的记录者、社会进步的推动者、公平正义的守望者，成为激发全党全国各族人民为实现中华民族伟大复兴的中国梦而团结奋斗的舆论力量。

为什么要问人心安在？一段时期以来，人心爱财，文化重商，“天下熙熙，皆为利来；天下攘攘，皆为利往”，车子、房子、票子、位子占据了人心，金钱崇拜、权力崇拜、庸俗主义、享乐主义在一定程度上左右着风尚，党的理想、信念、宗旨被某些党员干部淡化，腐败现象严重，党风和社会风气受到侵害，甚至到了不整治就会危及党和国家根本利益的程度。追根溯源，人心是文化刻画的结果，是风尚信息反复镂雕的作品，是商业文化长期影响的产物。所以，党媒应在党性人心上下工夫，加大力度，改进方法，教育党员干部不忘初衷，提高觉悟，追求理想，牢记使命，弘扬主旋律，传播正能量，把人心引导到社会主义核心价值观上，齐心协力，久久为功，向着更高的目标奋进。

所谓为天地立心，是指人类体认天地道德精神、追求真理、完善人道、止于至善的过程。在古代中国，儒家倡导明德、亲民、止于至善，格物、致知、诚意、正心、修身、齐家、治国、平天下，其理想社会是大同社会；在西方，欧洲文艺复兴之后形成了以自由、平等、博爱为标志的人道主义价值体系；19 世纪 40 年代，马克思、恩格斯在批判继承空想社会主义的基础上创立科学社会主义，并提出共产主义社会理想。共产主义社会是迄今为止人类最理想的社会形态，因而实现共产主义不仅是共产党的理想和使命，也是人类的理想和使命，是人类社会文明走向至善的必然结果。可见，实现共产主义既是共产党人的党心，也是全人类的良心，自然便是天地之心了。

找到人心不难，找到天地之心也不难，难的是将人心凝聚到天地之心上，难的是全人类团结起来，为共产主义社会理想努力奋斗。这个难题谁解决？怎么解决？中国共产党有责任和使命解决这些难题，党的媒体有责任和使命为解决这些难题多做贡献。成风化人、凝心聚力，是党媒的文化职责。

《周易》说：“观乎天文，以察时变；观乎人文，以化成天下。”化成天下，最有效的途径便是文化，最可靠的平台便是党媒。党媒在成风化人的过程中，要高举先进文化的旗帜，领时代风气之先。技术和形式层面的东西可以变，媒体信仰不能变，党性原则不能变，职责和使命不能变。党媒要坚持品质追求，正如《人民日报》在近期系列评论中指出的，不管媒体形态怎么变、舆论格局怎么变，原创仍是社会最宝贵的资源，思想仍是媒体最重要的品质，理性仍是时代最需要的力量。党媒更需要在原创性、思想性和理性方面狠下工夫，特别是在大是大非辨析、民心民意凝聚、引领社会风气、增强国际话语权等方面，任重道远。

全球化和中国崛起已成世界潮流，中华民族的伟大复兴正在途中，领导我们事业的核心力量是中国共产党。党领导人民赶上了这个潮流，并通过改革开放，创造了多种辉煌，提高了综合国力，中国已经成为维护人类事业和平发展的强大的正义力量。我们处于最好的发展时期，我们比任何时候更加自信，我们有足够的国力担承更大的责任和使命。面对人类生存与发展的种种瓶颈，面对国际上动荡的局势和战争的危险，党需要通过党媒架起沟通世界的文化桥梁，在与不同民族文化和不同政党交流中，给出中国共产党的主张，给出中国解决全球性问题的方式方法，开创新时代，造福全人类。

从战略层面上重视大学文化建设

面对人类文明发展进程中的困局，大学的责任是什么？面对世界复杂动荡的局势，大学能够做什么？面对中国崛起、中华民族伟大复兴的时代命题，大学应该发挥怎样的作用？面对创建世界一流大学的目标，大学能找到什么样的发展战略？什么是大学增强影响力的最佳路径？回答清楚上述问题，其共同指向的关键词是大学文化发展战略。

一、什么是文化

（一）关于文化定义

文化是个外来词，英文与法文皆作 Culture，德文作 Kul－ture，其词义源于拉丁文 Colere，本义是耕作和植物培育，后来引申到精神领域，有化育心灵、智慧、情操、风尚等意思。日本学者译介此词时借用古汉语中表示文治教化的“文化”一词作译，后经中国留日学生引进。古汉语中，较早出现“文化”一词的地方见《说苑·指武》：“凡武之兴，为不服也；文化不改，然后加诛。”文化之意或取之《周易·贲卦》：“观乎人文，以化成天下。”

1. 洛维（Lowie）的定义：我们所了解的文化是一个人从他的社会所获得的事物之总和。这些事物包含信仰、风俗、艺术形式、食物习惯和手工艺。这些事物并非由他自己的创造活动而来，而系由过去正式或非正式的教育所传递下来的。

2. 赫尔科维兹（Herskovits）的定义：文化根本就是一种造型。我们借着这种造型来记述全部的信仰、行为、知识、制度、价值，以及那标志任何民族的特殊生活方式之目的。这也就是说，虽然文化可作客观的研究，但毕竟是一般人所有的资产，是他们所做的事情，以及他们所想的念头。

3. 班纳特（Bennett）和杜明（Tumin）的定义：文化是一切群体的行为模式。我们把这些行为模式叫作“生活方式”。生活方式是一切人群之可观察的特色。“文化”事实乃一切人类所有。这一群体与那一群体各有不同的文化模型。这不同的文化模型将任何社会与所有的其他社会分别开。

4. 莫里斯（Morris）的定义：一种文化是生活的蓝图。一群互相影响的人本着这一蓝图而特别好尚某些行为动机而不好尚别的行为动机；或者，他们宁愿采用某些方法而不采用其他方法来满足这些动机。一种文化是被一群人所采用且在时间中传袭下来的一种选择型模。

5. 奥格本（Ogburn）和尼门科夫（Nimkoff）的定义：一个文化包含很多文明或文化特征。这些要素整合为一个系统。在这个系统的各部分之间有不同程度的相关。文化之器用的特征和非器用的特征是围绕着满足人的需要而组织起来的。文化之器用的特征乃文化的核心。

6. 孟达克（Murdock）的定义：学习过程与社会二者的交互影响，在每个人群里产生一套借社会来传递的适应行为。这套适应行为是超乎各个人的。因为，同一个文化为各个人分享；它的作用比各个人的生存时间长；它的质与量大大地超过任何单独的个人独自努力所获得的成就。“文化”一词是用来表述这一由后天习得并且由社会传递的系统。

7. 梁启超的定义：文化者，人类心能所开释出来之有价值的共业也。

8. 梁漱溟的定义：文化是生活的样法，文化就是吾人生活所依靠之一切。

9. 《辞海》给出的定义：广义指人类在社会实践过程中所获得的物质、精神的生产能力和创造的物质、精神财富的综合。狭义指精神生产能力和精神产品，包括一切社会意识形式：自然科学、技术科学、社会意识形态。

10. 联合国教科文组织在其编写的《世界文化报告（1998）——文化、创新与市场》给出的文化定义是：当我们谈及文化时，我们是在寻找个人生活的方式以及人们共同生活的方式，一种“现行的文化”就是一种（几乎被界定为）与他人互动的方式，因为它包括人们在创造、融合、借用和再创造种种人们可以用来界定事物的含义。

（二）文化与人的关系

1. 人们对文化的误会从上述定义中不难发现，西方学者对文化定义的内涵注重生活方式（样式）、群的行为模式、好尚与选择、文化器用的核心性、互动传播性，强调文化是一种连接群体生活过程的东西，强调形而下的生活样式，强调信仰、价值观、对他人（民族和文化）容忍等社会契约精神；中国学者的文化定义倾向于把文化当作一种产物，在实际应用中更注重其形而上的道德精神，忽视文化形而下的内容与属性，对人们在文化传播中的主动性和创造性重视不足。

在相当大的范围内，人们混同文化和知识，认为有知识就是有文化。事实上，知识只是一种信息材料，人有知识类似于图书、光盘储存，相当于“文”，只有他在运用知识的时候，其言行有所化动，有所传播，他才算有文化。文化是个矢量，知识是个标量；有文化是个过程，有知识是个状态；文化具有公义性，知识具有工具性。

人的文化程度并不取决于他的学问大小，而取决于他对人群的影响力，即他能够带动人群共同选择一种生活样式的能力。一个潜心修道的隐士如果不能对人群生活产生影响，无论境界多高，学问多大，其当世文化影响力为零，算不上有文化。他的文化表现或在后世。

2. 文化既是化人，又是人化，人和文化构成内外关系。这个内外关系是互相啮合的：人在文化之内——文化是群的生活方式，是传统与习惯的赓续，文化先于个体人存在，文化仿佛一个建筑系统，人栖居其中，人选择生活样式；文化在人内——文化在人内即为人心，即为社会公义召唤个体良知的纽带；文化被人吸收、参与个人理解、需要和改动，文化靠人创造、更新。

文化的核心含义是人化与化人。所谓文化即人化，就是贺麟定义的“所谓文化就是经过人类精神陶铸过的自然”，是人类通过自由自觉的活动使自然打上人的意识、目的等印记，变成人的作品，包括在这个过程中采用的经验、知识、方法、组织及成果消费。所谓化人，是指在人化过程中，不同个体相互交流、学习、合作、同心同德、同智同力的过程与产物。文化化人，最重要的途径便是教育和创新，就是孟达克所说的：“学习过程与社会二者的交互影响，在每个人群里产生一套借社会来传递的适应行为。”这套适应行为是超乎各个人的。因为，同一个文化为各个人分享；它的作用比各个人的生存时间长；它的质与量大大地超过任何单独的个人独自努力所获得的成就。《周易·贲卦》所谓“观乎人文，以化成天下”，也是通过文化化人这个功能实现的。

3. 文化双化的标的对于单个的文化体而言，文化双化的标的是群体共业系统最优和个体满意。群体共业就是包含全体个体愿望的生活蓝图，而且是他们选择共同的好尚作为标的，选择一致的方法与道路到达目标。显然，这些标的都是可变的——在一定阶段是这个，下一个阶段就是另一个，根据群体共业系统和个体愿望而设立并修正、调和。共业系统调和包括制度改革与机制创新，人力资源与物力资源管理调配，个人与团体积极性调动与发挥，人员素质提高，各种技术提高与创新，本系统与外系统的外交关系维护等环节，调和的目标是达到系统最优，即总体效益最佳、个体满意、保持文化体的独立自主及先进性。个体满意，即在系统共业中为个体人生需求找到合适的路径，满足需要，实现价值。

二、大学文化

1. 大学文化定义

大学文化可分为广义与狭义两种定义。

狭义的定义：所谓一所大学的大学文化，是指在这所大学形成和传播的文化。它涵盖了大学生存与发展的历史、传统、精神和风格，也包括了大学学术、教育教学与人才培养、师生文艺生活各个层面。大学的文化是一所大学之所以成为这所大学的标志，同时也是这所大学大学人的胎记。

广义的定义：以传道、授业、解惑、增添人类福祉为己任，一群人集结起来，探索宇宙奥秘，解答人生困惑，改善社会生态，追求道德修持和真理，造次必于是，颠沛必于是。他们生活的地方叫大学，大学形成的文化叫大学文化。

这两个定义有重叠部分。相比于狭义定义，大学文化的广义定义明确了大学文化系统是一个开放系统——大学以人类生活的问题为输入，以解决问题的各种成果为输出，与自然和人类社会保持良性互动，与时俱进，发展壮大。广义的大学文化定义突出了大学文化是大学的系统使命，与《大学》强调的“大学之道，在明明德，在新民，在止于至善”宗旨相一致，修身齐家治国平天下是对大学人落实这个文化使命的要求。

2. 大学文化精神。

大学文化的核心是大学精神，也是大学最根本的标识。所谓大学精神，就是一所大学有史以来所磨炼出来的意志与品格，是大学在经历千选万择的发展过程中所缔结的价值核心，是大学判明一切未明事物价值和抉择学校行为的最高原则。否定大学的精神，就是否定大学。大学精神是大学对人类情怀的独特表述，它代表了大学中的群体所共有的理想和意志。

大学精神可罗列 8 种：一曰独立精神。真理是独立的、孤傲的、唯一的，是其所是，非其所非，因而追求真理的学者必得独立的精神，执见孤行，不盲从，不轻信，与真理通其性，方能悟其昧，见其真。鉴此，大学的独立精神的意义在于为学人摒弃一切世俗的侵扰，助力求达真理的纯粹性。二曰中立精神。做人文与社会科学学术的立场必须中立，才不致于在出发点上出现错误，为开设的伪命题奔忙。对于大学而言，一旦卷入社会派别之间的是非之中，无论是学术还是教学都将因带着情感的偏私而有失公允。三曰自由精神。首先，大学要有学术自由；其次，大学要有自由教育；再次，大学要把热爱自由当作人格培养塑造进学生的修行里，使之成为一种天性习惯。四曰民主精神。大学的民主化包含民主教育与教育民主两个层面。所谓大学的民主教育，就是通过对民主历史、传统与思想的研究，通过对民主精神的继承与发扬，通过对民主知识与方法的传授，培养民主社会建设的人才，推动社会的民主风气。所谓大学的教育民主，是民主思想与民主精神的体现，是民主教育的实践，是大学民主知行合一，在涉及师生员工的教育活动中，采取民主的方式进行管理、决策与监督。五曰批判精神。批判是做学问的一种手段，批判贯彻着学术自由的精神。

学术批判一方面找到批判对象的问题或不足，因而对批判对象提供了一种促动力；另一方面，批判者必然会提出新的观点，因而对原学术问题是一种补充，是一种发展。六曰创新精神。一所大学的生命力源于创新，一所大学的先进性源于创新，一所大学的存在价值源于创新，没有创新，大学便死了。七曰探索精神。探索是发现之母，是学术的基础活动，具有开拓性。探索的重要意义不在于找到结果，而在于发现问题，发现现象，发现线索。八曰开放精神。大学文化要传播就要入俗。大学文化入俗包括资政、强民、开风气之先和促进文化交流 4 个方面的内容。

3. 大学文化存在的问题。

包括大学人在内，国人对文化和大学文化都在一定程度上存在误会。对大学文化的误会主要表现在把大学文化看成是一个封闭系统内的文化，即误以为大学校园文化就是大学文化。这种认识的误区会导致对大学第四种功能——文化传承与创新功能的认识不足，重视不够。

知识生产、学术研究、人才培养并不是大学活动的标的，而是大学活动的分系统内容。在大学的历史上，由于受到多种因素的影响，大学奉行保守主义的生存策略，与现实社会保持适度的距离，以至于“忘记”了大学的文化使命，使大学成为一个偏重知识生产、学术研究、人才培养的象牙塔。这段历史相对较长，世俗文化对大学的干扰较强，大学一度养成了消极对待社会问题的习惯，形成了甘坐冷板凳的学术传统。这个传统在坚持学术中立性原则方面足可称道，在学术影响社会发展方面相对不足。

改革开放之后的大学发展出现了世俗化倾向。大学的学科专业增设、去留，学术课题的选择，人才培养的目标，知识与技能的流动等诸多领域都围绕着经济建设展开，知识、学术、人才的功利化商业化倾向严重，这种倾向是导致大学学术力量分散、学科老化、碎片化、缺少学科高峰的重要原因。

4. 大学文化功能及实现渠道。

大学的文化功能一般通过两大渠道实现：其一为内化的渠道，其二为外化的渠道。

内化渠道，就是大学教育、教学、学术、娱乐、各色活动与生活，是大学人世界观、人生观、价值观、人格情操、审美情趣、生活偏好、语言习惯等养成的过程，概而言之，就是一所大学之所以是这一个的养成过程，是大学对大学人的烙印过程，是既有的传统、社会现实在大学人生阶段交汇、批判与选择的过程，是大学人为解答人类的问题、人生的问题、宇宙的问题而探索与创新的过程。在这个过程中，一个大学的文化内化到每一个大学人的身上与心中，使其举手投足、言谈举止都带着这个大学的气质与风度，使其所思所虑、所爱所憎都带着这个大学的思想情感。从文化的统一性看，所有的大学人表现出文化同源性，具有相通的文化理想、情感、精神气质，表现出比较一致的文化需求与文化诉求。比如，哈佛大学的校训是“真理”，另有一句有名的座右铭是“与柏拉图为友，与亚里士多德为友，与真理为友”。哈佛人谈人生与社会问题，就一定绕不开这句校训。

大学文化的外化，其一，通过一届一届的毕业生在工作岗位、家庭和社会角色中的作为传播大学文化。这是最普遍的一条渠道，无论大学历史长短、办学水平高低，它的毕业生总是要把他们在母校学到的知识、形成的思想观念乃至于文化习惯传播给他们所能接触到的人群。其二，通过学者们的文化批评、探索、研究、人文关怀等输出思想观念、价值标准、审美情趣、人格魅力，实现文化外化功能。新文化运动时期的蔡元培、胡适、陈独秀、李大钊、鲁迅、钱玄同等人都成为红极一时的学者。其三，通过参与国家重大事件影响社会大众。五四运动和新文化运动开创了中国现代史的新纪元，而这个文化与历史的辉煌恰恰是以北京大学为首的中国高等教育界的骄傲，对于中国和世界的文化都产生了积极影响。其四，通过学术成果转化影响文明进步与文化潮流。“两弹一星”的成功，奠定了中国作为核俱乐部重要成员的大国地位；探月工程的启动和成功，促进了我国航空航天技术发展和太空探索；真理标准的大讨论，催生出改革开放的新时代，为社会主义初级阶段的发展奠定了理论基石。其五，为不同的民族文化搭建交流互鉴的平台，为文化全球化构建可行性方案，为解决人类的生存危机和发展困难创新文明、创新文化。

三、大学文化发展战略

（一）大学文化战略提出的背景

人才培养、科学研究、社会服务、文化传承与创新是大学的四大功能，相应于大学 4 个不同的历史时期与发展模式。文化传承与创新是近几年得到中国高等教育界公认的一项功能，换言之，不管这一功能是否早就存在，重新认识并重视这项功能的发挥，目的在于抢抓战略机遇，促进大学和高等教育事业的历史性大发展。

通过促进大学文化传承与创新功能的发挥，带动大学的重大发展（简称大学文化发展战略），是与大学所处的时代背景密切联系在一起的。换言之，大学文化发展战略契合了大学当下的应有命义。从全球局势看，人类文明发展遇到了种种瓶颈问题：人类的物质需求与地球资源之间的矛盾，人类的健康生活与环境恶化之间的矛盾，采用和平方式与战争方式解决国际争端的矛盾，科技工具性进步与人类道德法制社会制约力滞后之间的矛盾，文化全球化与民族国家本土文化之间的矛盾，自媒体传播方式对文化公义性的消解，等等。从国家层面看，中国的发展处于前所未有的挑战与机遇并存的复杂时期：对外，中国崛起和域外国家的围堵之间的矛盾突出；对内，社会转型期固有的经济矛盾、社会矛盾比较突出。从大学的发展角度看，除了要面对上述国际、国内形成的环境问题外，大学自身面临着完成历史欠账多、起点低、投入相对不足的前提条件下建设世界一流大学的艰巨任务。

为什么文化发展战略是当下中国大学的首要选项？

众所周知，现代意义的大学起源于11世纪欧洲行会，以1088年意大利的博洛尼亚大学创立为标识，在大约700多年时间里，世界上的大学以“人才培养”为唯一的功能；1810年，以德国洪堡大学提出将科学研究和教书育人同等重视为标识，大学拥有了“科学研究”第二种功能；20世纪30年代，美国威斯康星大学最早将考察教授的标准与其服务社会能力结合起来为标识，大学具备了“服务社会”的第三种功能；大学具备“文化传承与创新”功能是最近几年中国大学形成的共识。大学的每一个功能的开发与利用都相应于当时的实际需要和时代主题，并为大学的壮大与发展起到了带动作用；中国大学对大学文化功能的挖掘与重视，将为中国大学的发展带来持续的推动力，开辟中国大学创建世界一流大学的新道路。大学的文化发展战略也是中国大学抄近路、后来者居上的一大法宝。

中国现代大学最早的只有100多年的历史，期间又经历了种种非正常办学时期，与欧美几百年乃至上千年的大学在办学积累、办学水平、办学资源投入与影响力等方面差距较大。十年树木，百年树人。百年，正是大学的成长周期，正是文化从发生、传播到成熟、产生影响力的周期。换言之，按照正常规律去推演，中国大学在人才培养、科学研究、服务社会三大功能领域赶超世界一流大学至少需要预设百年之期。但我们的任务是在数十年内创建世界一流大学。非常的目标，必须采取非常的战略才能完成。这个非常的战略就是大学文化发展战略。大学具有文化传承与创新功能是中国大学的发明，且契合了当下文化全球化与中国崛起的时代主题。我们有理由相信，藉此形成的文化发展战略能够带动中国大学走在世界一流大学的前列。

（二）试说大学文化战略内容

文化是大学人的必修课，文化是大学人的修身场，文化是大学人展示情怀与才能的平台，是大学人联系家国天下的纽带，参与文化、做有文化的人是大学人的终身修持。鉴此，大学要办成一所有文化的大学，需要坚持文化育人、文化强校、文化兴国、文化平天下的文化发展战略，常抓不懈，修成正果。

1. 学校应高度重视，进行文化强校发展动员，达成对文化建设与文化战略重要性的共识。对于大学文化发展战略的重要性，可以借鉴梅贻琦先生的句式描述：大学非有大楼之谓也，大学亦非有大师之谓也，大学乃是有大文化之谓也。对于山大而言，结合上级部门有关精神和教育教学改革要求，吸收传统文化精髓，要对办学宗旨“为国家图富强”“为天下储人才”进行文化解读和文化落实，把其中的文化内涵与精神解读清楚，贯彻落实到教育教学的各个环节；结合当下的国际国内文化需要，结合山大创建一流大学需要，凝练山大文化主张，标举山大文化旗帜。

2. 设立文化学学科，创建全球文化研究院。主要任务是，建立文化全球化模型，观察文化全球化趋势，研究其规律，跟踪不同民族文化在文化全球化中的影响力，获得中国文化在文化全球化过程中的发展战略，找到文化全球化所带来的各种问题的解决方案；与全球其他大学、文化研究机构、文化社团等建立联系，交流互动，形成传播；培养文化人才，扩大参与各种文化建设的力度。

特别地，要探索研究中国文化走出去的内容、路径、方式以及取得更多话语权的方案，要探索研究中国文化对人类文化能够做出突出贡献的部分，做好重点传播工作；要秉持“和实生物”“协和万邦”的文化原则，包容其他文化，学习其他文化的长处，既不搞文化保守主义，也不搞文化霸权主义，要在文化全球化过程中发展壮大中华民族文化。

3. 以文化建设提高大学人的素质和合作精神，推动学校改革创新工作，给大学发展输入新的动力。从历史和现有的情况看，大学的发展始终存在不同程度的投入不足问题，这个问题造成大学活动的功利化倾向，亦即其制度与机制设计是建立在合理、有效分配定量资源基础上的一种模式，带有功利局限性，未能从一个更高的层次上激励大学活动。文化动力的关键是，处于良好文化氛围的大学及大学人，其所从事的活动都是自觉的、自为的、公义的，摒弃了初级阶段的种种“饭碗主义”。

4. 打破校园壁垒，构建大学文化的传播平台。追求传播性和影响力是文化的本性。传播大学文化，除了大学人对文化的传播外，大学还需要构建校外传播媒体平台。一般而言，大学文化的定位，应该是在社会文化中的某一方面或某几方面领风气之先，具有原创性、先进性、权威性和优先传播权（如山大在儒学研究和儒文化推动方面，具有全国领先的地位，凡涉及这个领域的报道，应以山大为标识和主阵地）。对于国际、国内的传媒而言，应把大学理解成信息时代的高质信息源，把大学理解成文化全球化的文化解读、转译、传播与创新的机构，把大学理解成知识经济的能源库与发动机，与大学合作，传播大学文化。

大学文化功能显化之后，大学之大亦是大文化之大，亦是大传媒之大。不重视大学文化的传播，大学就会局限在较小范围内，大学就不大。和一般的大学相比，一流大学更需要一面文化的旗帜，学术与教育特色的旗帜，表明其人文关注与胸怀情致的旗帜，一面足够吸引到所需资源与人才的旗帜，一面让人们满怀感激的旗帜，独此旗帜，表明大学之品格。树立这面旗帜要靠传媒。中国的大学缺这面旗帜，中国的大学更缺自己的传媒。这种缺失是战略性缺失。

一流大学是真理的坚定追求者，文明的探索者，人类的良师益友，是国家与民族的智库，是社会与时代的文化导师，是愚昧与弊政的批判者，是公共利益的卫道士。一流大学寻找问题，输出文明，一条非常重要的渠道就是大学自己的传媒。种种全球化带来个体生活之间的密切相关，人有更多自由选择的同时，命运却越来越多地被操控。人的希望增加了，人的困惑也增多了。文化冲突，贸易摩擦，外交斡旋，区域战争，仿佛就在隔壁，就在身边，没有旁观者，都是当事人。大学有义务为它的社会释疑解惑，大学有义务为人们提供文化选择，这需要大学的传媒平台。个体生活的激活带来社会生活的繁荣，人与人之间的契约需要反复修订，大学必须提供这些社会契约的理论依据和现实规则。这需要大学的传媒平台。

5. 加大文化建设的投入力度。作为一个新启动的大学发展战略，需要加大投入力度。要像重视基础设施建设那样重视大学文化建设，要有投入学科、投入设备、投入人才那样的力度投入文化建设。

6. 提倡游学，重视文化实践。天下的问题，不在书本里，不在课堂上，也不在什么人的看法和想法里。天下的问题在天下，欲化成天下者，亦在天下。所以，古时候的圣贤既读万卷书，又行万里路，股无胈，胫无毛，握发吐哺。

重视社会实践，重视学说传播，在实践中丰富和完善文化，在游历中教书育人，孔子所创立的游学教学模式至今仍有很好的借鉴性。据史载，孔子曾从当时的鲁国出发，先后到过卫、曹、宋、郑、陈、蔡、楚诸国，共 14 年。每到一地，必问政事，必察民风，向诸侯宣传政治主张，传播儒学。即使匡地被围、陈蔡绝粮，孔子犹弦歌不辍、慷慨讲诵，以身作则，教育弟子坚定信仰，不可动摇弘道之心。当下，在经济与文化全球化背景下，在中华民族崛起的大趋势下，大学更应该学习孔子游学的模式，深入各国各地，考察文明文化，解决实际问题；发扬“礼之用，和为贵”“和实生物”“和而不同”“协和万邦”的和文化精神，传播中国文化，吸收各文明的精髓，创造适合于人类生存与发展的新的文明样式。

学校选题，通过自愿报名方式组团，选定国际与国内游学路线，制定游学内容与目标，进行为期半年、一年、二年的游学学习与实践经历，提高大学文化影响力。

按照一种哲学观点，人类世界上的任何一个目标，都可以通过构建一个适当的系统去实现。大学亦然，文化亦然，而现在就是开始确定大学文化目标并着手构建大学文化系统的时候了。

重塑大学文化

徐显明校长在接受《科学时报》记者采访时提出，要解决中国的教育难题，破解“李约瑟之问”和“钱学森之问”，要从大学文化的根本出发，重塑中国大学文化。这个观点切中要害，对于夯实中国教育的改革、厘清大学理念制度、创建一流大学等一系列问题的解决具有借鉴意义。

文化是人的生活方式，是一个人群选择其生活样式的一切然及所以然的信息总和，现实表现为共同的好尚，是语言、价值观、信仰趋于一致的影响过程。关于文化的现实重要性，温家宝总理在2010年的政府工作报告中指出，文化是一个民族真正有力量的决定性因素，可以影响一个国家发展的进程，改变一个民族的命运。

所谓大学文化，是指在大学形成并由大学传播的文化，它涵盖了大学生存与发展的历史、传统、精神和风格，也包括了大学学术、教学与人才培养的特色。大学文化是一所大学之所以成为这所大学的标志。扩大俗世的影响是大学文化应有之义，为文化全球化提供会通与创新平台是大学文化追求的目标。

大学文化的核心是大学精神，也是大学最根本的标识。所谓大学精神，就是一所大学有史以来所磨炼出来的意志与品格，是大学在经历千选万择的发展过程中所垒结的价值核心，是大学判明一切未明事物价值和抉择学校行为的最高原则。否定大学的精神，就是否定大学。大学精神是大学对人类情怀的独特表述，它代表了大学中的群体所共有的理想和意志：大学精神是大学对人类知识的独特诠释，它代表了大学对人类价值的判断与选择，大学精神是大学对未知世界的一种态度，面对种种困扰人类的疑难问题，大学拿出了其独特的文化勇气和胆识。

为什么要重塑中国大学文化？徐显明在接受《科学时报》记者专访时说，1978 年的自然科学大会和同年开始的对真理标准的大讨论，让科学精神回归到大学，使真理成为大学里的价值。然而，1978 年大学的精神就像一颗还没有扎根的树，刚刚落地就受到了政治化、市场化和行政化这三波的冲击，到目前为止，中国大学文化仍然存在一个需要重塑的问题。

中国的大学历史只有 100 多年，由于历史原因，形成了大学机构化替代了大学自为的东西这个特色。什么是大学自为的东西？美国哈佛大学第 25 届校长鲍克在其超越象牙塔——《论现代大学的社会责任》中，对美国教育思想中著名“三 A 原则”——学术自由、学术自治、学术中立作了重新肯定和修正，使之成为哈佛大学立校、治学、处理校内外关系的根本和准则。美国法律对学术自治的界定是“为社会公益着想，政府应尽量避免干涉大学事务（紧急情况除外）。大学有权从学术角度出发，决定谁教书、教什么、如何教以及谁来学等问题”。

中国的大学文化实质上存在着“三尚游离”的状况——行政的好尚、学术的好尚、世俗的好尚将大学人的追求三分其旨。行政的好尚表现出典型的等级文化，也就是大学管理的行政化，在大学中最为强势。学术的好尚表现为以学术探索、研究、创新为唯一乐趣的生活追求，所谓孔颜乐处，所谓“板凳要坐十年冷，文章不写一句空”。世俗的好尚表现为在世俗文化的后面跟风，东风来了往西跑，西风来了向东行，功名利禄，功利主义。

有什么样的文化，就有什么样的教育，就有什么样的学生。在最近举办的第四届中外大学校长论坛上，耶鲁大学校长理查德·莱文表示，跨学科知识的广度、批判性思维的培养是中国学生最缺乏的；牛津大学校长安德鲁·汉密尔顿认为，中国学生很容易在和其他国家学生的竞争中获胜，但是，他们欠缺一点挑战教授观点的能力，需要改善。

历史表明，中国现代化很重要的一条是中国文化现代化，而中国大学文化的现代化须起到文化酵母的关键性作用。在文化全球化的时代背景下，民族国家文化要保持其话语权和先进性，大学文化必须重塑，必须发挥关键作用。

大担当　大胆略　大运作

——山大应在推动社会主义文化大发展大繁荣中把握战略机遇

2011 年 10 月 18 日，中国共产党第十七届中央委员会第六次全体会议通过《中共中央关于深化文化体制改革、推动社会主义文化大发展大繁荣若干重大问题的决定》；11 月 7 日，教育部一天印发 4 份相关文件：《教育部关于深入推进高等学校哲学社会科学繁荣发展的意见》《教育部关于进一步改进高等学校哲学社会科学研究评价的意见》《高等学校哲学社会科学“走出去”计划》《高等学校人文社会科学重点研究基地建设计划》。10 月 21 日至 12 月 7 日，山东大学召开党委中心组扩大会议、第六十八次常委（扩大）会议、全校动员大会，认真学习贯彻落实党的十七届六中全会精神，学习贯彻落实教育部有关意见与计划，动员全校师生员工为推动社会主义文化大发展大繁荣做出积极的贡献。

山大如何在推动社会主义文化大发展、大繁荣中把握战略机遇？回答好这个问题，需要一个动态的发展过程，而对待这个战略机遇态度决定着机遇把握的广度、深度以及战略资源的挖掘利用效益，决定着山大创建世界一流大学的进度、质量与影响力，也决定了山大未来发展的顶端设计与建设平台。谋大计、定大策，山大在推动社会主义文化大发展、大繁荣中要有大担当、大胆略、大运作。

大担当，是中国士文化的精神内核，曾子说，“士不可以不弘毅，任重而道远。仁以为己任，不亦重乎？死而后已，不亦远乎”；大担当，是徐显明校长一再强调的大学要有大德的一种具体体现；大担当，是对国家战略的担当，是对民族崛起的担当，是对社会进步的担当，是对人类未来的担当，是对追求真理的担当，是对追求至善的担当。修身齐家治国平天下，学人学术必须有大担当，大学必须有大担当。

大学之大，内涵丰富，其中一义叫大胆略。大学以探求真理为使命，因此大学的胆略应是民族的胆略，是人类的胆略。

中国的大学放胆一战，五四运动开创中华民族的历史纪元；哥白尼的日心说冲破了地心说的牢笼，把人类的眼光从大地抬举到星空。大学的胆略显露出来叫勇，“勇者不惧”，“仁者必有勇”；大学的胆略显露出来叫探索，“大胆假设，小心求证”；大学的胆略显露出来叫“敢为天下先”，叫“领风气之先”，叫“江山代有才人出，各领风骚数百年”。在所有的文化素质中，大学最应提倡的就是勇，就是探索精神，就是远见卓识和大局通观，就是领风气之先，就是以全球问题为模型的大系统驾驭，就是以宇宙星空为文明圈的胆识与创建。

文化事关乎民心民意，关乎国运国祚，关乎人类福祉，“观乎人文，以化成天下”，文化事，百年成风，万里归流，熏染濡化，化风化俗。大学在文化建设中的大运作要体现多个层面：一个层面，关注人类文明发展中的困境与问题，探讨新文明的发展模式与道路，建立全球文明及宇宙文明新模型；一个层面，是对中国传统文化的研究与梳理，从中找到可以继承的文化传统与精神，找到可供吸收的精华；一个层面，是对其他民族国家文化的研究与比较，特别关注欧美主流文化的动态，从文化全球化的角度构建各种文化交流融和的平台，搭建中国文化走向世界的桥梁；一个层面，是对人的关心、关爱与关注，从研究和解决人生的各种问题中找到文化建设的问题与答案。

在最近召开的有关会议上徐显明指出，“2012 年我们要紧紧抓住建设社会主义文化强国的战略机遇，在文理工医学科综合发展的同时，重点加强人文社科研究创新体系建设。要集中全校古典学术研究的力量，努力打造具有全球意义的儒学研究基地，并以此为突破口，带动山东大学和中国古典学术的全面振兴，努力成为世界古典学术复兴的东方中心”。要实现这个目标，山大必须有大担当、大胆略、大运作。

仰望天文 俯察人文

我时常夜不成寐，披衣临窗，仰望星空，俯察世道，感慨万千。

太阳施诸人的恩惠是众所周知的，人类对太阳的赞美是耳熟能详的，人们喜欢把伟人和英雄比作太阳。太阳崇拜是冷文明时代的一个特征，由此而来者叫阳。

当太阳落山，当夜幕降临，当漫天繁星眨起眼睛，人类收获着另一番景致，演绎出别一样文明，别一样文化。这种文明叫夜文明，这种文化叫月文化，由此而来者叫阴。

阴阳，似乎就是文化演进的总线索。但，这是一种偏见，这是一种不公，这是一种遮蔽。老子说，五色令人目盲，五音令人耳聋，五味令人口爽……我说，有，因其有而蔽其无，因其能而蔽其不能，因其在而蔽其不在，一叶障目不见世界，贪一有而弃宇宙，诸如此类者，乃人之真偏见也。太阳之光芒耀眼夺目，普照万物，故，太阳出而众星隐，是太阳以其光芒万丈光幕而蔽众星也。倘若天有九日，轮番朗照，没有太阳落山后的夜幕，人终不知天空中尚有众星在焉！

但是，事实不是这般。据说宇宙中的恒星有 7×10^{22} 颗这么多，不发光的行星无法观测。那么，我们用太阳和月亮代表这些星星，是不是一种偏见？是不是一种遮蔽？比太阳大的恒星有很多，比月亮神奇的行星有很多。为什么太阳和月亮成为阴阳的神话？因为，它们离我们近！它们对我们的影响大！我们屈从于它们的势力，我们做了太阳大帝和月亮母后的顺民！

据说，晴朗的晚上，我们用肉眼看，只能看见 6000 颗左右的星星。那么，大多数，绝大多数的星星，我们根本看不见。看不见，我们就说没有。这是多大的偏见啊?！即使我们看得见，我们也不知其名；即使我们知道其名，我们也不知其用；即使我们知道其用，我们也不能登程回访……人们啊，自以为是的家伙，其实哪里有什么真本事呢？

太阳月亮地球，三星伴人，亿万年我们就在它们的“怀抱”里休养生息，繁衍不止。日出而作日入而息，只有在晴朗的夜空下，我们做梦，遥望另外的星星。三星绊人，三星的吸引力太大，以至于亿万年的人类也无法挣脱他们的“怀抱”，直到有一天嫦娥带着我们的梦幻飞向月亮，直到有一天我们自己登上月球。可是，飞出太阳系的日子是哪一天呢？飞向宇宙任何一颗星球的日子是哪一天呢？

据说，天上一颗星，地上一个人。我由此想到世道，数以亿计的人们不也是被精英主义文化所遮蔽着吗？精英主义文化最大的嗜好就是造“星星”，他们能够调动大量的资源为“星星”们涂脂抹粉树形象，曝光亮点，隐讳缺陷，把他们塑造成年画似的高大全。造“星星”的目的是用“星星”捞取更多的社会资源。这种文化的特点就是集约化、等级制、零和性，遮蔽大多数，光彩一小撮。

遥望星空，问题的实质是，每颗星都有自己的位置，每颗星都有自己的轨道，每颗星都有自己的奥秘，每颗星都有自己的宝藏。它们被撒播在无穷的宇宙空间中、天幕上，各行其道，各自闪耀，不争而自成，不竞而卓立，与天壤而同久，共三光而永光。

俯察世道，沉思人类，每个人都是千因万果的因果，每个人都有千缘万劫的道行，每个人都有自己的禀赋，每个人都有自己的才能。我们所缺的是像宇宙一样无穷的事业容量和包容众人的肚量。我们重建一个超越的文化体系，目标就是冲破集约之限，形成发散时空，最大限度地开发人的天赋，最大限度地用尽人的才能，最大限度地创造超越文明。

探讨大学精神与山大精神

大学精神的探索一直是大学文化探索的一道难题。因为大学精神是由应然、实然与期然三部分构成的复合体，涵盖又不限于校训、校风和办学宗旨，是对历史、现实与未来的总概括形成的文化内核，又须得到多数大学人的公认，所以，有很大的难度，特别是用几句话概括某个大学的精神，不容易。正像道的存在一样，它一直都在影响万物，但说不清楚，大学精神一直都在影响大学的方方面面，却不易概括说明。世界上很多大学一直都在努力对自己的大学精神进行概括，版本多样。鉴此，大学人在一些重要的时间节点探讨自己的大学精神是有意义的，也是富于挑战性的。

大学的根本含义可以从中西方关于大学的词汇中解读。现代大学起源于西方中世纪，University，含义是关于宇宙的学问，或者，遍及宇宙的学问。在中国两千多年前的《大学》里，有一个定义：“大学之道，在明明德，在亲民，在止于至善。”概而言之，凡有人类疑难处，便有大学在；凡有宇宙事发生，便有大学在；良心与良知互动便是大学，文化与文明传播便是大学；学以致用，边学边用，知行合一，修身齐家治国平天下。

什么是大学精神？大学精神是大学文化的核心，是大学的根本标识，是我之为我者，造次必于是，颠沛必于是，朝夕不离、一以贯之者。大学精神是一所大学有史以来所积淀的优良传统的精华，办学过程中磨炼出来的意志品格，是大学人孜孜以求的理想、信念、价值、特色的总括，是大学人趋于一致的价值观、办学信仰与好尚遵循，是大学判明办学价值和抉择学校行为的法则。结合上述意思，可以确定宽泛而理想化的大学精神：大学追求的精神，或者说大学精神至大（范畴）至善（高度）者，就是人类精神，就是人为天地人三才之一，合于天道地道，赞天地之化育，天人合一，道人合一。“止于至善”乃是人类的最高理想，是人类实现了最大的自由自在，天人合一，知行合一。

博洛尼亚大学创立于 1088 年，是世界近现代大学的起源性大学。大学历经近千年的发展，大学的功能也从最初脱胎于行会的人才培养，增多到科学研究、社会服务、文化传承创新和国际交流平台等多项，大学精神也不断丰富发展起来。共同的大学精神可罗列多种，如爱国主义精神、学术独立精神、学术中立精神、学术自由精神、民主精神、法治精神、人文精神、探索精神、求真精神、创新精神、开放精神、思想自由、兼容并包、入世精神、奉献精神、甘坐冷板凳精神、敢为天下先精神等。例如，德国柏林大学的“洪堡精神”是学术自由、学术独立、学术民主、坚持教学与科研的统一、追求世界一流；美国耶鲁大学的“耶鲁精神”是追求光明和真理，永远强调对社会的责任感，蔑视权威，追求自由，崇尚独立人格；美国高等教育在学术“三A原则”——学术自由（Academic Freedom）、学术自治（Academic Autonomy）、学术中立（Academic Neutrality）的基础上又增加了“服务社会”功能和入世精神；北京大学的“北大精神”是，“继承爱国、进步、民主、科学的光荣传统，弘扬勤奋、严谨、求实、创新的优良学风，秉承思想自由、兼容并包的学术精神”。

创立于1901年的山大，经历100多年的办学实践，山大精神是什么？如何总结、升华并被山大人认可，在120年校庆活动已经开启的时间里进行一番探讨，很有必要。

作为抛砖引玉之说，我认为，山大精神的表述语可概括为：爱国乐学，行健厚德，重实求新，造福桑梓，学通天下。

“爱国乐学”是山大人的共同传统，共同的德行，共同的价值追求和责任担当。山东大学的办学宗旨是“为天下储人才，为国家图富强”，表现了山大人学为国家、才为天下的家国情怀和“仁以为己任”“治国平天下”的远大志向。山大人的好学乐学天下闻名，子曰：“饭疏食，饮水，曲肱而枕之，乐亦在其中矣。不义而富且贵，于我如浮云。”孔颜乐处是山大学人共同的为学精神，“板凳要坐十年冷，文章不写半句空”“躲进小楼成一统，管他冬夏与春秋”是这种精神的再现。山大以“学无止境，气有浩然”为校训，激励学人爱国乐学。

“行健厚德”是由“天行健，君子以自强不息”“地势坤，君子以厚德载物”化出来的缩略词，一般也用“自强不息”“厚德载物”作缩略语，是对君子学习天地精神、修身齐家治国平天下、赞天地之化育的期许，是中华民族的一种精神。孔孟儒家是这种精神的践行者，也是成功的典范。作为扎根齐鲁大地和齐鲁文化息壤中的山东大学，其大学精神与此精神直根直脉，心心相印。这一精神是所有山大人的共同精神，无人例外。行健与厚德犹似内圣与外王，互为表里，互相支持，彼此转化，生生不息，乃是可臻化境的大精神，颇得乾坤之奥妙。2000 年登工入山东大学的原山东工业大学的校训是，“自强不息　厚德载物”；2000 年合并于山东大学的原山东医科大学的校训是，“博施济众　广智求真”，都有自强厚德的意思。

“崇实求新”。山东大学是中国目前学科门类最齐全的大学之一，在综合性大学中具有代表性。本科生和研究生层次教育涉及哲学、经济学、法学、教育学、文学、历史学、理学、工学、农学、医学、管理学、艺术学等 12 大学科门类。这种学科结构特征决定了山大人为学与为人的品格，也就是百年山大校风所概括的“崇实求新”。“崇实求新”已成为 120 年山大办学优良传统和山大的文化基因。

子曰：“君子欲讷于言而敏于行。”子曰：“巧言令色，鲜矣仁。”子曰：“仁者，其言也訒。”齐鲁文化，历来有重信守诺、稳重扎实的特征，上可为栋梁，下可为砥柱。山大人也因为学风扎实、为人厚道、办事牢靠，堪为大用而享誉中外。

山大人创新领先的例子很多，著名的有“中国克隆之父”童第周发明的“童鱼”，夏道行发现的“夏道行函数与夏不等式”，还有潘承洞院士参与的“哥德巴赫猜想”证明、邓从豪院士参与的量子化学研究“配位场理论”，后两项成果都获得了 1978 年全国首届科技大会自然科学一等奖。1978 年 10 月，山东大学发起并主办了全国性人文社会科学真理标准问题讨论会，真理标准大讨论是我校“文革”后人文社会科学重新繁荣发展的开端。《红楼梦》大讨论中出现过全国著名的、被毛泽东称为“两个小人物”的李希凡、蓝翎；全国学界历史分期大讨论中，我校历史系的一些著名历史学家如童书业等老先生们的观点，也是独树一帜。“冯陆高萧”“八马同槽”曾经是山大在中国学术界“文史见长”的两座学术高峰。

“造福桑梓”。山东大学响应习近平总书记“扎根中国大地办大学”的号召，提出“服务山东战略就是服务国家战略、服务山东发展就是服务国家发展、扎根齐鲁大地就是扎根中国大地”的办学思路，学校第十四次党代会提出了“服务山东”作为学校发展的六大战略之一。几年来，山大人带着真心、带着感情、带着责任去回报齐鲁人民的厚爱，全校上下自觉行动、共同行动，助力山东新旧动能转换、经济社会繁荣，在服务山东“六条路径”中贡献山大智慧、山大方案、山大力量；与济南、青岛、威海多地市和几十家企业合作，服务山东“山大系”品牌效益已经显现，山大人造福桑梓，捷报频传，佳话连篇。

“学通天下”。山东大学入选“双一流”大学建设A类高校，既是国家对山大办学水平的肯定，也是国家对山大压担子的重托，也是国家对山大建成世界“双一流”大学的期待。什么才是世界一流的学科？什么才是世界一流的大学？什么才是世界一流的学问？山大的学问如何才能成为世界一流的学问？毫无疑问，世界一流的学问除了被教育界、学术界公认外，除了学科排名一流外，还要经受住实践的检验，经受住解决实际问题的效益考验，接受人类文明生存与发展实际需要的检验考验；抓住发展新工科、新农科、新医科、新文科的重大机遇，整合山大学科学术资源，不断进行交叉融和发展、创新发展，形成山大特色和优势，形成山大“四新学科”；面对人类的生存与发展问题提出山大思想、山大理论、山大方法，提出山大主义，在实践中丰富发展为“山大之学”，形成“山大学派”，并使之领先世界水平。“学通天下”，就是让“山大之学”通行天下，被天下人喜爱和使用，被世界的一流大学认可，在解决全球化问题、人类生存与发展问题、全球治理问题、科技进步、产业进步、文明进步等诸领域受到喜爱和推崇，所培养的人才完全达到了“为国家图富强，为天下储人才”的宗旨要求。“学通天下”还有一层含义，山大人学习孔子游学精神与方法，周游世界，传播“山大之学”，解决世界难题，治国平天下，造福全人类。当然，在当下的文明背景下，传播“山大之学”离不开互联网，离不开国际化交流平台，离不开学术文化传播的新技术新方式，离不开构建人类命运共同体、建设“一带一路”和实现中华民族伟大复兴的中国梦。

在全民抗疫战“疫”中坚定文化自信

中新社北京 2020 年 5 月 1 日电，湖北省疫情防控指挥部 5 月 1 日宣布，5 月 2 日 0 时起，将湖北省突发公共卫生事件应急响应级别由一级调整至二级，并相应调整相关防控策略。至此，全国所有省份均解除一级响应，标志着新冠肺炎疫情在中国得到了有效控制，“我国疫情防控向好态势进一步巩固”。

2020 年新冠肺炎疫情爆发以来，作为个人，在无数个焦虑的日夜里，想人生，想社会，想国家，想人类，想中西文化比较问题……想在全民抗疫战“疫”中中国文化表现出的优势及其所发挥的重要作用。

一般认为，衣食住行，喜怒哀乐，个人的生活似乎都是个人的事，与他人和社会没有关系。但，实际不然。胡适说：“一个人就是他所吃的东西，所以达柯塔的务农者，加利福尼亚的种果者，以及千百万别的粮食供给者的工作，都是生活在他的身上。一个人就是他所想的东西，所以凡曾于他有所左右的人——自苏格拉底、柏拉图、孔子……都是生活在他的身上……”胡适的这段话，形象地阐明了人的社会性、互助互利性。换言之，通过劳动及成果分享，别人活在你的身上，你也活在别人的身上。与个体善影响他人和社会一样，个体恶也会对他人及社会产生负面影响。胡适在阐述他的“社会不朽论”时说，“发现一个极微的杆菌，可以福利几千百万人，但是，一个害痨病的人吐出的一小点痰涎，也可以害死大批的人……”正是基于这样的文化认知和自觉，中国人自古就奉行“己欲立而立人，己欲达而达人”“己所不欲，勿施于人”忠恕之道的为人处事原则，并形成了将心比心、尊重他人、急公好义、维护公德的优良传统。中国人所拥有的优良道德文化，在此次抗疫战“疫”中发挥了积极的作用，这是西方国家所不具备的。

此次抗疫战“疫”是一次中国人民在中国共产党领导下进行的全员参与的疫情防控人民战争、总体战、阻击战，能取得今天的大好局势，关键在于党的正确领导以及各级政府的高效运转，人民的广泛积极参与，特别是党员冲锋在前、医护人员不计生死的奋战，坚持以人民为中心，集中力量办大事、办难事、办急事的社会主义制度优越性等诸多有利因素共同发挥了积极作用。新冠肺炎疫情骤然爆发，党和政府正确判断形势，果断采取封城、换将、严格管控等一系列重大举措，切断传染源、传播途径，为打赢武汉、湖北及全国抗疫战“疫”提供了根本保障。党和政府调集全国医护人员、医用物资、生活物资支援武汉、湖北重疫区的抗疫战“疫”，迅速建成“两山”医院、方舱医院，为取得抗疫战“疫”胜利提供了充分的人力物力保障；不惜一切代价保证“应收尽收，应治尽治”，全民居家隔离、戴口罩出行、有效阻断传染途径，为控制疫情蔓延提供了充分的医学保证。在这场伟大的人民战争中，广大医护人员冲锋在前，不计生死，表现出了旗帜鲜明的政治担当、大仁大爱的责任担当和起死回生的医术水平，是革命文化的集中体现者，为取得抗疫战“疫”的胜利提供了技术保障，赢得了“新时代最可爱的人”的美誉。

反观一些西方国家对待新冠肺炎疫情的态度和疫情防控举措，不难发现，西方资本主义社会制度、西方文化所鼓吹的“自由、平等、博爱”“人权”那一套都是虚假的谎言。在中国抗疫战“疫”期间，某国政府非但不提供人道主义援助，还要通过各种法案挑战中国国家利益底线，说三道四、找茬挑衅，极尽帮倒忙之能事。该国政府在新冠肺炎疫情爆发前，没有采取积极的防范措施，在疫情爆发后，也没有采取积极有效的治疗措施，造成感染人数、死亡人数剧增，迅速成为全球新冠肺炎疫情爆发的重灾区。某国政府提出“群体免疫”的荒唐对策，像对待感冒一样对待新冠肺炎疫情，死亡病例数目惊人。

新冠肺炎疫情是全球性的，不分国家、种族和社会制度，其传播速度之快、传播范围之广、防治控制之难诸多问题，都为经济全球化、生活方式趋同化、人类文明发展方式等提出了新的挑战。“前所未有的新冠肺炎大流行深刻表明全球的紧密联系及脆弱性”，“我们需要更深刻地理解国际合作与构建人类命运共同体的意义。面对疫情，所有国家都坐在同一条船上”。疫情发生与防控从另一个层面证明了人类命运共同体的真实性，构建人类命运共同体的必要性、紧迫性，各国应该摒弃政治偏见和操弄，反对将公共卫生问题政治化，反对通过战争、制造国际摩擦等手段转嫁国内矛盾，团结一致，共同对敌，化危为机。中国在经历两个多月艰苦卓绝的抗疫战“疫”后，在全球新冠肺炎疫情爆发后，向150多个国家和国际组织提供了物资援助，向世界卫生组织捐助2000万美元，向十几个国家派出医疗防控专家组……习近平总书记指出：“中国人民在疫情防控中展现的中国力量、中国精神、中国效率，展现的负责任大国形象，得到国际社会高度赞誉。”从这场全民参与的伟大的抗疫战“疫”中，能够看出中华优秀传统文化、革命文化和社会主义先进文化都发挥了积极作用，中国文化具有无可比拟的优越性，进一步坚定了我们的文化自信。

想象嫦娥　想象月球　想象太空

2007年10月24日晚，绕月探测卫星“嫦娥一号”发射成功，标志着我国实施绕月探测工程迈出重要一步。11月7日，北京航天飞行控制中心成功对“嫦娥一号”卫星实施了第三次近月制动，卫星顺利进入工作轨道，使其成为月球卫星，并将进行绕月探测活动。绕月探测工程是继人造地球卫星、载人航天之后，我国航天活动的第三个里程碑。“嫦娥一号”的发射成功，除了人们热议的科技价值、经济价值、社会价值外，还有其人文价值。在所有的人文价值中，“嫦娥一号”的发射成功，最基础的因而也是最普遍的价值是对国人想象的启蒙。

想象是文化发生与发展的重要源泉之一，月文化就是中华民族想象的产物。在科技不曾昌明的古代，与其说人们愿意把月亮当作一个星球来看待，不如说人们愿意把月亮当作一个意象来想象。从祭月、拜月，到赏月、咏月，月亮从神坛变作邻居，中国的月文化也从神话初创发展到诗歌的高潮。中国文人对于月亮的偏爱是独一无二的，这在中国的诗词歌赋中都有充分的表现。中国平民对于月亮的偏爱也是独一无二的，这在民俗、民风中都有丰富的体现。中华民族爱月亮有甚于爱太阳，其原因在于中华民族更重视情感生活，并因此而充满想象力。想象月亮，中国人创造了嫦娥奔月的神话；想象月亮，李太白有“举杯邀明月，对影成三人”的情趣；想象嫦娥，苏东坡吟诵出“但愿人长久，千里共婵娟”的雅意。月亮是中国文化阴柔美的象征，是中国人的梦乡，是中国人心灵的栖所。对于中国人而言，没有想象，就没有月亮，就像没有太阳一样，中国文化的时空会为之失色失明。

想象是伟大之母。伟大的创举无一不以伟大的想象为肇始。哥白尼的太阳中心说、哥伦布发现新大陆、牛顿的万有引力定律、阿波罗登月、爱因斯坦的相对论等都源自伟大的想象，因为，只有伟大的想象能够超越当下的藩篱，才能把世俗的障碍像“抹去蛛丝一样”轻松地超脱。此次嫦娥探月也是源自一个伟大的想象——源自对美国赠送我国的一克月球岩石标本的想象——近乎 30 年的想象就像老蚌育珠，一旦出壳，璨璨其华。胡适有句名言“大胆假设，小心求证”恰恰道出了想象为始的价值。展涛校长写过一篇文章“仰望星空”，希望学人在脚踏实地做埋头学问的同时，要仰望星空，展开想象的翅膀。

科技进步给人们带来无穷的想象，并不断提升着人类的想象力。在科技的语境中，月亮不再是一个充满诗情画意的文化意象，而是一个实实在在的星球。已知的月球表面积 3800 万千米，平均直径 3476 千米，质量 7350 亿亿吨，轨道偏心率 0.0549，逃逸速度每秒 2.38 千米……这些客观而冰冷的数字并没有冻结人类对月球的想象力，而是成为带着科技新想象与新思维的起点。关于月球的起源有很多未解之谜，因而产生了很多假说；关于月球的结构有很多未知领域，因而产生了很多研究课题；关于月球的价值有很多莫名的诱惑，因而刺激了很多探月技术的进步……正如阿姆斯特朗的登月感言“个人一小步，人类一大步”所宣示的，科技与想象，正是人类的左右脚，每迈动一步，都相互支持，每迈出一步，都意味着进步。

人类发展到今天，在创造了辉煌文明的同时堆垒着巨大的危机。低头走路，将四处碰壁；抬头看天，或海阔天空。探测月球，登临月球；探测火星，登临火星；探测太空，遨游太空，人类要解决地球危机，走向太空或许是一条必由之路。明了这番道理，国家、民族的矛盾，集团、个人的恩怨，算得了什么？谋蝇头小利，争尺蠖进退，有什么值得夸口？

中国探月工程的开展极大地拓展了国民的视野，提升了国民想象力，开阔了国民胸襟，为国民的太空时代开启纪元，为太空文化开启纪元，为谋求人类共同的福祉增添了中国人的智慧与力量，增添了中国式的想象。

没有做不到的，只有想不到的，想象是我们永远的翅膀。在人类的太空时代，别忘了时刻扇动你想象的翅膀。

文化匹配度影响金融危机深度

2008 年，由美国次贷危机引发的全球金融危机正逐渐向实体经济蔓延，对实体经济的不良预期、实体经济的增速减缓以至于实体经济的衰退，又通过行业、经济实体、岗位、收入等环节反馈，抑制人们对生活的预期、消费支出。人们需求的减弱反过来抑制生产，导致经济的进一步衰退，走向危机的恶性循环。扩大内需归结到国民的生活态度上，要求人们乐观向上，坚定信心，创新进取，通过调整消费结构，促进经济结构调整，克服各种危机。

美国次贷危机表面看是由房地产泡沫崩溃引发的金融系统百年一遇的危机，是贪婪使用各种金融衍生工具造成的混乱局面，但其根源还是在于美国人无节制的过度透支导致美国的经济结构出现了积重难返的问题，概而言之，美国国民态度的浮浪奢靡透支金融信誉引发金融危机。换个角度，美国国民劳动的价值正在大打折扣，而其预期的价格偏离价值太高，那些曾经包含高创新性的劳动已经被过度的享乐主义取代，没落与腐朽文化泛起泡沫，“在晚宴即将失去控制的时候，反而搬来了更多的酒桶”。

中国国民的文化信仰与生活习惯和美国国民相反。新中国商品经济走向正途并持续发展也只有30多年的历史，改革开放过程中的种种矛盾和问题都是在探索和创新中解决的，从而形成了有中国特色的社会主义道路，包括独具特色的经济道路。尽管中国30年间的经济增长速度惊人，社会财富增长，人们收入增加，但是，国民的文化信仰和生活习惯并没有发生根本性的变化。国民的文化信仰是以传统的勤俭持家、开源节流为基础的，储蓄待需、攒钱保险、节俭简约是其基本的理财理念和生活习惯。虽然西方的价值观、人生观、财富观、理财手段、生活习惯等不同程度被人们所接受，但并没有藉此形成新的生活方式。

我们的问题是，受美国、欧洲各国、日本等进口需求的大幅度降低影响，我国的商品出口大幅度降低，产能出现了相对过剩，给经济增长带来极大的压力。消化过剩产能的直接方法是拉动内需，淘汰低效、高耗能、重污染产能，通过技术创新实现产品更新换代，调整经济结构，增加货币流动性。除了经济欠发达地区建设和农村经济社会建设的拉动，国民的消费潜力也可以转化成为经济增长的动力。

商品经济的发展必须有商品文化的价值观和生活方式与之匹配。西方国家的高产能和高消费与其经济社会的发达互为表里。我国的商品经济发展领先于文化建设，产能过剩的现象一直存在。前些年因为出口需求旺盛，问题没有暴露出来，而当下的金融危机凸显了这个问题。所以，这个问题具有长期性和根本性。我国国民的价值观和生活方式在相当程度上受到农耕文明的影响，通过低消费方式累积财富、保障生活的观念和生活方式相当普遍，追求过得去比追求过得好更有可选性。正是这种文化选择，导致消费不足，产能过剩是必然结果。为应对金融危机，更为中国经济的可持续发展，我们必须建设新的与商品经济相匹配的文化。正如一个人的左右脚步，生产和消费不可偏废，经济建设和文化建设不可偏废。在消费层面上，美国人过之，我们不足。过犹不及，都存在问题。尽管我们不照搬西方人的生活方式，但是，提高生活质量、改善生活环境是人类的普遍追求，在国民消费偏弱的情形下，在全球金融危机有可能发生的情形下，刺激消费，鼓励积极的、乐观的、创造的新的生活观念和生活方式已经成为必须。

美国次贷危机、金融危机以至于世界性金融危机的实质是信用危机、价值观危机、生活方式危机，亦即文化危机。克服经济领域中的危机不仅仅局限于经济领域。我们要应对好当下的危机，除了在经济领域里采取相应的对策外，还应该在国民的文化建设上多做努力，通过微观改变人们的生活态度和生活方式来改变宏观的经济局面。

人类比较认识法的局限

比较认识是人类通过对事物进行相互比较而区别、鉴赏、认识事物，进而判断是非、优劣，决定取舍的一种方法。这是比较认识是人类活动中最基本和最常用的方法，并依此方法建立了人类的文化价值体系。人们对比较认识法以及由此法建立的文化价值体系依赖性极强，以至于形成积弊而不觉，深受其害而不悟。

《庄子·齐物论》有段话，将比较认识的自悖之处揭之昭然。其言曰："即使我与若辩矣，若胜我，我不若胜，若果是也，我果非也邪？我胜若，若不吾胜，我果是也，若果非也邪？其或是也，其或非也邪？其俱是也，其俱非也邪？我与若不能相知也，则人固受黮闇，吾谁使正之？使同乎若者正之？既与若同矣，恶能正之！使异乎我与若者正之？既异乎我与若矣，恶能正之！使同乎我与若者正之？既同乎我与若矣，恶能正之？然则我与若与人俱不能相知也，而待彼也邪？"

这段话的大意是说，有两个人辩论，一个叫作我，一个叫作你，如果你胜了我，我输了你，那么你果真对吗？我果真错吗？如果我胜了你，你输了我，我果真对，你果真错吗？是其中总有一个对、一个错呢？还是两人都对或都错呢？这些我们俩都无法知道。凡人都有偏见，我们请谁来评判？请赞同你的观点的人评判吗？他既然赞同你的观点，怎么能做出公正的评判？请赞同我的观点的人来评判吗？他既然赞同我的观点，又怎么能做出公正的评判呢？请对我们俩人的观点都不赞同的人评判吗？既然他对我们俩人的观点都不赞同，他又怎么能做出公正的评判呢？请对我们俩人的观点都赞同的人来评判吗？既然他赞同我们俩人的不同见解，那又怎么能做出公正的评判呢？既然我、你和大家都不能相互评判是非，那还能等谁来评判呢？

这段话说得非常明白，推演也无懈可击。世事多舛，是非难判，几千年的文明和祖祖辈辈的人们就是在这种混沌与暧昧中构建着，延续着。

现在，反思这段话，从中阐发真谛，或许可对比较认识的方法和成果进行一番审慎的探索，还知识与人类一个更真实的面目。

所辩问题的范畴可分为科学技术的问题和人文社会的问题两大类。而且，我们不妨把问题直接升级到高级层次——最新的、复杂的、有明确条件与答案的。因为是最新的问题，所以没有既成的结论；因为是复杂的问题，所以不能用既有的理论与方法进行简单的推演得出结论；因为是有明确条件与答案的问题，排除了歧义和诡辩，即使不能实验，在理论推演的终端，应有结果存焉。

在人文社会类问题中，包括理类、俗类和法类问题。理类的问题是指社会科学与人学科的学术问题，俗类问题是指日常生活中带个人风格与色彩道德与情感类问题，法类问题指法律法规与社会秩序类问题。

通过上述的罗列，摒弃了比较认识过程中对简单的、歧义的、重复的问题的认识纷扰，可直接进入到核心，揭剥旨趣。

对于科学技术问题的认识，向来争议不断，成论很多，建树颇丰。究其原因，科学与技术在认识问题的方法上有着息争宁纷的公正法宝，即实验与实践的检验，对错优劣，一试便知。或者说，科技问题的是非与优劣，并非由一个人或几个人来下判语，而是由实践的真实——让全部的人来下断语（因为科技得到了公认，事实胜于雄辩）。

当然，科学并非完全建立在实验的基础上，有些理论成果是以公理和公设为前提进行科学的、逻辑的推演而得到的。公理和公设是得到公认的，科学的、逻辑的推演也是公认的，因此由此产生的结果也应是公认的。

但在科技领域，并非每一种认识都如此规范与齐整，存在“毛边现象”。非欧几何就是缘于对第五公设的怀疑并进行另类处理的结果。物理学的相对论也是在突破传统力学假设的条件下诞生的理论成果。当时，这些学术成果无法验证，也不能证伪，所以只好悬起来、存疑，等待科学的进一步发展和实践的进一步检验。

数学中有许多猜想问题，限于当时的水平，既不能证明，也不能证伪，只好存疑，数百年地悬着，直到被判明真伪为止，始可应用。再如混沌学中有个问题说，在一块面团中置于相距非零的一粒红豆与绿豆，揉面若干次后，问红豆与绿豆的距离是更近了些还是更远了些？这个问题的答案是近、远、等距三种可能必具其一，但要确定是何种，却千难万难。

由此可见，人们对于是非问题的判断存在三态：是、非、未可知。对待未可知便只好存疑，只好等待，只好另谋破解问题的方法。

科学的比较认识为，两个集合之间同质才能同构，人类和宇宙不同质，人类是个有限的生命集合，宇宙是无限的集合，因此，两者不同比构，人类通悉宇宙似不可能，或者说科学无法解答所有的宇宙奥秘，甚至无法解答人类自身所能提出的问题。科学认识方法存在局限性。

局限性之一，缘于比较认识之弊。通常而言，有限事物之间易于比较，无穷事物之间难于比较，无穷事物之间的有限属性易于比较，无穷属性（信息）难于比较。基于这种局限性，人类由此获取的知识（信息）是有限的。

局限性之二，缘于科学的实证性。实证性固然是最大程度的公正性，但它是以牺牲认识速度，耗散人力、物力、财力为代价的，甚至，有很多问题的认识是不可实验的，如宇宙起源、人类起源等。科学认识有个特点，就是将问题分割认识，复杂的分成简单的，大的分成小的，宏观的分成微观的，但这分割只能是有限分割，不能到达无穷。

局限性之三，出现在对科学知识的继承与发扬上。科技知识越积越多，增长迅速，而学习掌握和使用这些知识将越来越困难，极有可能发生学习危机，教育不知如何克服这一危机。

消除上述三种局限性，要么改进科技的认识方法，要么发展另外的认识方法。科学的发展史也表明，方法创新与突破是认识进步的重要动力。成败的局限，也往往囿于成。即使是科学上有些小成却可能遮蔽了重大的科学秘密。如毕达哥拉斯学派的关于数的唯美主义学说，差一点扼杀了无理数的发现。

无论是改进科学的认识方法，还是寻觅他法，最根本的出发点在于奠定认识信仰的基础，即以何为信、如何取信的问题。对于现实世界而言，科学的认识取信基础就是看得见，摸得着，实事求是，而且可得实证，无论何时、何地、何人进行实验，条件一样，结果一样。尽管科学发展了，许多现象须借助精密仪器观察、跟踪，但还是可感觉到，甚至通过复杂的、间接的方法去感知。科学应用的一个重要特征就是可控制性。要达到何种效果，可通过预置的各种条件和技术过程实现目标。如果奠基另外一套取信基础，能不能建立起另外一套认知体系呢？显然，要从科学体系中“脱身”而出，另起炉灶，非常难。

宇宙间的奥秘无穷无尽，其类不一，科学是否是把万能钥匙，能解开一切奥秘？人类假如只相信科学，以科学知识和方法去认识和解决科学领域以外的问题，似乎有违科学精神，这好比以称量色，风马牛不相及。数学发展到今天，似乎是万能的，但很早以前爱迪生就将过数学一军：用数学与物理的方法测量不规则形状物体的体积，数学方法显得非常笨拙。也许存在这样的问题，用科学方法和非科学方法解决也有巧拙之分，而巧的未必就是科学方法，拙的未必是非科学方法。社会科学与宗教在获取民信的方法方面两相比较，社会科学的方法就未必占优势。

对于人文社会科学领域中的是非主要由人定。人定是非，必然陷入庄子的悖论。因而，在人文社会科学领域，人类的学术活动就是不停地做假说，然后，建立起一套自圆其说的体系，有此一说，信否自便。信者为其徒，继承发展这一学说，否者反其说，另立新说，反复繁衍，枝蔓，以成今势。在学说推演过程中，有违学术精神的行为比比皆是。学说只讲理，不完全讲实证，是以理服人，理直人信，理曲人弃，是主观对主观的相互认可，变数较多，可信度较自然科学为低。

为了提高学说的信度，人文社会科学领域的学者们更不停地树立权威，通过权威的肯定评价，加大某一学说的可信度。但事实是，按照庄子的悖论，“人固受黮闇”，人非全知全觉的圣贤，权威只是在某一方面的领先者，把权威的见解假定是正确的，这本身就要冒很大的风险！权威是怎么来的呢？权威本身也是由对错交叠的人们的累评出来的，其可信度不应太高。客观而论，权威在是非争论中的角色应是问题的另一个争论者，而不是评判者，通过平等争论，以理服人，将自己的见解条陈出来，能证明则证明，不能证明则证伪，既不能证明也不能证伪，就必须悬疑，不允许武断。

在人文社会科学领域做学术，有个陋习，即喜引用权威或大家的观点、言论为论据，以推演自己的学说，这种讨巧的陋习，并不能增进其学说的客观可信度，因为这与自然科学中引用公理、定理不同，公理、定理是被公认正确的，其客观可信度为100%，而权威的观点言论并不具有类似的客观可信度。

换个说法，上述陋习下的学术研究并不产生新价值，即权威之下无学术。这似乎又是一个悖论，但道理还是十分明白的：你假如同意权威的观点，那么，这观点属于权威，重复并无意义；你假如不同意权威的观点，权威就说你是错的，否则，他就不是权威（权威之外无权威）了，所以，无论你对你错，你的学说都不能借助权威获得真正意义的客观可信度。

因此，在人文社会科学领域，真正搞学术研究，就必须放弃仰仗权威的主意，成己一说，存疑好过名人拍板。

人文社会科学领域的学术活动，常常受时代、地域、种族、经济等影响，因而其学说的是非比较就会受到更多因素的制约，而学说欲得较高的可信度，又不得不兼顾各种因素，甚至投其所好，丧失学术的独立性原则。

对待人文社会科学领域中学说的是非与优劣判断，较公正态度就是悬疑，让信者自信，否者自否，并给人们一个丛林法则，喜桃者种桃，喜李者树李，喜桃者多，由桃林成，喜李者众，则李林盛。

在世俗生活中，是非与优劣的纷争无处不在，无时不有，评判的客观的判据，求得主观上的一致，便是较公正的做法。在公议过程中，每一种观点都会得到公众的证明与证伪，都会得到比较，直至找到大家都满意的观点作为结论。按照民主的法则，证明、证伪比较的过程，实际有类于科学探索的过程，只不过人们所凭借的经验，比科学探索的依据客观可信度低一些而已，其所取得的结论也是被这部分人公认（所信）的，即比科学结论的人人可信又弱一些。

需要指出的是，人们对民主有个误解，认为民主就是投衷，就是取平均，就是照顾大多数，或者就是中庸。民主的实质是将一个问题的不同见解进行公议、公决，找到当下最优方案的法则。并不是简单地把几种意见罗列出来，再折衷一下，而是反复论证、比较，最终公议出最优者。

民主是人类处理社会事物中采取的比较弱化了条件与过程的一个法则，弱化有不得已的理由：社会生活不同于科学探索，社会生活具有较强的时效性，也具有很大的复杂性，具有不可重复性，具有很高主观性。

但是，假如扩大民主的范围，细化民主的过程，通过民主所取得的结论就会趋于最优，民主就会取得与科学异曲同工的效果。这个道理如概率论中的抽样调查，抽出的样本越大，其反映母体的特征就越客观可信。

公共事物而外，人们生活又常常带有个体色彩，喜爱不一，风格各殊。人有爱红者，也有喜绿者，有爱吃辣的，有爱喝酸的，诸如此类的，还有艺术主张与追求，个性与风格都有各自的趣旨。此类问题的差异性，并不能定是非，断优劣，而应承认其独立存在的价值与意义，以包容宽存为态度，不争议，不诽诟，不矫饰，相互平等，各得自由。

让文学在生活中流行起来

2017 年 12 月 6 日，“文学生活馆”迎来了它的四周岁生日。4 年前，“文学生活馆”依托国家社科基金重大项目“当前社会‘文学生活’调查研究”而成立，集文学经典普及与文学生活调查于一体，始终践行“文学生活化、生活文学化”

的学术理念。4 年来，共开设 9 个系列专题，开展近 200 场讲座，线下、线上吸引听众超 300 万人；基于互联网技术的问卷系统，开展了一系列公众文学生活现状调查，为学术研究提供了丰富的数据和鲜活的个案。“文学生活馆”先后被评为教育部“礼敬中华优秀传统文化”特色展示项目、山东大学“校园文化建设”一等奖等。

“文学生活馆”文学经典生活化、大众化的理念和实践，为浮躁、疲惫的现代人实现高品质、有诗意的“文学生活”提供了可行路径，让文学在生活中流行起来。

顺势：学术研究与现实的双重呼唤

当我们随手翻开一本书，或不经意评论一部小说，又或点开一篇微信文章时，其实已经不自觉地参与到文学中。山东大学教授温儒敏将视线聚焦在普通民众的文学阅读、接受和消费时，首次提出了“文学生活”这样一个概念。

于学术而言，“文学生活”通过关注与文学有关的普通民众的生活，将文学研究拉回到现实土壤。温儒敏在《文学研究的价值危机与当代责任》中申明了文学研究的现实皈依性，“在当代中国面临价值、文化转型的大背景下，重建、梳理、反思、选择、整合各种不同的传统资源，以构造一个面向未来的新传统，必将成为这一转折期最迫切的文化问题。”“要找回文学研究的‘魂’，就要和现实对话，参与当代价值重建。”

于现实而言，“文学生活”将思想与艺术兼具的文学融入个体的平凡生活中，使人更加接近“诗意的栖居”。如今，越来越快的生活节奏和愈加繁荣的商业文化，让生活变得匆忙而乏味。而新媒体技术的迅猛发展所带来的信息爆炸，也已然引起了社会焦虑。因而人们努力寻找提高生活质量、摆脱焦虑的良药。对此，温儒敏开出了自己的“药方”：读书和写作。

事实上，文学确实是现代人心灵的可皈依之所。温儒敏主持的国家社科重大项目“当前社会‘文学生活’调查研究”课题组通过对农民、工人、学生、市民等的调研发现，尽管他们的年龄、学历、背景各不相同，但对高尚雅致的“文学生活”都有不同程度的向往。例如，调研中，农民工每年文学作品阅读量甚至高于一般国民，农民工不仅不拒绝文学，而且还有着自己对文学的期待、兴趣和要求，他们从文学中获得共鸣，寄托情感，激发对生活的热情。

然而，有品质的文学阅读依然需要有效的引导。调研中也发现，中小学生与大学生因受到电视、互联网等诱惑，文学阅读量在降低的同时，阅读作品的文学性和品位也在降低。当前的文学作品繁多、文学受众情况各异，如果缺乏必要的引导，大众很容易成为迷途羔羊。

整合专业资源进行学术生产，满足大众文学需求，引导大众品质阅读，这是文学研究者的责任，也是势在必行的事情。于是，依托于“当前社会‘文学生活’调查研究”项目的“文学生活馆”就应运而生了。

践行：文学经典生活化、大众化

“并非所有的阅读都是有价值的，一个人所能抵达的精神高度，是由他所阅读的经典的高度决定的。”“文学生活馆”看重文学经典经过历史的不断遴选、沉淀与检验所承载的超越时间的永恒价值，也致力于向大众传播文学经典。

文学经典是文学作品中的瑰宝，它们所蕴含的思想价值和情感力量毋庸置疑。但如今复杂情境中的人们对经典却呈现出一种微妙的矛盾态度。在“当前社会‘文学生活’调查研究”项目对大学生古典文学阅读情况的调查中发现，大学生的古典文学整体阅读量大大下降，古典文学正与大学生活渐行渐远。然而大学生们依然对古典文学的价值持肯定和接受态度，其中包括古典文学的抒情性和意境美，积极而深刻的价值观，以及在促使自我追求生命的率真和纯粹，承担社会责任等方面的功能。20 个世纪 90 年代周星驰主演的《大话西游》掀起了一波解构文学经典的狂潮，而今的网络小说、影视剧依旧乐此不疲。然而课题组通过对“次文学”与文学经典的传播的研究，也发现与当前大学生对文学经典的“大话”“戏说”文化的热消费形成巨大反差的是，他们对文学经典的无厘头改编和不合理解构并不认同。种种现象都折射出人们对文学经典的微妙心理：既与文学经典渐行渐远，又依然期望维护文学经典的纯洁性和独立价值，情感寄托和价值皈依依然离不开文学经典。

调整、平衡这种微妙心理，重新拉近人们与文学经典的距离，变得意义深远。

“文学生活馆”担起了这份重任，走向了“经典为本，面向大众”的文学经典生活化、大众化道路。“文学生活馆”的领读经典系列讲座不探讨晦涩难懂的学术问题，而是选取大众熟知的经典文本进行解读。讲座以古代文学一个朝代一部经典、现代文学一个作家一部经典、外国文学一个国家一部经典的线索展开。

在国内外专家学者专业而具慧心的讲解中，文学经典中历久弥新的价值内涵流溢出来，启迪着听众的生活。山东大学儒学高等研究院的颜炳罡教授以“《论语》与人生”为题做客“文学生活馆”，听众陈女士是一家企业的管理人员，她说：“从国学经典中我们可以吸取做事之道与人生经验。颜炳罡教授谈到，《论语》教育我们‘仁’与‘礼’，这对于我个人对员工的管理上，与工作伙伴的交往上，都是有启发意义的。”文学经典从来不是遥不可及的事物，越是能经受住时代考验的思想和艺术，越是接近大众和生活。

融合：依托新媒体，引导深阅读

领读经典，“领”只是手段和方法，“读”才是最终的目的。“文学生活馆”的讲座只是由专家学者带领读者打开文学经典世界的大门，激发兴趣，指明方向。中学生战昱霖早年间参加“文学生活馆”听到孔磊老师的“青梅煮酒说三国”，出神入化的讲解使他对《三国演义》深深着迷，进而开始对原著深入地阅读，后来还在学校人文讲坛讲解他眼中的三国。这是从“领”到“读”的完美范例。

回归对原著的深阅读，是“回归经典”的题中应有之义。对人类伟大思想与情感的理解，只能从最深刻真挚的文本中获得，而非从几百字的“名著简介”里或几分钟的微信文章里。

诚然，新媒体传播和碎片化阅读渐已成为现代人无法回避且深受影响的阅读方式。一方面它们所带来的是一种很难触及思想的浅阅读；但另一方面，其在内容传播上发挥的作用也是无法否认的。“文学生活”“回归经典”都无意与现代科技及生活习惯相对立。相反，与之融合，并充分、有效利用其优势，使其成为“领读”的重要途径，才是明智之举。

“文学生活馆”积极运用多种网络媒介，更大范围、更有效地实现“领读”功能。例如，微信公众号会发布讲座现场图片、讲座内容的文字记录、讲座音频等多种媒介形态，同时还通过网络实时直播讲座现场等。微信上的一篇讲座实录只需花费几分钟时间，却有可能激发多位读者对某部文学作品的阅读兴趣。有了这些新媒体传播途径，“文学生活馆”的讲座就如虎添翼，影响人群在持续扩大。

但如果讲座与这些网络媒介的内容无法有效激发读者兴趣，促使其阅读原著，那不仅无益于“回归经典”，反而像“名著简介”一样加速对经典的背离。所以，问题的关键在于内容是否更有助于激发读者阅读兴趣。这在很大程度上取决于讲座主讲人对作品的解读。例如文学院古代文学硕士孙美娟在听完国家玮“鲁迅精读”讲座后，想重读一遍《伤逝》。“国家玮老师有一种风趣、幽默的个人魅力，又有自己独特的思考角度。尤其是他对《伤逝》的解读，独辟蹊径，是我以前没有接触到的。”此外，国家玮还在讲座中提出了一些引人深思的问题，却又不直接给出答案，进一步引发了大家再阅读的兴趣。

陶染：给生活以温度和深度

每个周五的山大中心校区知新楼 A620 都会座无虚席。“文学生活馆”成立 4 年来，已有近 3 万人现场参与，网络累计点击量达 405730 人。每一个走近“文学生活馆”的人，其生活都因文学而变得更有温度和深度。

孔敏女士是“文学生活馆”的忠实听众，她说，“听‘文学生活馆’的讲座，你会被引领着进入深邃广袤的思维空间。”“文学生活馆”以讲座的形式引导听众进行有品质的文学阅读，进而激发了听众们的阅读兴趣。孔敏在听完《悲惨世界》的讲座之后，不仅完成了对《悲惨世界》的阅读，还进一步读了雨果的《巴黎圣母院》等其他优秀作品；在阅读中，了解了滑铁卢之役，进而去读了对滑铁卢战役有同样精彩描写的英国作家狄更斯的小说《双城记》，之后又完成了狄更斯其他作品的阅读，这样阅读量就大大得到了拓展。“经典讲座、作家讲堂给我打开一扇全新的窗口，原来还可以这样去展开阅读。”去过“文学生活馆”讲座现场的人，一定会注意到那些拥有稚嫩脸庞和灵动眼眸的中小学生。孔敏也经常带着女儿来听讲座，对文学的向往和喜爱通过这样的方式在代际间承继。

文学公正、平等地面向每一位读者，不同学科背景的读者都可以各取所需。来自数学学院的刘彧在“文学生活馆”感受到与数学截然不同的世界，“讲座对我阅读文学作品和思维拓展有很大的帮助。”“鲁迅精读”讲座现场的听众张女士则在文学中深化着对历史的思考。“文学大家之所以成为大家，有其深刻性，而他的深刻很大程度上是与历史有关的，处在一定历史背景下的文学家们内心往往有一种改造现实的感情倾向。文学与历史可以互相映照。”文学往往从不同角度启发读者，进而有利于个人在专业领域的提升。新闻传播学院设计学硕士潘沐阳说，“我是一名设计专业的学生，专业能力的提升离不开生活方式的革新，徐建委老师‘魏晋风度的制造’讲座让我更真实地感受到了魏晋文人的生活，拓展了我对生活方式的认识。”

本科时学新闻专业的盛建杰从大三下学期开始系统地听“文学生活馆”的讲座，也以此为契机慢慢进入现当代文学世界，并深深为之着迷。如今她已通过跨专业考研成为山东大学文学院现当代文学专业的硕士生。文学阅读让她变得更加富足和幸福，“阅读可以让我远离繁俗的现实世界，进入纯粹的文学世界，精神得到净化，是一次又一次的‘桃花源’之旅。”

（本文作者：李冉冉 徐永珍 宋君波）

在新闻实践中弘扬大学文化，实现办报育人

文化的基本内涵可以理解为一种生活方式传播的过程。文化传承与创新是大学的第四种功能，大学生是文化传承、传播与创新的生力军，是引领未来民族与社会文化风尚的中坚力量。从传媒的角度来看，一张高校校报就是一所“大学”，这所“大学”为学生记者的成长成才提供了资源和舞台。特别是，学生记者通过参与办报增强了对家国天下的关心，提高了知识者的责任，培养了参与文化建设的能力。

一、大学文化及文化功能

教育，教导、教授、化育、培育；教学，有教有学，言传身教，学而时习之，造次必如是，颠沛必如是，孔颜乐处，其实就是知识的传播，生活方式的沿袭，风尚气候的流布，文化的传播，就是“观乎人文，以化成天下”。

文化构成民族的生态环境，文化是社会的信息化映照，是联系社会事务和各成员之间的纽带，是此一社群的共相标识。

所谓大学文化是指在大学形成以及在大学传播的文化，它涵盖了大学生存与发展的历史、传统、精神和风格，也包括了

大学学术、教学与人才培养的特色，它兼顾主流价值与世俗风尚，并以独有的传播方式辐射政治、经济、文艺、企事业等各个领域的各个层面。通常而言，大学文化是一所大学之所以成为这所大学的标志。

事实上，大学具备文化功能是与生俱来的，不言而喻的。大学有用，或者说有功能，并因此受到世人的青睐，大学藉此而招致人才，因此而获得社会地位。历史上，既有教会和僧侣需要的大学，也有实业家、政治家需要的大学，更有学者和学生需要的大学。芝加哥大学前校长郝钦斯认为，任何社会都应该有大学这样的机构，其目的是对最令人困扰的问题进行尽可能深刻的思考，甚至思考那些无法想象的问题。学者们相信，大学之所以存在，不在于简单地给学生传授知识，也不在于给教师提供研究机会，而在于能在“富于想象”地探讨知识中把青年人和老一辈人结合起来。这个结合的东西叫薪火相传，叫文化。

大学的文化功能也包括大学在社会中发挥引导时代文化潮流的功能，是指社会文化跟随大学文化的时尚，因而，这是大学在三种传统功能之外的一项新功能。质而言之，大学的文化功能就是“观乎人文，以化成天下”，就是大学领天下风气之先。大学的文化功能体现在大学的入俗与导俗过程中。所谓入俗，就是大学文化在社会上传播；所谓导俗，就是领风气之先。

意大利的文艺复兴、英国的工业革命、法国的资产阶级大革命，可以看出，社会赋予大学更多的激情与责任，使大学成为社会发展中的积极因素。在中国，以北大等大学倡导的五四运动和新文化运动，是那样深刻地影响着中国百余年历史的轨迹，以至于两千多年的封建文化分崩离析，中国的近代文化和现代化有了新的文化基础，中国跨越了同西方文明千百年形成的鸿沟。

所谓领风气之先，实质就是文化创新，是一种先知先觉与先行——当天下大势将起未起之时，有大智、大勇之仁君子顺势而为，或因势利导，或挽狂澜于既倒，风云际会，开创新局。以五四运动为例，不仅在政治上开创了中国现代史的新纪元，而且在学术上也开创了中国学术现代化的新局面，这是民主与科学两面旗帜领风气之先的结果。北京大学和清华大学正是借五四之风登上了中国大学的潮头，并在百年中国的发展史上一直与时俱进，引领风气。

在大学文化的功能认识方面，传统教育理论偏重于知识、方法、人格等成材教育，忽视大学人文化创新功能，忽视大学人的文化号召力及其文化链中的传播功能。大学作为文化的创造者，作为社会先进文化的传播器，作为文化全球化中的转译链与搅拌器，应在中国文化的现代化进程中担承历史责任和现实角色。

二、如何看待大学校报、大学文化和学生记者之间的关联

1. 从文化传承和大学文化使命看待大学校报

大学校报是一所大学言行与思想的总记录，是一所大学文化传统与时代脉搏的总记录。硕学名家之情怀，莘莘学子之朝气，都在这样一份传承不息的纽带上复活，让一代又一代的大学人找到自己的文化胎记，以至于，当我们重新翻阅那些泛黄的岁月时，不由地叹一声：呀，原来你也在这里。

19 世纪末 20 世纪初问世的高校校园报刊，在初起时就表现出强烈的文化使命感。其一，受维新派和资产阶级革命派报刊影响，高校校园报刊一问世就成为传播西学和新学的重要载体，具有启蒙报刊的性质。其二，初创时期的校报，一般都很注重政论文章的写作和刊发，报刊旗帜鲜明。其三，初期的校报，创办者身份多样，属性多元，报刊发行面向也呈现多元化面貌。其四，高校报刊的创办为未来社会革新者和新闻工作者提供了锻炼成长的平台。如 1919 年 7 月 14 日，毛泽东在长沙创办“湖南省学生联合会”机关报《湘江评论》，遭查封停刊后又担任《新湖南》总编辑。1916 ~ 1917 年，周恩来在南开读书期间，曾任《校风》的总经理兼编辑部纪事类主任。毕业后，又创办《天津学生联合会报》。

1917 年 11 月 16 日，《北京大学日刊》创刊，对中国新文化运动史和中国近代报刊史都产生了极其重要的影响。1918 年 2 月 14 日，蔡元培任命徐宝璜为经理，孙国璋、沈尹默、胡适、徐宝璜组成编辑部，当月，《新青年》创办者陈独秀也加盟其中。蔡元培执掌北大期间，学术日益繁荣。日刊的“文艺”“杂录”“演讲录”等栏目集中刊登国内外来访学者、校内学者的学术文章、演讲稿。蔡元培的新文化运动力作《国文之将来》和文学革命先锋刘复的力作《国语问题中一个大争点》都刊登在日刊上。中国民间文艺学发源性事件、马克思主义进中国等都与《北京大学日刊》所起到的传播作用密切相关。

就国际背景而言，五四新文化运动要解决的文化命题是中西文化的关系问题，主要路径是“请进来”，就是让科学与民主在中国文化社会中唱主角。当下的文化命题之一依旧是中西文化的关系问题，差别在于在全球化的大趋势下处理好外来文化本土化和本土文化全球化的关系问题，其主要路径除了

“请进来”还有“送出去”，即增进世界对中华民族文化的了解，树立中国人的整体形象，把中华民族的文化与文明创新分享给世界其他民族，为解决人类所共同面临的生存与发展问题贡献智慧与力量。

2. 从资源和平台的角度看大学校报

校报是学校党委主管、主办的党委和行政机关报，传播党的先进理论，弘扬主流价值观，反映学校改革发展，记载学校发展思路与进展脉络；也为学生记者提供了了解学校动态、关心学校发展、增长知识才干、提高主人翁意识和文化参与能力的重要媒体平台。一般而言，普通大学生了解学校发展的渠道有限，关于学校发展的信息获取不全面。校报的学生记者有更多机会获取大学的方针政策、行政管理、典章制度、改革创新等方面的信息。

大学的所有学科、课程、项目乃至于各种报告、讲座、交流都在校报报道的范畴之内。学生记者有兴趣，可以择其善者采访报道，特别是引起师生关注的学术创新、发展和交流活动，学生记者可以进行深入了解，抓到精彩的东西。这个过程就是学习的过程，就是拓宽知识面、积累学术资源的过程。对于不熟悉的学科、学术问题，要采访报道，必须先做功课，逼自己学习、了解。编辑记者之杂家、文人闻人之广博就是在这样的积累过程中形成的。

大学的院士、终身教授等资深专家学者都是做学问成功的典范，他们都有自己的学术志趣、学术情怀和别具一格的治学方法，都有值得挖掘的学术故事，都有值得推广的学术经验；他们也比较关注学术界、教育界、文化界的重大问题，关注社会热点问题，关注学校改革发展问题，有的以各级人大代表、政协委员等职务为国家发展献计献策，他们是大学校报重要的报道源。学生记者采访这些学者的过程，就是升华自己的过程。通过采访、了解、报道，学生记者学习到学者们的人生观、世界观、价值观、学术观，学习到他们思考问题的思路和解决问题的方法；通过采访报道，他们可以和这些知名学者建立联系，为自己的学习生活和未来就业发展提供长期的指导。

3. 从校友的社会性看大学校报的开放性

大学校报不仅是校内师生员工的报纸，也是广大校友的校报。大学校报通过与校友的联系互动，利用校友的社会性实现自身的开放性。

大学校友既是大学建设发展的重要资源，也是大学生成长成才的优质资源。校友是联系大学与社会的一条重要的纽带，校友事业成败是检验大学学术研究、学科布局、教育教学水平、人才培养成果的实践平台，校友的意见建议是大学各种办学改革创新的重要凭据，校友对母校发展所提供的一切资源是大学资源最重要来源之一。校友人生舞台是大学影响社会的延续，大学校报应该关注校友的工作、生活、事业以及与母校的各种交流，并通过校友把母校文化传播到社会，扩大校报影响。作为学生记者，通过与校友的接触交流，更好地了解社会、行业、企事业单位等方面信息，听取校友对大学学习阶段的建议，与校友交朋友，扩大自己的人脉。

三、更新办报理念，创新办报模式，培养文化新人

当下，校报的生存与发展遇到了新情况，不利的因素带来压力与挑战，有利的因素带来动力和机遇。跟踪世界文化潮流，服务国家文化战略，发挥大学五大功能，更新办报理念，创新办报模式，培养文化新人，创造大学校报的新辉煌。

大学校报所遇到的挑战来自不同层面。其一，来自网络新闻模式的挑战。大学校报最快的是周报，而网络可以随时报道和更新新闻，网络新闻也没有字数篇幅限制。因为这些原因，读者养成了从网络上了解信息的习惯，各单位投新闻稿件也主要投给新闻网站。校外媒体获取新闻线索主要联系渠道是官方网站。其二，旧的办报体制约束。大学校报限校内采访报道，主要是校内发行，在体制层面限制了校报的发育成长。特别是在获取办报资源与发挥办报效益方面，校报一直处于初级阶段。其三，队伍老化。其四，学生记者队伍建设系统设计不足，缺乏长期建设、可持续发展的机制。

大学校报在办报理念上要有几个意识。一是大局意识，文化意识。在坚定政治立场的同时，观察人类文明的发展方向，了解世界文化大趋势，深刻了解国家民族崛起需要，把握方针政策，传播先进文化。二是资源意识，战略意识。大学校报不是社长主编办报，也不是编辑记者办报，而是一所大学来办报，是用一所大学所能调动的一切资源来办报；把大学校报当成体现大学文化创新与传承的战略要地。三是合作办报意识。合作，既有跟校内媒体、新闻学院各单位之间的合作，也有与校友企业、社会媒体的合作。四是人才意识。校报管理与运作存在行政化倾向，而忽略其专业性，忽视队伍建设，在调动编辑记者、学生记者积极性和创造性方面留下了很大的提升空间。

如何有效拓展校报业务？

（一）创办新报新刊

1. 围绕人类文明发展、文化全球化交融、中国文化输入输出等产生的各种问题之解决创办一份文化报。其目标是面对各种全球化问题、面对困扰人类生存发展问题、面对中国崛起问题招致中国知识界关注、思考、发言，提出中国知识界的理论、方法和主张。先国内传播，待时机成熟时，向国外传播。创办世界一流大学必须在全球范畴内以解决人类问题为话语方式。

2. 围绕大学利用社会资源、对外合作办学、校友企业等创办一份大学文化报。校报本身的读者以校内师生为主，反映的主要是校内生活信息，对校外读者而言，可读性不高。

3. 整合校内报刊，统一创办大学生活报。校内有些部门长期出版内部交流刊物，说明两件事，一件是有需要，二件是有经费来源。不足之处是报刊不规范、质量有缺憾、办报效益低等。通过整合，把各报刊的需求容纳在一份生活资讯报中，接地气，贴生活，与校报构成互补相益关系。

4. 与校外媒体合作办报办刊。主要利用大学人文与学术资源来完成校外媒体需要的版面、专栏等工作。

（二）建立新闻与文化传播实践基地

学生记者是校报子弟兵，是报纸主要新闻与文艺稿件创源之一，是贯彻报社深度报道的主力，也是体现校报创新风格的生力军。校报精彩与否，和学生记者密切相关。调动学生记者的积极性、创造性对办好校报极其重要。学生记者是编辑老师的学生，报人传统，老师技艺，士子使命，都在日积月累的办报过程中耳濡目染，薪火相传。这就是校报文化。

1. 办报育人，搞好校报的职能拓展。办报育人体现在两个层面，一个是普遍意义上的对广大师生读者在思想道德、文化追求、时事资讯、公共品质等方面有育人效应；一个是对参与校报活动的学生记者的育人效应。针对第二种育人效应，报社应该往教学实践方面靠拢，担当一些职能和任务，获得报社建设的资源。

2. 建设新闻与文化传播实践基地是报社采取的一体发展战略，需要学校、有关院系投入相应的资金、设备，需要配备师资，鼓励报社编辑兼职，提高编辑自身素质和跟踪媒体发展趋势、技术，也为提高新闻与文化专业学生、学生记者的实践能力提供了新的平台与保障。

3. 举办各类新闻理论与新闻业务培训班。新闻理论培训主要培训对象是学校、学院各部门领导，类似于党校培训，主要是让他们了解信息文化时代传媒的重要性，提升媒介素养。记者培训是对学生记者和通讯员的培训。

（三）搭建与校外媒体的合作交流平台

新闻实践是学生记者提高文化参与能力的一个平台，是大学文化建设的一个抓手。与校外媒体联合培养学生，为学生记者提供实习媒体，鼓励学生在社会媒体上发表新闻作品、文艺作品、学术作品，参与社会媒体的有关栏目、话题、调查等，都是大学增强大学生新闻文化素养和社会责任的有效方式。特别是，把大学生到社会媒体的实践活动当成对外合作办学的一个重点，花大气力调动各方面积极性、创造性，优化资源，办好事情，逐渐形成大学对外文化传播的良好渠道，持之以恒地加大建设力度，通过实现大学文化功能提高人才培养质量、提高办学水平、提高学校的文化地位。

社会媒体的生存与发展也存在大量问题，需要引进大学文化这种优质资源以自新。其一，社会媒体对于社会问题的深度解读与报道离不开大学学者；其二，社会媒体要戒除庸俗化报道，代之以新文化、新时尚，需要大学人开风气之先；其三，社会媒体要走国际化道路，离不开大学的才智和转译平台，特别是在选择的有效性、特色性方面应得到大学资源的支持；其四，大学应该成为社会媒体的智库。在大学与社会媒体合作过程中，大学媒人应担当重任，在建功立业的同时，成长成才。

（四）利用互联网，扩大报社影响力

创建网站的目的是扩大报社影响力，汇聚更多的师生校友和校外读者以吸引人脉和智力资源，为报纸提供更多精品选择奠定基础，为读者交流搭建平台。

社会媒体各大报社都有自己的网站，这是网络时代文化传播的必然结果。报社创建网站，理论上把报社和社会连接在一起，开辟报社“海阔凭鱼跃，天高任鸟飞”的新时空。

文化最基本的内涵是一群人的生活方式。大学文化是大学人在共同生活中所创造和传播的“大学自为”的东西。大学校报是一幅编织不完的文化长卷，一代代报人老去，一级级新生加入，而所有的辛劳与智慧都将以点点墨香的方式在大学的旷野中绽放，在社会和人类文明的舞台上引人观瞻，取法效仿。

何处得见宋老师

——致在校报与我结缘的同学们

人生并无多么复杂的学问，诚而已矣。《中庸》有云，自诚明谓之性，自明诚谓之教；诚则明矣，明则诚矣；诚者，自成也；诚者物之终始，不诚无物；至诚如神。

辛酉年正月初一，早起，洗漱一新迎接新年。发微信、发短信、发朋友圈，拜年，说过年话，互相祝福。给父母兄弟姊妹等亲人拜年是提前进行的——大年三十就要拜的，以显示家庭家族的血缘亲情。新年的大年初一拜年，也是按辈分、职级、年龄排序进行，虽然是网络拜年，看不见行礼，但心是诚的、敬的。君子慎其独也。

在向外发拜年信息的过程中，也收到回拜信息，也收到学生们的拜年信息。这个时候会很愉快，有一种被学生惦记的幸福感，感觉多年精心培养学生的付出得到了一种礼仪安慰。在这个过程中，有时也会特别期待某个学生的拜年，因为曾经精心培养过他（她）。天黑了，没有接到他（她）的拜年信息。心里便会胡思乱想，为他（她）找不给我拜年的理由。或许年轻人不兴拜年吧？

纠结中开始找原因，检讨自己与学生相处是否存在做得不好的地方，或者可能存在什么误会。没有明确的答案。自问，过去的岁月竭诚尽力地指导学生做好管理工作，做好采访报道，传授经验技能，促其进步提高，收获种种成绩，抬高其自信心……差哪呢？有一种可能有概率优势，那就是他（她）们不愿意我再拿工作上的事打扰他（她）们。如果是这个缘故，我想说，大可不必，直说可矣，不必因此而失了礼数。反过来想，这种误会应该是因为他（她）们不了解我造成的吧？

宋老师是怎样的人呢？言行举止表象之外，究竟是怎样一个人呢？宋老师的内在什么样子？同学们何处得见真正的宋老师呢？

自 2000 年合校合报起，我就负责要闻版、新闻版的组稿和编辑工作，担任过新闻部主任和学生记者团指导教师，与学生记者交流交往比较多。20 多年下来，参与办报工作的学生数以千计，表现突出、印象深刻的也有百人之多，诚可谓

“弟子上千，贤者过百”也。

因为毕业于华东师范大学，又当过 10 年教师，所以，与孔夫子投契，喜欢以孔夫子为榜样，志于道，居于德，依于仁，游于艺；学而不厌，诲人不倦；仁以为己任，文以化天下；虽无成就，但有收获。司马迁云：“《诗》有之：‘高山仰止，景行行止。’虽不能至，然心向往之。”信哉，此言。

有教无类，因材施教，倾囊相授，是我指导学生记者的一贯态度。作为综合性大学的校报，每年招聘学生记者都是公开面向全校各个专业的，不限年级，不限学历，对待不同专业背景的学生记者也一视同仁，做到有教无类，但有所问，必然倾囊相授，但有追求，必然尽力帮助，公平给予学生记者任务机会；同时兼顾学生记者的专业背景和采访对象、采访题材的专业知识性，使其形成优势共振，写出精品报道。有不少学生记者因为有校报的工作经历，获得了自信与兴趣，有的考研报考了新闻专业，有的毕业去了媒体工作，并在中央和多省市媒体中发挥骨干作用，做出突出成绩。

激发潜能，严格要求，精益求精，是我指导学生记者的一贯原则。《中庸》里说，天命之谓性，率性之谓道，修道之谓教。人的天赋天性天才深藏在人的遗传基因里，看不见，摸不着，只有遇到适度的困难挑战才能激发出来，表现出来，成就起来。譬如武松打虎，武松有打死老虎的天赋才能，在遇到景阳冈上的老虎之前，这是一种潜能，武松本人也不知道；当武松遇到景阳冈上的老虎要吃他时，性命攸关，潜能迸发，借酒发威，打死老虎，成就美名。可见，人的成功既需要人有足够的潜能，也需要有合适的任务。有鉴于此，我指导学生记者，鼓励他们自主完成采访报道，不取大包大揽、老母鸡护雏模式，让学生记者在采访报道过程中打破旧我的茧壳，释放天性，激发潜能，发挥天才，破茧化蝶，生出新我，构建自己的新天地。这个新我，既包括人生境界的更上层楼，又包括人生根基的牢固自信，又包括对自我成长的肯定和未来成长的可期，能产生“苟日新，日日新，又日新”的递推效应，对学生的成长成才大有裨益。我喜欢把学生记者参与采访报道工作比作运动员训练，不算小账，舍得下力吃苦，养成良好习惯，积累成功经验，培养公关能力。对于学生记者写好的报道，要反复修改，精益求精，并把修改的地方告诉学生记者，让他们知其然，亦知所以然。

修齐治平，知行合一，求道得道。一般而言，每个人一出生就已经处于文明生活的半山腰上，接受父母家人的养育之恩，享受人类文明的成果恩惠，共享社会的和平繁荣。所以，人要感恩、报恩，修身齐家治国平天下是每个人人生应有之义，学人更应明理践行，知行合一，否则，这个学人的学就容易被证伪，人也容易被证伪，这样的学人就是假学人。我认为，修身、齐家、治国、平天下，主要讲的是逻辑顺序，并不强调时间顺序，必须先修身，修好了，再去齐家，家治好了，再去治国、平天下。因为，按照这种时间顺序，人可能一辈子都不一定做足修身齐家的功课，无由迈进治国平天下的行列，何况修身是君子毕生的功课呢？治国平天下，也不是只有帝王将相可以，文人书生可以，贩夫走卒可以，这叫“天下兴亡，匹夫有责”。文明文化的力量是无法估量的。

我在 20 世纪 90 年代读过季羡林先生的一篇文章，其中提到“二十一世纪是中国文化的世纪”，当时心头一震，欣喜不已，颇有孔夫子闻《韶》三月不知肉味的道喜之感。后来又想，季先生的断语只是提出来一个命题，文章中并无严谨充分的证明。我想，我得找到这个命题的证明。于是，去找有关中西方文化比较的资料，留意类似命题的阐述。我发现，梁漱溟先生在20世纪20年代也提出过类似命题，英国历史学家汤因比也有类似的说法，西方学者在反思第一次、第二次世界大战的文化文明问题时，都曾把拯救人类文明的希望转向东方、转向中国，杜亚泉、梁启超、梁漱溟、辜鸿铭、钱智修、陈嘉异、章士钊、吴宓、梅光迪、胡先骕、刘伯明、张君劢等更提出“东方文化救世论”的主张，以此对阵胡适、陈序经等人的“全盘西化”主张，形成知识界的文化论争。在这个过程中，我通过比较东西方文明文化、探究人类生存与发展问题的终究之道、寻求解决人类面临的重重危机的思想方法路径，打破文化文明壁垒，融通儒释道西，形成了自己的学说体系，叫集约发散学，发表在专著《从集约到发散——文明发展的一种新思想》中。

2016年，《山东大学报》时任主编孙宜山提出山大报要实现从新闻纸到学术文化纸的转变，并为此专门成立了山东大学报社研究生工作室，加强学术文化报道力量，我参与其中，任研究生工作室指导教师。与此同时，增设“全球化·中国化·我们”栏目，约请校内外文化与学术大家探讨全球化问题，全球治理的方法，“一带一路”建设，构建人类命运共同体，推动中华文化走向世界，等等，寻求诸多治国平天下层面问题的山大解，为山大“双一流”建设和文化引领积累优质资源，增添强劲动力。因为各种客观原因，栏目建设时断时续，5年发文20余篇。在行动上，除了倾心尽力指导学生记者外，还关心他们的人生和生活，多次刊文倡导树立正确的三观，默默资助经济困难的学生。我发现，善的传播服从指数型增长规律：1 个人帮助 2 个人，2 个人帮助 4 个人，4 个而 8 个而 16 个而 32 个而 64 个……由此而推动世风好转。如此进行到第 64 次时得到的是千亿亿的水平。试想，那将累积多少善呢？试想，那是一种怎样的盛况呢？我想做的便是第一粒善的种子。

我常常想到与学生记者之间有代沟，而且随着自己的年龄增长，这种代沟在不断扩大。代沟是文化风尚迁移造成的系统性差异，个人很难在短时间内填平，唯有沟通包容、消除误会误解、多多释放善意、与人为善、成人之美，才能维护好团队。好在，我们都是山大人，都在秉承山大文化，在初心不改和使命担当方面，不会忘记修身齐家治国平天下的学人本分。随着年龄的增长，生活阅历的增加，慢慢地你就成了我，你就会明白老师的善心美意。或许，在现在，或者在将来，你也在寻找解决人类危机、维持人类和平绿色可持续发展的钥匙，我这里恰好有一把，你不妨拿去试试。

平时和周围的人聊天，我不止一次地问他们，500 年后，你在哪里？他们回答不上来，或者，无法给出令人满意的答案。我的这个问题包含两层含义，一层是何谓人生的不朽或永生，一层是知道了永生的意义之后，今生该当如何去做。我说孔子，两千多年后，还活着，活在当下，活在全世界，活在一切需要孔子仁学解决问题的艰难困苦中，活在人们对世界和平、大同世界的美好期盼中。人类面对乱世乱象，要自救自拔，需要回到 2500 年前，寻找孔子的智慧。这就说明，孔子的永生与永恒。朱熹说，天不生仲尼，万古长如夜。此话意思是说，孔子用生命的光芒照亮了古今时空，照亮了人心与灵魂。我在这段文字里，已经回答了人生当如何度过的问题，更回答了500年后，人应该在哪里的问题。孔颜乐处，王阳明说人生第一等事是做圣人，人人可与圣人为伍。

以指数增善方式改善人类社会

人们很少能全面了解把握善的观念。利生曰善，伤生曰恶。有 = 这一个 + 非这一个。善恶是人个体本位关于非这一个对这一个作用的利害判断，也是文明价值体系构建的维度，人们趋避的标识。

善是一种普惠的秩序。秩序是个向量，是个有大小、有方向的量，是个有出发点和归宿的量。善秩序，出发点，也就是动机，让众生受到普惠；其归宿，也就是目标，让众生得福报，得善果，得超越，在生命或生活质量层面受到普遍惠泽。毫无疑问，这里存在动机和行为的一致与协调，存在个人与团体社会的协调互励团结一致的问题，存在全球化环境中的和谐问题。更加需要注意的是，善秩序有很高的技术含量。要达成善，不仅要心起，要愿力，还要有技术。比如，社会组织，团队管理，具体问题（如环保问题、生活安全问题、能源问题）的技术处理等。

但，这不是善恶的全部。

宇宙间最大的善莫过于孕育出人类及其文明。人类是宇宙道德的见证者，是宇宙奥秘的发现者，是万物妙有的知情者，是知物用物的高手。在恶的方面，人类穷奢极欲，毁坏自然环境，破坏生态平衡，弱肉强食，阴谋诡诈，自相残杀，损不足以奉有余……但若计善恶总成绩，善要多些，因为我们就是个见证：今天全球几十亿人生活着，发展着，延续善的香火。

善恶是怎样发生的呢？从历史上看，一些情形是，当生活、生命受到威胁时，人们会选择行善或者作恶。如赈灾，如人吃人，如掠夺，如战争。善的高境界不在于相濡以沫，而在于相忘于江湖。社会需要累积足够的善、足够的财富以备饥荒、灾难的发生，国家须建设得足够强大才能让外国不生挑衅的歹心。当生活还有钱赚的时候，人们忙着赚钱；当社会之善趋于枯竭，当所有的生存出路被堵死的时候，人们就会铤而走险；当人们还能创造财富、创造种种善的时候，他是安全的；当还有其他食物的时候，就不会发生人吃人的惨剧。所以，人们啊，积善才是防止威胁降临的最好的武器呢。老子认为，大道废，有仁义；智慧出，有大伪。各证性命，各行其善，大道不废，智慧无用。

每个人可以看作一个系统，这个系统与其外界发生物质、能量和信息三个层面的交流。物质能量的交流基本上属于新陈代谢的范畴，信息的交流包括感官信息交流、情感信息交流、思想信息交流及创造性信息交流。从社会功利化角度考量，一个人的价值、善与不善，主要看投入产出比较。产出大于投入，说明有价值，产出越大，价值越大，善亦大，其于社会贡献愈大，利他性愈大；产出少于等于投入，说明没有价值，自利而无利他性，不为善。假如人人遵循“产出大于投入”的为人处事原则，社会上的善就会随人口的增长而增加；反之，假如人人遵循“产出少于等于投入”的原则为人处事，社会上的善就会日益减少，并最终枯竭。有一个容易被人们混淆的事实，人的价值和意义并不是由自己决定的，而是由自己和他人共同决定。自己选择并以言行举止影响他人和事物，影响好坏、价值大小、意义多寡都是由他人和社会评价。所以，个人价值和意义与他参与事务系统有关，与系统中的条件及他人配合度有关。

爱和被爱是俗世生活的真谛，是值得人类追求的普世价值。托尔斯泰说，做好事的乐趣乃是人生唯一可靠的幸福。有两个东西人们随时随地都在面对而不自觉自知：其一，为己还是为人。庄子说，鹪鹩巢于深林，不过一枝；偃鼠饮河，不过满腹。人只有一张嘴一个胃，谁也吃不到肚子外头去。所以，人的大部分财富不是给自己用了，而是分享给了别人；差别在于，有的人喜欢给天下人，有的人只给自己人，前者叫有公德，后者叫有私德。私德不出家、不外亲，公德不问姓、不求报。其二，相反相成。功名利禄，圣德贤良，都不是自封自给的，而是由别人来认可和评定的，评定的依据是看一个人的思虑作为有没有利他性。所以，人生只有以成就别人为前提的工作，才会产生价值和意义，这个价值与意义是由别人衡量和评定的。所谓功名利禄，都是外给的，是对一个人能力与功劳的肯定。

金钱财富的秘密，世人多不知悉。没有人能够把饭吃到肚子外。人，除了吃穿用度消耗的，什么都带不走。帝王与老百姓的区别是，帝王用金饭碗吃米饭，老百姓用陶瓷碗吃米饭，吃的都是米饭，又不是饭碗；皇帝住金銮殿也是睡在一张床上，百姓住茅草屋也是睡在一张床上。所以，大部分的金钱财富不是用于实用消费，而是用在虚妄的面子上。现代社会，封建帝王生活不复，有很多公共积累财富用于公共安全、公共设施和公共服务等方面，这是一种进步。金钱财富的作用是，调动别人做事；做好事，则财富增加，做坏事，财富减少；人所拥有金钱财富的支配权力的关键是，究竟用金钱财富做好事还是做坏事，选择什么人做。所以，富人的人品道德觉悟对社会影响会带着杠杆性，这个杠杆性源于金钱财富对民生的支配性。

什么是良心？良心在哪儿？人人都有私心，自爱自利之心。人的私心主要源自求生求强本能，与生俱来，不能算良心。但是，如果二人遇到争竞之利，咋整？这时，就会新生出一颗心，将心比心之心，忍让公道平衡之心，己欲立而立人，己欲达而达人，己所不欲勿施于人，这颗心就是仁心，就是良心。所以，良心更多的内涵在别人心里，把你心换我心，两心皆安，才知是良心。良心兼顾了系统所有人的人心诉求，故是系统优化后的心，优于系统的个人私心。

文化道德良心多少钱一斤？坊间常常用这样的疑问表示对文化道德良心价值的怀疑。其实，这些人忽略了和平安定与良好社会风气的重要性，正如他们每天都沐浴着阳光、呼吸着新鲜空气、喝着干净的水而轻视这些东西的价值一样。反过来想，在战争与动荡的社会环境下，你还能按部就班地买房买车娶妻生子喝着小酒过小日子吗？不能。换言之，良好的文化道德与良心所带来的和平安定就值你当下的生活，全部，所有人的！人要身在福中而知福，并为良好的文化道德和平安定贡献力量。每年全球的军费开支有多少？前十名的总和超过了10000亿美元！全球得多少？请想一下，为什么需要军事力量？归根结底还是彼此不信任啊！是人类文化人心道德有问题！再想一下，军事力量不用最好，浪费点就浪费点，可是一旦动用了，它只能产生破坏力。一比十，还是一比百千万？所以，文化与道德很值钱，其价值无法估量。

道生万物，道生人类。人类作为物质形态的一种，具有生命，具有反作用于外界的能力，尤其是，人有欲望。人的欲望几乎可以说是人的一切言行的总源头、总后台、总动力，是社会一切交流往还的“丸之走盘”之丸，而且，人以实现欲望为快乐，以实现不了欲望为挫折，人生往往被欲望绑架。所以，在文明的历史上，人类禁欲过，也纵欲过，欲望给人带来的利益多，推动社会进步多，引发的混乱也多，危机也多，因而所饱受的非议亦多。实质上，人的欲望由两部分组成，一部分是维持自身生存与发展、兑付天命天赋而生发的基本欲，可以叫天欲，如天才艺术家等会固执其禀赋而追求艺术；一部分是人所在的社会产生的、由别人的欲望传导过来的欲望，可以叫旁欲，比如，人的荣誉激励传导，同一款车的购买欲传导。人有欲望，有追求，通过自身合乎正道的工作来实现欲望，是增加财富和创造性的过程，这个过程是善的；如果通过不正当的手段实现欲望，这个欲望的实现会伤及他人、社会和秩序体系，这个欲望就是恶的。通常，所谓正当途径，即是能够创造社会价值与财富的途径，受到社会价值肯定、符合法律与道德规范的途径。

积德行善的福报有很多方面，其因果理数亦可略说。积德行善之举多端，概括而言之，有不与人争名利，济危济困济贫，救死扶伤，造福社会，等等。这是一个奉献的过程、辛劳的过程、创新的过程、传播善良的过程、快乐的过程，自利而利人的过程，己欲立而立人、己欲达而达人的过程，修持觉悟不断提高的过程。不与人争名利，自己又要生存发展，只有加倍辛劳，另辟新业，找到人们新的需求，创新技术。积德行善，心甘情愿，故心神愉悦，浩气充沛，人就健康长寿；有创新故益其心志灵智，并将其转化成道行遗传给后代；其德行转化成家风家训、社会财富，使其常为善、为长善，处善道而能生存发展，荫及子孙，福泽无限；人常积德行善，能带动社会风气，使得周围的人亦跟随学习，积德行善，良世公德益于天下人，亦报回诸自身；一个更长远、更宏大的福报是因为善的累积促进的人类文明进步，没有战争，没有压迫剥削，没有贫穷，共产主义社会，对每个人的后代都有福报。

韦伯引用富兰克林的话认为，个人有增加自己的资本的责任，而增加资本本身就是目的。违反其规范被认为是忘记责任。这样一种观念、一种奇特的伦理、一种精神气质，就是说韦伯所谓的资本主义精神，是指个人把努力增加自己的资本并以此为目的活动视为一种尽责尽职的行动，把赚钱本身当作一种目的，当作一种职业责任，被看作是一种美德和能力的表现。韦伯说："一个人对天职负有责任乃是资产阶级文化的社会伦理中最具代表性的东西，而且在某种意义上说，它是资产阶级文化的根本基础。"韦伯所定义的理想资本主义是有严格限制的，不是通过抢劫、掠夺等暴力手段获得原始积累，而是以合理地计算收支，有条理地安排生产经营活动为特征，这种现代理性资本主义的经济行为，与新教徒那种井井有条、系统安排的入世禁欲主义生活方式是完全相一致的。新教入世禁欲主义伦理为资本主义企业家提供了一种心理驱动力和道德能量。一个人赚钱的过程（符合社会标准的合法经营），同时是利他的过程，是给别人带来买卖或者业务的过程，就是利己与利他并行不悖的过程，就是行善的过程。一个人增加自己的资本，其实就是增加善的力量，发展自己的公司与事业，扩大善的力量。通过合法守规经营，并不断发展业务，改进商品品质，降低价格，满足更多人群的需要，这就提升了经济的善。

人为什么生来就有行善止恶的义务？因为：其一，人生来娇弱，得着母亲父亲家人之爱的呵护抚养才得以成人，生养育养十数年，行善唯恐不足，止恶务求除根，此恩大矣，宁可不报？其二，人生来无能，饭来张口，衣来伸手，高楼任我住，宝车任我驱，打 call 上网，微信游戏，所用之物，文明方便，无一种是我发明，世道之惠，宁可不报？其三，孔孟老庄，佛祖西哲，诸子百家，学问天地，文化文明，诸善流芳，充实我心，益乎我情，我生而学之，不劳而得，大德授受，宁可不报？其四，前恩未报，我又生子，子孙后代，何以为生？唯行善止恶，备以盛世。其五，城镇的公共设施、公共服务、公共积累，都是历史的财富积累，是善的累积，祖辈先人的创造，先于我存世，为我分享，岂可昧起良心装着不知？其六，行善甚于两利，为恶至少零和，计其总效益，行善为大。既传金银财富，又传良心良世，则子孙福大命大造化大，向着至善之世更进一步。故，行善止恶，于己于世，于子孙后代，皆有大利焉。

胡适在《我的信仰》中写道："一个人就是他所吃的东西，所以达柯塔的务农者，加利福尼亚的种果者，以及千百万别的粮食供给者的工作，都是生活在他的身上。一个人就是他所想的东西，所以凡曾于他有所左右的人——自苏格拉底、柏拉图、孔子以至于他本教区的牧师和抚育保姆——都是生活在他的身上。一个人也就是他所享乐的东西，所以无数美术家和以技取悦的人，无论现尚生存或久已物故，有名无名，崇高粗俗，都是生活在他的身上。诸如此类，以至于无穷。”可见，一个人不仅自己活着、讨生活，他还活在别人的身上，别人也活在他的身上。他的言行心思善，表现在别人的生命、生活中就善，他的恶也危害着别人的生命质量。因为，一个人把他的善恶都附加进商品里、作品中，供别人消费，其善恶自然被消费者吸收。你的作品善，就滋养别人身心；你的产品恶，就无异于图财害命。当然，消费者也不是无所施为，他会根据自身吸收的东西反报他人，回馈社会，以善报善，以恶传恶。

当下，人类所感觉到的种种社会弊病已经影响到了每个人生活的方方面面，人们缺乏安全感，缺乏幸福感，缺乏正能量，综合来看，就是恶的信息太多的缘故。若善不胜恶，长此以往，世道的性质就会发生变化。面对这种境遇，每一个人别指望有什么能人奇士英雄豪杰或者灵丹妙药能创造奇迹，每个人所能做的并且能收到效果的，只有行善止恶。当社会上有足够的善时，人们便有利可图，人们遵守道德法律秩序也可以过活；当社会上的善不足时，说明恶已经过多了，人们凭借正常劳动生活已经十分艰难，一些人们生活最容易破产，他们有可能选择铤而走险，像历史上重复的那样，带来社会的动荡和巨变。

上善若水，善的力量虽柔而刚，细微显著，最合攻心。善的传播存在类似核裂变的效应。所以，热爱慈善与公益事业的人们，可以在善的社会传导性方面下点功夫。

老子曰“圣人不积，既以为人己愈有，既以与人己愈多。”（《老子。八十一章》）春种一粒粟，秋收万颗子。以指数的方式行善止恶。改变社会风气不能靠少数人，不能等，要靠社会大众共同行动，1 个人帮助 2 个人，2 个人帮助 4 个人，4 个而 8 个而 16 个 32 个 64 个 128 个 256 个……由此而推动世风好转。如此进行到第 64 次时，得到的是千亿亿的水平。试想，那将累积多少善呢？

第五篇　创建世界一流大学的战略性机遇

我们遇到了什么问题

——人类生存与发展问题探讨

当下，山大发展面临着三种趋势的影响：全球化，中国崛起，创建世界一流大学。这三种趋势所引发的问题对山大发展带来挑战与机遇。什么是修身齐家治国平天下？山大面对种种时代命题应当有何担当？中国崛起和全球化应该形成怎样的互动关系，才能既保证实现中华民族的伟大复兴，又保证人类能够和平持久地发展？创建世界一流大学，必须建设世界一流的大学文化，必须解决人类发展道路上的难题。什么是世界一流的大学文化，如何建设？这是我们遇到的时代主题，也是我们必须承担的历史使命。本报刊登此文，抛砖引玉，期待山大学人关注和探讨此类问题。

虽然，我们有时感觉生活挺好，但我们也会有忧虑，非常深刻的担心。越来越多的迹象促使我们思考，我们究竟生活在一个什么样的时代，怎样评价我们的生活？从物质生活层面上看，人类的确比历史上其他时期享有更丰富的生活。但是，为了这种进步，人类付出了惨重代价，并埋藏下种种祸根。资源危机、环境危机、道德危机、战争危机、自然灾害、健康安全危机、价值信仰危机、生活方式不可持续性危机都将在人类的未来之路上爆发，造成人类社会的坍塌，文明的倒退。这些危机是如何形成的？有没有克服的办法？真正的困难是什么？

一、生活方式带来的问题

（一）全球化意味着什么

全球化引发的危机人类的全球化活动很早就开始了。早期的活动主要是人口大迁徙，游牧民族与农耕社会之间的贸易与战争，丝绸之路之类的商贸交流，宗教传播，航海地理大发现，等等。欧洲文艺复兴以及随之而来的以工业革命为标志的西方现代化，资本主义国家通过资本输出，建立跨国公司，战争，移民，对殖民地进行文化输出改造等输出西方生活方式或者文化，几百年间西方主导的现代化传遍全球。20 世纪 90 年代，经济全球化的格局已然形成，这种大趋势引起各国和地区的普遍重视，纷纷制定相应的政治经济策略。进入 21 世纪，经济全球化已使得世界上 240 多个国家和地区、70 多亿人口加速贸易、经济、市场、科技等一体化进程。

经济全球化引起生产模式全球化，引起生活方式趋同化，引起资本流动全球化，引起文化全球化与本土化冲突，引起国家或地区冲突，产生种种问题。

这些问题归类而言，包括资源危机，环境危机，自然灾害加剧，人类健康安全危机，信仰匮乏，道德危机，战争危机，生活方式不可持续性危机，等等。所有问题的归因是人类生活方式因工业与经济趋同化导致的天人失和，矛盾的核心是人欲与兑欲的不匹配。

资源危机主要包括矿产资源危机、能源危机、耕地资源危机、粮食资源危机、水资源危机、人力资源危机等，发展下去，只要人口增长、生活方式不改变，凡是人类物质生活需要的一切原材料都会发生危机。环境危机主要包括气候异常危机、极冰与雪山溶解危机、空气污染、水污染、垃圾污染、土壤污染等，以至于，凡有工厂的地方、依赖消费工业品为生活方式的社群在处，均被污染；鉴于大气、水和商品具有流动性，如果不加控制，污染将会扩散至全球，没有可以幸免的地方。过度采矿、采油、采气、采水将导致城市地沉；过度砍伐森林、过度开垦湿地、增长的城市占用大量自然土地将导致生态平衡被破坏；大气污染、大气层臭氧层破坏、热岛效应、地球存冰与雪山融化将导致海水升温、海平面升高；多种因素叠加将导致地球地震、海啸、洪涝、飓风、沙漠化等自然灾害频发，危害范围扩大，危害程度提高。全球化导致人口居住密集化，为传染病传播提供了条件；环境污染、食品污染、水污染给人类带来疾病与传染；其他生物疾病容易传染给人类；人体八大系统疾病活跃爆发都可归根于现代生活方式造成的生活方式病。

1. 过度商业化问题

长期处于过度商业化生活的各个社会形成强大的商业文化，商业文化无处不在、无时不在地占据人的衣食住行娱，占据人的眼耳口鼻舌身，占据人的七情六欲，占据人的心灵，人类的生活不是在生产商品就是在消费商品，人既缺乏精神追求，又缺乏感情交流，人成了商业机器的“零件”。商业化生活存在种种弊病：在生产领域，偷工减料，以次充好，假冒伪劣，以至于安全隐患多多；在管理领域，内受贪欲煎熬，外受不良风气熏染，职业操守很成问题，管理成本不断增加；在推销领域，广告信口开河，夸大其词，存心欺骗消费者；在技术开发和产品更新换代方面，采取分拆销售策略，巧取豪夺消费者钱财，浪费地球资源；在销售领域，借助垄断市场攫取垄断利润，推行行业霸王条款，欺压消费者；在消费领域，消费者相互攀比，追求大品牌，奢侈消费，造成个人财富和社会资源的极大浪费。

过度商业社会与文化还产生了一些危害性极大的社会问题：社会不公，贫富悬殊，奢侈浪费，价值体系混乱，腐败严重，社会风气恶化，公共资源被侵蚀，公共监督与服务体系漏洞百出。传统社会的等级制流毒与西方拜金纵欲主义流毒合并成新病毒，毒化社会，滋生出各种丑恶社会现象。人们社会安全感不强，普遍对未来生活充满焦虑，以为只有通过多挣钱才能有保障，对社会公共事务漠不关心，造成社会状况的恶性循环，每况愈下。

商业文化大兴的秘诀在于，当资本逐利性遇上人欲的无限膨胀性，就如干柴烈火般燃烧起来，传播开去，大有不把柴木烧尽就不罢休的劲头；激起商品购买欲的永远都是幻相的诱惑和尝鲜的冲动；永远有新鲜商品在吊起人们的胃口；商人逐利忘义，不去考虑资源危机、环境污染、社会风尚恶化，倘若约束不力，商人有钱有势，他们有能力把整个社会变成商业社会，瓦解公义体系。

2. 冲突与战争

从历史上看，战争成为敌对方解决扩张需求、经济利益冲突、历史遗留问题、文化冲突等常用选项，其中以 20 世纪的两次世界大战最为惨烈。战争的毁灭性甚于天灾，而且发生的频率很高。如果逆推上溯，首启战端者必有大恶存焉。当参战一方或各方认为用善的方法不能解决争端时，他们选择了作恶。从表面上看，当时的“胜者”似乎获得“利益”，但是，同时埋下了仇恨的祸根，“失败”者会卧薪尝胆、牢记仇恨、励精图治，君子报仇十年不晚，待其强大时，会发动复仇战争。冤冤相报，没完没了。从长远看，战争就是零和游戏，没有获胜方。

值得注意的是，二战之后，美国成为军事、金融和政治三种势力都十分强大、彼此推动发展的霸权主义国家。除了战争的传统功能外，美国又开发出战争服务于金融操控的功能，即为了控制金融资本朝着有利于维护美国霸权地位的方向流动。科索沃战争、伊拉克战争、阿富汗战争以及美国主导的对中国崛起的围堵，都是美国为破坏对方安定、建设与地区稳定而进行的战争步骤。特别是中国“一带一路”倡议实施、亚投行设立、人民币国际化，让美国感觉到世界经济热点和经济中心的转移，其对策就是利用地缘政治、领土问题、军事挑衅、军事演习等鼓惑其他国家给中国制造麻烦，企图搅乱中国国内外的和平建设环境，让进入中国的国际金融资本、建设项目转移到美国市场。

3. 物质文明与精神文明和谐问题

对人类道德与精神生活的重视，在当下尤为重要。处理好人类物质生活与精神生活的关系一直是自人类诞生以来就存在的一个主题。物质生活与精神生活的关系如人之双足、鸟之两翼、车之两轮，协调发展，不可偏废。先贤论述此理透彻而完备，但社会的发展却背道而行，物质文明日益壮大，精神文明日趋式微。这种现象包含着另一个不为人察觉的文化规律：在信息传播方面，信息传播的效益与信息量及频度成正比，与信息的内容关联不大。换言之，真善美，如果不在信息量和传播频度上占据上风，亦无可能占据心灵。商业文化的大兴，恰是这个规律作用的直接结果。商业用金钱占据了社会生活各个领域的主阵地，其信息就铺天盖地地占据了各个领域，占据了人们的心灵，最肤浅的“广告”成为影响最广泛、最深刻的“文化”。由于全球化推动，商业生活方式已经成为大部分社会的主要生活方式，以至于各个社会的制度、方针、政策、法律、教育、外交、军事等都受到较大程度的商业化影响，甚至资本主义国家的重大决策里都有资本财团的影子与操纵，政治、资本、军事的三位一体决定了其社会的生活样态。

但是，物质文明的进步和精神文明的退步所造成的危机足以撕裂社会、自毁人类。人类历史上的诸恶非但未得有效抑制，随着物质文明进步、武器威力增加而增加了破坏性、毁灭性。这里，并不是指责科技发展是一种恶德，而是强调，科技进步同时需要道德进步以消除工具的高效性带来的弊端。以斧杀人，罪不在斧而在人；核弹杀人，罪亦在人而不在核弹。问题在于，核弹太烈，故拥弹者须提高德性以慎杀，有安全可靠的控制。今人德性未增而手握利器，坐于火药之桶上争胜斗狠，岂有不危之理?

圣雄甘地曾说，有 7 样东西可以毁灭我们：没有道德观念的政治；没有责任感的享乐；不劳而获的财富；没有是非观念的知识；不道德的生意；还有没有人性的科学。不幸的是，人类文明发展至今天，这 7 样东西普遍存在于人类社会。

(二) 全球化与中国化问题

人类要发展，其中必然有些东西会趋同化、最大化，这就是必然出现的全球化。目前，比较明朗的是经济全球化以及由此带来的生活方式趋同化、文化全球化。毫无疑问，全球化过程中会产生很多问题。

1. 全球化对中国的影响

中国学者总结反思近代中西方文化碰撞、冲突以及影响，一般会提到4个层面（阶段）的变化：洋务运动，在器物层面上的变化；戊戌维新、辛亥革命，在制度层面上的变化；五四运动，在思想层面上的变化；新文化运动，在风尚层面上的变化。但还不够，还应该增加两个层面：商品与资本输入，在生活方式层面上的变化；现代化建设，中国的和平崛起。事实上，中国社会的现代化，只有在生活方式发生彻底改变和国家实力大增、足以自立于世界民族国家之林时，才可以说完成了学习西方文化的“拿来”阶段。

在中国的“拿来”的学习阶段，中国实现了从农业大国到工业大国的转变，“中国制造”享誉全球；中国成为世界最大贸易体，中国经济体量世界第二，国民生产总值长期保持高速增长；军事现代化有了长足进步，国防力量进一步加强，军事自信进一步提高，中国捍卫国家利益、维护世界和平的能力日益强大；常住城镇化人口超过50%，教育公平和质量明显提升；基本医疗保险实现全覆盖，基本养老保险参保率超过80%，小康社会建设成就斐然。

2. 中国化对世界发展的反哺

在中国“拿来”的同时，中国也在“送去”，也在对世界发展进行反哺——中国自身的发展带动了世界经济发展，为世界秩序的和平与稳定做出了较大贡献，起到了负责任大国的作用。中国经济总量占世界经济总量的20%，中国经济增长拉动世界经济增长贡献率30%以上，中国成为全球第一货物贸易大国和主要对外投资大国；截至2016年8月，已经有100多个国家和国际组织参与其中，我们同30多个沿线国家签署了共建“一带一路”合作协议，同20多个国家开展国际产能合作，联合国等国际组织也态度积极，以亚投行、丝路基金为代表的金融合作不断深入，一批有影响力的标志性项目逐步落地；国际货币基金组织已经宣布，将人民币纳入特别提款权（SDR）货币篮子，并提高至10.92%，居美元、欧元之后，为第三位；增加对最不发达国家投资，免除对有关最不发达国家、内陆发展中国家、小岛屿发展中国家截至2015年底到期未还的政府间无息贷款债务，设立国际发展知识中心等，宣布设立中国－联合国和平与发展基金；不断提高对联合国经常预算比例，从2010年的2.67%增加至2010－2012年的3.19%，未来三年增加至7.92%；相应的，中国也增加了维和费用分摊比例，从3.15%增加至3.94%，未来三年还会增加至10.2%；中国是联合国安理会常任理事国中派出维和人员最多的国家，是维和出兵国中派出保障分队最多的国家。

3. 当下的中国文化

当下中国人所拥有的中国文化是什么样的文化？怎么组成的呢？

中国崛起是党领导中国人民创造的奇迹。中国崛起这个伟大的奇迹是怎样和中国文化联系起来的呢？答案是中国崛起是党领导中国人民创造的奇迹，而中国人民所拥有的文化是中国文化，是当下的中国文化——具有中国特色的社会主义文化，既不是中国传统文化，也不是西方文化。

改革开放以来，中国社会的工作重心转变到以经济建设为中心，发展市场经济，解决人们日益增长的物质生活需要同落后生产力之间的矛盾，以及以此为中心进行的生产关系的改革。社会文化以经济建设和商品贸易为主流文化，即社会大众的工作和生活围绕着商品生产和商业贸易展开，衣食住行娱，喜怒哀乐忧，皆在其中。恰恰是中国社会的这一转型激发了中国人民发家致富、促进社会主义经济社会繁荣和中国崛起的激情、干劲与创造力，并在30多年的时间里创造出举世瞩目的奇迹。毫无疑问，这个社会文化的主要成分是党的正确领导、有关方针政策的适合社会实践，广大人民群众强烈的发家致富愿望、创业精神、勤劳品质、创造性，西方的先进科学技术、市场经济模式、先进的企业管理经验、国际贸易经验、企业文化、商业文化。传统中国文化有没有发挥作用？有。比如，伦理道德，诚信善良，等等。一些学者过分夸大其作用，倒因为果，其观点并不可取。

4. 中国崛起的文化主张

中国关于崛起的主张为和平崛起，即，不是通过军事扩张、掠夺资源、争霸或称霸，而是主要依靠自己的力量，发展内需，改革创新，落实科学发展观，积极参与国际经济技术合作与竞争，在与经济全球化相联系，而不是相脱离，更不是相背离的历史进程中，在改革开放的大背景下，独立自主地建设有中国特色的社会主义，促进国际社会互利共赢和共同发展，争取在本世纪中叶实现中国和平崛起的战略总目标。

但是，中国和平崛起主张受到西方学者与政客的质疑，并引起以美国为首的一些国家的围堵。质疑至少有两个基本理由，其一是人类历史上从未有哪个国家是和平崛起的，大国崛起无一不是战争胜利的成果；其二是崛起必然要通过战争检验真假成色（未经战争检验的崛起不能称作真正崛起或别国认可的崛起），这与和平主张及方式矛盾。

怎样在学理上讲清这些质疑呢？回答这两个质疑的关键是

找到突破零和游戏的依据。当一个系统处于封闭状态时，利益各方博弈游戏属于零和游戏；当一个系统处于开放状态时，可以避免零和游戏，实现共赢。所以，关键是能兼顾利益各方诉求的发展模式是存在的，通过不断寻找更多利益关切点，找到矛盾的替换点，通过置换交易，避免零和。随着科技水平的提高，精神觉悟的提高，人类不难发现，万物之用无穷无尽，宇宙之大，无穷无尽，人类可以发展三种无穷文明（后文有述）解决生活问题，大可不必为争夺“资源”而自毁。

对于第二个质疑，解答的关键是崛起的标的。通过和平崛起的标的与通过战争崛起的标的不同，后者是破坏对方国力、压制对方发展实现自我的相对强大，是在低水平上的失衡，其标的是获得不平等权利，因而是霸权主义的产物；前者是通过合作共赢，在增加各方利益、提高各方经济社会发展水平过程中，择善而强，以强带弱，以善易善，把各方带动到文明进步的发展模式里，直至开创无穷文明的新时代，共同强大。和平崛起的路径和目的都是和平的，是以善为主导的人类正能量推动的发展模式。中国“一带一路”倡议的落实，G20 杭州峰会给出全球治理的“中国药方”，都是对中国和平崛起的最好背书。

二、人类生存与发展问题求解

（一）儒释道西怎么说

人类的各个社会所面临的基本问题是供给与需求之间的矛盾，通常表现为生活资源供给不足和人们日益增长的需求之间的矛盾。

儒家学派创始人孔子生活的春秋时期恰是这种社会矛盾集中爆发的时期，“礼崩乐坏”隐藏着诸侯欲望膨胀的暴戾。孔子以及其后的儒家学派认为，社会资源供给不足与需求增长之间的矛盾原因是，“不患寡而患不均，不患贫而患不安”；解决这种矛盾的关键是恢复周礼，“君君，臣臣，父父，子子”，社会成员“克己复礼”，按照等级名分行权守职，分配消费社会资源。儒家解决问题的思路是对社会存量资源进行合礼（合乎礼制）分配，而不是增加社会资源。儒家认为，即使增加社会资源，若不能按照礼制分配，人心不足，贪欲难填，再多的资源也会带来混乱，增加“礼崩乐坏”的程度，无益于解决矛盾。

近代西方社会对待生活资源不足与人们日益增长的需求之间的矛盾所持态度与中国儒家相反，其思路是刺激生产，增加供给，并藉此而发展成资本主义社会。欧洲文艺复兴的一个标志性成就是“人的发现”，人性解放，以人本主义取代神本主义，承认人对现实幸福的追求与享受属于人的基本权利。恰恰是承认人追求现实幸福具有压倒宗教禁欲主义的法理（天道），欧洲人开启了纵欲与契约并重的现代文明历史。思想解放，宗教改革，科技发展，工业革命，西方社会一直走在纵欲与扩张的发展道路上，以至于通过全球化，把这种文明模式在地球范围内最大化。期间，爆发过多次经济危机、战争，而新的经济危机、战争又在酝酿中；这种资源耗尽、污染严重、天地人违和的生活方式终究不可持续。

庄子在《齐物论》中阐述了齐万物、齐是非的道理，否定了社会按照少数统治者利益所建立的信仰与价值体系的合道合德性，批判了社会等级制度及其生活意义。庄子可贵之处在于重视精神生活，反对做物质生活的“之二虫”，反对群社会的束缚，人生当“相忘于江湖”，无待而逍遥游于无何有之乡。老子批判礼制社会是“损不足以奉有余”，认为要否定人为制定的价值标的，“绝圣弃智”“绝仁弃义”“绝巧弃利”，社会人生向回走，“小国寡民”，“见素抱朴，少私寡欲”。老庄道家不承认缔结社会的必要，因而，否定了社会的问题。对于已经发生的社会和存在的社会问题，要解决的方法是向回走，走到不需要缔结社会的时期，社会问题也就迎刃而解了。

释家否定社会问题最为彻底。释家认为，万物皆是因缘而起者，故万物无自性，亦即，万物不能自定自决是这样而不是那样，万物无不受到他动，他动无常，故，万物亦无常。人所能感知认知的事物，都以相的方式呈现，“凡所有相皆是虚妄”，亦即，人心所生诸相都不是真相，都是虚妄的。人感知、认知、言行、幻想、实受以及善恶好坏评价都是通过心（意识）相实现的，是故，人生所遇问题都是虚妄的，不应执著。人不应该有问题，社会也不应该有问题。有了问题，需要放下，直到自己取消这个问题。

（二）推倒重来夫如何

从现实出发，解决当下人类生存与发展中存在的问题，向回走，可以不可以呢？所谓向回走，即去工业化、去现代化，改变人类过度依赖工业产品生活的生活方式，回归到农耕文明时代，或者更早的原始社会形态。

工业化、现代化文明所依赖的矿物资源本来深埋地下，影响不到生活于地球表面的人类，农耕文明之前的人类生活，天地人和，相安无事；但工业化、现代化生产，把地下的矿物掘出来，又是烧又是炼，做成衣食住行娱生活用品，肌肤相亲，朝夕相伴，天地人就被毒化污染了。显然，去工业化、去现代化能够解决资源危机、环境污染等诸多因工业生产造成的问题，但操作起来却难度极大。问题的难度在于，向回走需要全球化同步向回走，不是部分国家向回走。一个不容回避的问题是，在战争中，农耕文明国家一定会败给处于工业文明、现代文明的国家，弱肉强食的悲剧就会重演。没有哪个国家敢于脱离世界潮流而能闭关锁国的。所以，为了避免这种国力不平衡，必须同退，全世界的各个社会都退回到农耕社会。这件事的难度极大。

有一种比较可行的生活方式：农耕文明生活 + 信息化生活。从当下的生活中大幅降低热动文明成分，不断提高信息文明的程度。这样做，可以大大降低生活对于矿源、能源、水资源、土地资源等资源依赖，去工业化，解决环境污染问题，消弭资源战争，让人类真正走向心灵生活、信息生活之路。

（三）梁漱溟文化预测的可能性

梁漱溟先生在其《东西文化及其哲学》著作中提出一个著名的文化命题，预测世界未来文化就是中国文化的复兴："质而言之，世界未来文化就是中国文化的复兴，有似希腊文化在近世的复兴那样。"

梁先生的《东西文化及其哲学》出版于 1921 年，至今已有百年，他关于世界文化未来的趋势预测，正在被中国崛起的事实逐步证实。关于这个命题，值得注意的有 4 点：其一，梁先生关于未来世界文化走势的预言并未加时间限制，给出时间限制的是季羡林先生，他说 21 世纪是中国文化的世纪；其二，梁先生也未说世界未来文化是儒家文化的复兴，而是说是中国文化的复兴，书中原意是"孔子之路"；其三，梁先生在《东西文化及其哲学》中第五章"世界未来之文化与我们今日应持的态度"专门论证这个判断，特别指出中国传统文化具有人类文化三种阶段的先进性，同时，也因过早而失去适切性，故在文化态度上应“注意中国传统文化”和“顺应时代潮流”；其四，有个大前提，只有当西方文化注重人对物质关系（重视物质生产）之路走到尽头时，才会转向“孔子的路”——注重人与人关系的生活文化之路（从物质不足的追求转向对精神安宁的追求，礼乐代替法律）；问题在于如何判断西方文化之路何时走到尽头。

（四）开创人类无穷文明新时代

人类应该关注和发展三种无穷文明。其一是发展宇宙空间的无穷大文明，开创人类以宇宙为生活圈的宇宙文明时代。地球之于宇宙，恰似沧海一粟，宇宙中的万物存在大多为人类所未知，人类应藉此探究而形成一种新生活。当下，人类太空飞行、宇宙探索的能力正在日益增强，为人类未来的宇宙生活提供了可能。其二是发展微观无穷小阶层的文明，解决人类文明生活中的难题。理论上认为，物质粒子无限可分，这为人类创建无穷小层次的文明提供了可能。比如，微观生物技术、纳米技术、通讯技术，等等。每一个层面都对应一个微观世界，探索其中的规律，利用其规律服务生活，没有止境，而且宏观世界的很多难题可以通过用微观的知识去解决，尤其在生物技术领域和信息技术领域。其三是大力发展信息技术，开创人类的无谜时代。事实上，信息不息，宇宙大爆炸以来所发生的所有事件，其信息都存于宇宙中，有的刻录于星球物体的各个层面，有的还在时空中飘荡传播，只要人类信息技术足够精密先进，就能接收并破解这些信息，使得宇宙中的任何事件都不再是谜。比如，春秋时的孔子讲学，其所讲的内容通过不同词语的声波外传，有的刻录在墙上，有的刻录在石壁上，甚至这声音之波还在宇宙间、地球上飘荡传播，只要我们的信息技术足够好，我们就能接收、破解一部孔子亲口说出来的《论语》。量子通讯技术、引力波信息技术为此提供了可能。如果人类有足够好的信息技术，人类也不必搞宇宙旅行，在地球上就能接收到宇宙万物的信息。

实施大学文化引领战略
为“双一流”建设增添新动能

——以山东大学文化引领战略为例

大学自诞生之日起便具有文化功能，但这种文化功能是以自发的、被动的、潜移默化的形式存在着。随着大学功能的拓展，特别是大学服务社会的功能兑现，大学的文化功能也逐步加强，由自发变为自觉。进入21世纪的中国高等教育，受到实现中华民族伟大的复兴和应对世界百年未有之大变局这国内外两个大局的召唤，文化传承与创新的大学第四种功能和使命担当更加凸显，成为中国高等教育贡献于世界高等教育的伟大发明和创举，成为中国高校创建世界一流大学和一流学科新路径，一条实现弯道超车、后来者居上的新路径。2020年9月3日，山东大学党委下发了《山东大学文化引领战略实施纲要》（以下简称《刚要》），为大学“双一流”建设寻找到了新的优质资源和动力，成为中国高等教育未来发展的领风者。2021年5月9日，习近平总书记在给《文史哲》编辑部全体编辑人员的回信中，对哲学社会科学界的学术与文化担当又作出新的重要指示，提出了新的要求：增强做中国人的骨气和底气，让世界更好认识中国、了解中国，需要深入理解中华文明，从历史和现实、理论和实践相结合的角度深入阐释如何更好坚持中国道路、弘扬中国精神、凝聚中国力量。回答好这一重大课题，需要广大哲学社会科学工作者共同努力，在新的时代条件下推动中华优秀传统文化创造性转化、创新性发展。

一、文化及其重要性

（一）关于文化的定义

文化是个外来词。英文与法文皆作 Culture，本义是耕作和植物培育，后来引申到精神领域，有化育心灵、智慧、情操、风尚等意思。由于文化概念具有历史性、民族性、社会性和生活方式的多样性，学者给出的文化定义成百上千，各有侧重。概括而言，文化包含的要素是，群体的共同的生活方式，有共同的信仰、价值观、语言、好恶和生活蓝图，因为有效解决了相同的生活问题而被其他人采纳形成传播，就此互鉴完善形成共同的生活方式，不同族群和社群的文化有差异。

以下列举几个定义可见文化的丰富内涵。

1. 班纳特（Bennett）和杜明（Tumin）的定义："文化是一切群体的行为模式。我们把这些行为模式叫着'生活方式'。生活方式是一切人群之可观察的特色。'文化'事实乃一切人类所有。这一群体与那一群体各有不同的文化模型。这不同的文化模型将任何社会与所有的其他社会分别开。"[1]

2. 莫里斯（Morris）的定义："一种文化是生活的蓝图。一群互相影响的人本着这一蓝图而特别好尚某些行为动机而不好尚别的行为动机；或者，他们宁愿采用某些方法而不采用其他方法来满足这些动机……一种文化是被一群人所采用且在时间中传袭下来的一种选择型模。"[2]

3. 孟达克（Murdock）的定义："学习过程与社会二者的交互影响，在每个人群里产生一套借社会来传递的适应行为。这套适应行为是超乎各个人的。因为，同一个文化为各个人分享；它的作用比各个人的生存时间长；它的质与量大大地超过任何单独的个人独自努力所获得的成就。'文化'一词是用来表述这一由后天习得并且由社会传递的系统。"[3]

4. 梁启超的定义：文化者，人类心能所开释出来之有价值的共业也。

5. 梁漱溟的定义：文化是生活的样法，文化就是吾人生活所依靠之一切。

6. 《辞海》给出的定义：广义指人类在社会实践过程中所获得的物质、精神的生产能力和创造的物质、精神财富的综合。狭义指精神生产能力和精神产品，包括一切社会意识形式：自然科学、技术科学、社会意识形态。

7. 联合国教科文组织在其编写的《世界文化报告（1998）——文化、创新与市场》序言中给出的文化定义是："当我们谈及文化时，我们是在寻找个人生活的方式以及人们共同生活的方式，一种'现行的文化'就是一种（几乎被界定为）与他人互动的方式，因为它包括人们在创造、融合、借用和再创造种种人们可以用来界定事物的含义。"[4]

中西方学者关于文化概念的分歧在于，西方学者把文化基本含义理解成生活样式，偏重形而下；中国学者把文化理解成精神的、心灵的活动，注重形而上；西方学者运用文化观念时，注重"化"字，注重动态过程，即注重传播性、影响力、公共性、效率与效益；中国学者在用文化观念时，注重"文"字，注重静态感化，人文互生，注重初心初衷——正义性、道德性、动机性、愿景。即使在今天，我国也未在主体西方意义上运用文化的观念，存在不同程度上用政治、道德、制度、教育、文艺、知识、风俗、习惯替代文化的现象。

（二）文化与人的关系

《中庸》里说："喜怒哀乐之未发，谓之中；发而皆中节，谓之和。中也者，天下之大本也；和也者，天下之达道也。致中和，天地位焉，万物育焉。"[5]文化像中庸一样，内可入于喜怒哀乐未发之中，外可节之以礼乐制度，合群乐社的集体活动。文化入心入情的这种功能是长期潜移默化形成的，生活中没有可以替代文化这一功能的其他东西。

微观而言，文化即人心，文化即人化。个体的信仰、世界观、人生观、价值观、道德操守、良知良能、情感倾向、偏好偏嗜、理想梦想，无一不受文化的濡化传染，择其善者而从之、而守之，择其不善者而改之、而去之，安身立命。宏观而言，文化构成了群体的社会的人文环境。一个群体因为共同的事业联系构成一个梦想共同体、价值共同体、命运共同体，并因为各种岗位需要而形成人财物诸多资源协同运作的完整的事业系统，形成一个局部的人文环境，人心在兹，情感在兹，精神在兹，才智在兹。理想的文化系统对个体而言，能够保障每个成员人尽其才，兑现其天赋天性天才，实现个性的全面发展，获得其应得的利益，实现其人生价值的最大化，给人以最佳的获得感、实现感、幸福感、归宿感，做成最好的自己；理想的文化系统对整体而言，能够发挥系统中人财物的积极作用，取长补短，相互激励，协作共赢，发挥出整体大于各部分之和的系统优势，千帆竞发，万象更新，呈现出欣欣向荣的大好局面。

在相当大的程度上，人们混同混用文化和知识、文化与学术，认为有知识就是有文化，搞学术就是搞文化。事实上，知识只是一种信息材料，人有知识类似于图书、光盘储存，相当于“文”，只有他在运用知识的时候，其言行有所化动，有所传播，他才算有文化。文化是个矢量，知识是个标量；有文化是个过程，有知识是个状态；文化具有公义性，知识具有工具性。人的文化程度并不取决于他的学问大小，而取决于他对人群的影响力，即他能够带动人群共同选择一种生活样式的能力。

（三）文化也是生产力

一般认为，构成生产力的基本要素是以生产工具为主的劳动资料，引入生产过程的劳动对象，具有一定生产经验与劳动技能的劳动者。生产关系是指人们在物质资料的生产过程中形成的社会关系，是生产方式的社会形式，包括生产资料所有制的形式；人们在生产中的地位和相互关系；产品分配的形式等。毫无疑问，文化是包括社会物质产品、精神产品、生产、销售与消费的一切活动，包括生产、销售与消费的方式、人们之间形成的各种关系、系统性协作、统筹与优化，等等。因而文化包括了生产力和生产关系，也包括了经济基础和上层建筑。特别是，文化是以人为本的，而生产力和生产关系中，人是最活跃最关键的因素，抓住了人这个灵魂、这个总枢，也就抓住了生产力和生产关系的其他要素。

文化如何通过人和社会影响生产力、形成新的生产力呢?首先，劳动者（包括管理工作者）的受教育程度、专业技能和生产经验都会直接影响劳动质量和效率，从而影响生产力水平。其次，科技是第一生产力的论断已被人们广泛接受，劳动者的科技素养和水平，国家、地方政府和企业对科技研发的投入，科技创新、产品升级、市场配置、科学管理等都影响经济效益和生产力水平。第三，分工协作会产生系统溢出效益，产生 1 +1 >2 的增益，提高生产力水平，而分工协作、合作共赢需要通过文化调节生产关系、调节人的心态、情态，公平公道，同心同德，同喜同忧，构建系统利益共同体、荣誉共同体和命运共同体，才能实现。第四，人的三观与道德觉悟会影响人的劳动态度和追求，用韦伯对资本主义精神的阐述说明这个机理：韦伯所谓的资本主义精神，是指个人把努力增加自己的资本并以此为目的活动视为一种尽责尽职的行动，把赚钱本身当作一种目的，当作一种职业责任，被看作是一种美德和能力的表现。韦伯说："要尽到天职的义务，这一独特的观念正是资产阶级文化的社会伦理中最具代表性的因素，在某种意义上说，乃是资产阶级文化的根本基础。"[6] 正常情况下，一个人赚钱的过程（符合社会标准的合法经营），同时是利他的过程，是给别人带来买卖或者业务的过程，就是利己与利他并行不悖的过程，就是行善的过程。一个人增加自己的资本，其实就是增加善的力量，发展自己的公司与事业，扩大善的力量。通过合法守规经营，改进商品品质，降低价格，满足更多人群的需要，这就提升了经济增长力，提升了生产力。第五，商品本身含有文化信息，商品交换、商贸活动本身就是文化产生与传播的过程。胡适在《我的信仰》中写道："一个人就是他所吃的东西，所以达柯塔的务农者，加利福尼亚的种果者，以及千百万别的粮食供给者的工作，都是生活在他的身上。一个人就是他所想的东西，所以凡曾于他有所左右的人——自苏格拉底、柏拉图、孔子以至于他本教区的牧师和抚育保姆——都是生活在他的身上。一个人也就是他所享乐的东西，所以无数美术家和以技取悦的人，无论现尚生存或久已物故，有名无名，崇高粗俗，都是生活在他的身上。诸如此类，以至于无穷。”[7]可见，一个人不仅自己活着、讨生活，他还活在别人的身上，别人也活在他的身上。他的言行心思心意善，表现在别人的生命、生活中就善，他的恶也危害着别人的生命和生活质量。因为，一个人把他的善恶都附加进商品里、作品中，供别人消费，其善恶自然被消费者吸收。

（四）大学文化

大学文化可分为广义与狭义两种定义。

狭义的定义：所谓一所大学的大学文化，是指在这所大学形成和传播的文化。它涵盖了大学生存与发展的历史、传统、精神和风格，也包括了大学学术、教育教学与人才培养、师生文艺生活各个层面。大学的文化是一所大学之所以成为这所大学的标志，同时也是这所大学大学人的胎记，万变不从的基因。

广义的定义：以传道、授业、解惑、增添人类福祉为己任，一群人集结起来，探索宇宙奥秘，解答人生困惑，改善社会生态，追求道德修持和真理，造次必于是，颠沛必于是。他们生活的地方叫大学，大学形成的文化叫大学文化。

这两个定义有重叠部分。相比于狭义定义，大学文化的广义定义明确了大学文化系统是一个开放系统——大学以人类生活的问题为输入，以解决问题的各种成果为输出，与自然和人类社会保持良性互动，与时俱进，发展壮大。广义的大学文化定义突出了大学文化是大学的系统使命，与《大学》强调的“大学之道，在明明德，在新民，在止于至善”宗旨相一致，修身齐家治国平天下是对大学人落实这个文化使命的要求。

大学文化的核心是大学精神，也是大学最根本的标识。所谓大学精神，就是一所大学有史以来所磨炼出来的意志与品格，是大学在经历千锤百炼砥砺、千选万择取舍的发展过程中所缔结的价值核心，是我之为我的大学根本灵魂，是大学判明一切未明事物价值和抉择学校行为的最高原则。否定大学的精神，就是否定大学。大学精神是大学历史认同及其现实情怀的独特表述，它代表了大学中的群体所共有的理想和意志。

博洛尼亚大学创立于 1088 年，是世界近现代大学的起源性大学。大学历经近千年的发展，大学的功能也从最初脱胎于行会的人才培养，增多到科学研究、社会服务、文化传承创新和国际交流平台等多项，大学精神也不断丰富发展起来。共同的大学精神可罗列多种，如爱国主义精神、学术独立精神、学术中立精神、学术自由精神、民主精神、法治精神、人文精神、探索精神、求真精神、创新精神、开放精神、思想自由、兼容并包、入世精神、奉献精神、甘坐冷板凳精神、敢为天下先精神等。例如，德国柏林大学的“洪堡精神”是学术自由、学术独立、学术民主、坚持教学与科研的统一、追求世界一流；美国耶鲁大学的“耶鲁精神”是追求光明和真理，永远强调对社会的责任感，蔑视权威，追求自由，崇尚独立人格；美国高等教育在学术方面的“三 A 原则”——学术自由（Academic Freedom）、学术自治（Academic Autonomy）、学术中立（Academic Neutrality）的基础上又增加了“服务社会”功能和入世精神；北京大学的“北大精神”是“继承爱国、进步、民主、科学的光荣传统，弘扬勤奋、严谨、求实、创新的优良学风，秉承思想自由、兼容并包的学术精神”。

二、实施大学文化引领战略，为“双一流”建设提供新动能

1. 大学具有文化传承创新功能

2011 年 4 月 24 日，胡锦涛同志在庆祝清华大学建校 100 周年大会上的讲话中指出，全面提高高等教育质量，必须大力推进文化传承创新。高等教育是优秀文化传承的重要载体和思想文化创新的重要源泉。要积极发挥文化育人作用，加强社会主义核心价值体系建设，掌握前人积累的文化成果，扬弃旧义，创立新知，并传播到社会、延续至后代，不断培育崇尚科学、追求真理的思想观念，推动社会主义先进文化建设。要积极开展对外文化交流，增进对国外文化科技发展趋势和最新成果的了解，展示当代中国高等教育风采，增强我国文化软实力和中华文化国际影响力，努力为推动人类文明进步做出积极贡献。

胡锦涛同志的这段话里至少有三层含义：其一，明确提出了大学具有文化传承创新功能，大力推进大学文化传承创新，能够提高高等教育质量，促进大学发展；其二，提出大学文化建设的任务、内容和传播方向，提出大学文化建设对社会影响的使命担当。其三，指出大学应该在国际文化交流中发挥重要作用，为国家软实力和中华文化影响力的提高做出积极贡献，对推动人类文明进步做出积极贡献。

2016 年 5 月 17 日，习近平在京主持召开哲学社会科学工作座谈会上强调，人类社会每一次重大跃进，人类文明每一次重大发展，都离不开哲学社会科学的知识变革和思想先导……当代中国正经历着我国历史上最为广泛而深刻的社会变革，也正在进行着人类历史上最为宏大而独特的实践创新。这种前无

古人的伟大实践，必将给理论创造、学术繁荣提供强大动力和广阔空间。这是一个需要理论而且一定能够产生理论的时代，这是一个需要思想而且一定能够产生思想的时代。一切有理想、有抱负的哲学社会科学工作者都应该立时代之潮头、通古今之变化、发思想之先声，积极为党和人民述学立论、建言献策，担负起历史赋予的光荣使命。

习近平总书记在上述讲话中强调了哲学社会科学对于人类社会发展与文明进步离不开哲学社会科学的知识变革和思想先导；中国的社会变革实践和人类文明发展都需要哲学社会科学的新思想新理论；对哲学社会科学工作者提出了新的任务与使命担当。作为哲学社会科学学术研究、人才培养、文化传播重镇的大学，应该学习贯彻落实习近平总书记的这一讲话精神，胸怀两个大局：一个是中华民族伟大复兴的战略全局，一个是世界百年未有之大变局。以问题为导向，以探索创新为动力，推动形成崇尚精品、严谨治学、注重诚信、讲求责任的优良学风，营造风清气正、互学互鉴、积极向上的学术；要立志做大学问、做真学问，着力构建有中国底蕴、中国气派、中国特色的思想体系、学术体系和话语体系。

2019 年 3 月 4 日下午，中共中央总书记、国家主席、中央军委主席习近平看望参加全国政协十三届二次会议的文化艺术界、社会科学界委员，并参加联组会，听取意见和建议，发表重要讲话。习近平指出，一个国家、一个民族不能没有灵魂。文化文艺工作、哲学社会科学工作就属于培根铸魂的工作，在党和国家全局工作中居于十分重要的地位，在新时代坚持和发展中国特色社会主义中具有十分重要的作用。党中央一直高度重视文化文艺事业、哲学社会科学事业。几年来，文化文艺界、哲学社会科学界紧紧围绕举旗帜、聚民心、育新人、兴文化、展形象的使命任务，明方向、正导向，转作风、树新风，出精品、育人才，在正本清源上展现新担当，在守正创新上实现新作为……

人心是最大的政治，共识是奋进的动力。

习近平总书记在上述讲话中强调了文化文艺工作、哲学社会科学工作的重要地位和重要作用，同时指出了具体体现和重要作用具体表现，特别提出了文化的核心要义与作用关键，提出了“人心是最大的政治，共识是奋进的动力”的重要论断。

2021 年 5 月 9 日，习近平总书记在给《文史哲》编辑部全体编辑人员的回信中，对哲学社会科学界的学术与文化担当又作出新的重要指示，提出了新的要求：增强做中国人的骨气和底气，让世界更好认识中国、了解中国，需要深入理解中华文明，从历史和现实、理论和实践相结合的角度深入阐释如何更好坚持中国道路、弘扬中国精神、凝聚中国力量。回答好这一重大课题，需要广大哲学社会科学工作者共同努力，在新的时代条件下推动中华优秀传统文化创造性转化、创新性发展。“从历史和现实、理论和实践相结合的角度”，就是学术的角度，就是文化的角度，就是宏观构架的角度。“深入阐释如何更好坚持中国道路、弘扬中国精神、凝聚中国力量”，是对哲学社会科学界提出的新的使命担当和工作要求，也是对高等教育界提出的使命担当与文化要求，特别是“凝聚中国力量”是当下坚持中国道路、弘扬中国精神、统筹国内国际“两个大局”重要的准备。

一般认为，自 1088 年世界上第一所现代意义上的大学意大利博洛尼亚大学创办以来，在大学发展史上，大学具备 5 种主要功能：人才培养、学术研究、服务社会、文化传承与创新和国际交流平台。大学的每一种功能发挥都为不同时期的大学发展提供了强大动力，创造了不同的辉煌。毫无疑问，这 5 种功能皆为大学与生俱来的应有之义，只是在不同阶段为不同的办学者重视，采取了相应政策措施，使得大学侧重于某一种功能发挥上集聚了推动大学发展的动力。

大学自创办之时起便具有文化功能，并在大学发展过程中日益强大，强大的文化功能、广泛的社会影响力反过来又招致更多更好的办学资源，得道多助，进一步促进了大学发展。如英国牛津大学，从 1170 年建校以来，就责无旁贷地肩负起继承、传授、研究和弘扬优秀英国文化的重任，并从文艺复兴之后，成为欧洲人文主义运动的中心之一。牛津大学对于英国在文艺复兴以后崛起，尤其是在工业革命后英国迅速成为当时首屈一指的政治、经济、文化大国产生了巨大影响。又如北京大学有今天的发展成就，无不与伟大的五四爱国运动、新文化运动、“兼容并包”的办学风格有关。具有引领作用的大学先进文化，领风气之先者，往往能够把握好时代主题，攻坚克难，担承使命，因而能吸引很多有胆有识的人才共襄盛举；得道多助，能够吸引更多更好的国内外资源用于宏图伟业；提出新的难题，有利于学术创新，刺激新学科建设。

2. 处理好大学文化与社会文化的关系

实施文化引领战略，必须回答好引领谁、引向何处以及如何引这三个基本问题。《纲要》中有要求，也有需要进一步明确的问题。如要弄清大学文化与社会文化的关系，进而确定大学的文化方位和使命担当，寻找到大学发展的新的资源和动力。依照大学文化的影响范围划分，大学文化有内外之别。山大文化在山大内部建设、影响与工作引领性可以归为校园文化的范畴，《刚要》阐述比较具体充分。山大文化对外传播形成的影响力和引领性，《刚要》阐述不够充分，可以进一步探讨。

大学存在于社会之中，大学的办学资源来源于社会，大学的产出也要投放于社会，大学的生存发展、办学效益、办学价值、社会影响力等诸多问题都和它所在的社会具有千丝万缕的联系，大学文化与社会文化关系复杂、彼此影响，需要厘清，避免庸俗文化倒灌，避免大学行政化、工厂化、庸俗化，要形成先进文化的交流交融、互促共赢的良性互动关系，在大学发展的同时，促进社会繁荣、文明进步。

大学区别于社会的表现，山东大学原校长徐显明在著作《守护大学精神——山大任职期间讲演录》中总结说："政治的权威在政党，管理的权威在政府，民主的权威在议会，公正的权威在法院，资本的权威在企业。大学区别于上述组织机构的本质特征是：与五个共同体相对应，她是知识的权威、学术的权威、思想的权威、文化的权威和道德的权威。"[8] 从徐显明所做的区分中可以看出，大学与其社会既相互关联，又因为分工不同、功能不同、积累不同而形成大学具有不可替代的独特权威性，这些权威性进一步形成大学文化的先进性和引领性。

中国的大学文化属于社会文化的组成部分，是社会文化中较具先进性的那一部分文化。坚持以习近平新时代中国特色社会主义思想为指导，进一步增强"四个意识"、坚定"四个自信"、做到"两个维护"，坚持社会主义办学方向，加强党对文化建设的全面领导，贯彻党的教育方针，践行"四个服务”，落实立德树人根本任务，是大学文化存在与发展的前提。在这个前提下，大学在社会文化建设中要有使命担当，做出积极贡献，在某些方面起到引领作用。

3. 山东大学颁布实施文化引领战略《纲要》

2020 年 9 月 3 日，山东大学党委下发了《纲要》，号召山大全面实施文化引领战略。山大在《纲要》讨论与落实部署等有关会议中指出，中华民族伟大复兴的根本是文化的复兴，世界一流大学建设的根本是文化的建设，山东大学实现“由大到强”历史性转变的根本是文化的历史性发展。文化引领战略在学校“六大战略”布局中居于统领地位、发挥基础作用，具有先进性、引领性的山大文化以及由此形成的广泛山大自信、山大共识，是山大建设世界一流大学的最大禀赋优势和最强驱动力量。山大实施文化引领战略是发挥大学文化功能办学的升级版——依靠大学文化引领吸引有志人才，争取优质资源，寻找高效动力，促进学科融和创新，形成新的办学特色，综合发挥大学四大功能，提高办学质量和效益，实现“双一流”建设的“弯道超车”。这是一场伟大战略引领的伟大实践，是 120 年山大更上层楼新的建设周期的新起点。

山大作为中国近代高等教育的起源性大学、中国第一所按章程办学的大学，坚持社会主义办学方向，全面贯彻党和国家的教育方针，“为天下储人才，为国家图富强”的办学宗旨，“学无止境，气有浩然”的校训，“崇实求新”的校风，“正心术、敦品行、明伦理、知大体”的教育风格，“文史见长”的学术特色，家国情怀、崇实品格、担当精神、创新素养的“山大基因”，建成中国特色世界一流大学的“山大梦”等，构成了山大文化基本特征，山大文化在 120 年办学过程中产生了广泛积极的影响。

《纲要》包括指导思想、战略目标、基本原则、建设内容、保障措施5部分组成，体系完整，内容详实，目标明确，措施得力，是大学提出文化引领战略、实施文化引领战略的标本性文献。特别是在认识上，山大认为，文化引领战略在学校“六大战略”布局中居于统领地位、发挥基础作用，具有先进性、引领性的山大文化以及由此形成的广泛山大自信、山大共识，是山大建设世界一流大学的最大禀赋优势和最强驱动力量。把文化引领当作“双一流”建设的统领性战略和最强驱动力，当成汲取优质办学资源和新动能增量，对于中国高等教育和大学“双一流”建设具有创新引领性，是中国高等教育通过实现文化传承创新功能创造世界一流高等教育的极其有价值的尝试，值得推广。更进一步，中国高等教育、中国学术要大发展，走在世界前列，就要借助中国大学引领人类文化文明发展的机遇，引导和促进世界高等教育评价体系、学术评价体系、人才评价体系向着中国相关领域的评价体系转变，使之与中国的国际影响力相匹配。

《纲要》提出的战略目标分4个层面。其一，在弘扬社会主义文化方面，大力培育和践行社会主义核心价值观，持续提升大学文化自觉，不断坚定文化自信，促进以文化人、以文育人，推动立德树人根本任务全面深入落实。其二，校内文化建设层面，主要包括“校园文化”建设的各个方面。其三，学术文化担当层面，建设传承创新中华优秀传统文化最具代表性大学，为加快构建具有中国特色、中国风格、中国气派的哲学社会科学提供山大智慧。其四，在中华文化与世界的其他民族文化文明交流中的使命担当，在阐释世界中叙述中国，在叙述中国中展示山大，为构建人类命运共同体做出山大贡献。

总体而言，《纲要》对校内文化建设的阐述比较充分完备，但对山大文化与社会文化的关系、山大文化如何产生对社会发展的引领性以及山大如何在全球化、中国化诸多领域中有所选择有所作为缺乏设计，需要进一步探讨。

三、实施文化引领战略的破题与选题

1. 大学文化如何超越世俗文化的影响力

大学人也是社会人，大学人既生活在大学里，大学人也生活在社会上。大学人的生活方式、信仰和三观、七情六欲会受到社会文化的影响，甚至受到的影响大而持续。大学存在世俗化倾向，且程度较高。在经济社会中，大学文化对社会的影响也是有的，但力度在逐渐减弱，甚至有走向边缘化的危险。

杜牧在《注孙子序》一文中有个关于事物特殊性与普遍性关系的名喻“丸之走盘”：“丸之走盘，横斜圆直，计于临时，不可尽知，其必可知者，是知丸不能出于盘也。”这个比喻用于描述个体的生活与社会文化的关系，也很恰切。构成个体活动范畴的社会文化的“盘”可以用（礼、理、利、力）四元系统概括：礼，礼仪道德，人伦纲常，始于周公，兴于历朝历代，迄今依旧以中华民族传统文化的重要组成部分行于当世。理，真理，道理，情理，理性，是社会规律和科学技术中的精髓，遵循理性是人类文明进步的标志。利，有益于生者称为利，惜生爱利是人性，“天下熙熙，皆为利来；天下攘攘，皆为利往”。实力、势力、财力、人力、军力、暴力、生产力、影响力、推动力，都是力的范畴。力的作用有两方面，一个方面使动使变使化，一方面相反，使事物不动不变不化，起到稳定作用。当然，4 个“Li”有消长、有互助，也会组合起来发挥作用。有时候，礼和力合起来，叫先礼而后兵；礼和利合起来，叫君子爱财取之有道；理和力合叫正义之师；礼和理合起来叫中庸之道。毫无疑问，这 4 个“Li”达到某种和谐共作时，社会就会和谐发展繁荣。人生万事起止演化都离不开 4 个“Li”字。礼、理、利、力的作用与变化，内中有阴阳之道、文武之治、乾坤之相。有时礼治多些，有时力治多些，因时制宜，如“丸之走盘”。

总体而言，大学中礼、理有余，而利、力不足，甚至偏差失衡比较严重，大学发展及其教育教学效果、文化影响力都存在问题。大学不言利的时代早已过去，而自社会转型以来，直至当下的大学，对于资金的需求呈现越来越多、缺口加大的趋势，而大学的激励机制越来越和工资、奖金等物质利益捆绑在一起，大学重视物质利益的价值观和社会的价值观没有显著的差异。这种情形几乎与社会同步，已有数十年的历史，甚至，由于大学人不约而同地强化了利在工作和生活中的价值追求比重，导致大学的文化格局发生了深刻变化，三观与生活方式都受到了社会潜移默化的影响而与时同化。当前的情势是，大学需要言利，已在言利，形成以利为动力的运行格局；关键是如何言利，如何吸引资金、用好资金，提高投入产出效益，发挥资金资源对办学的推动作用，搞好“双一流”建设；大学还应发挥逐利的引导性，通过科技创新、服务社会，通过创新业态创造就业岗位，形成新的行业经济贸易，带领人们致富奔小康，帮助人们实现梦想。

毫无疑问，富民不是大学文化引领的终究目的地，但可以做阶段性目标。早在 2500 多年前的孔子已经指出学者对民众的责任。“子适卫，冉有仆，子曰：‘庶矣哉!’冉有曰：‘既庶矣，又何加焉？’曰：‘富之。’曰：‘既富矣，又何加焉？’曰：‘教之。’”[9]学者何以教民？《中庸》里说：“修道之谓教。”《大学》里说：“大学之道，在明明德，在亲民，在止于至善。”这几句话给出了大学文化引领大众的任务、方法和目标。对于富裕之后的民众而言，认识德性的重要，增加其德性，进而在生产生活实践中追求德性，真正做到立德树人，乃是大学之道的起点。亲民，即新民，是发挥文化作用、弃旧纳新之意，依道修身。大学教人的终究目的地是让每个受教育者达到自己的至善，就是合于道，实现天命之谓性、率性之谓道的统一，做最好的自己，达成天命理想之我的圆满。

大学要产生对社会的文化影响力，必须通过解决社会问题这种实践路径才能切实有效，大学必须走出象牙塔为社会服务，为大众服务。由于历史原因，大学形成了喜欢在象牙塔里搞学术、办教育的习惯，“躲进小楼成一统，管他冬夏与春秋”“板凳要坐十年冷，文章不写半句空”，学问多从“故纸堆”里做出来，这是一种遍及文史哲等人文社科学科、占比较大的学术流派，就是所谓的学院派，在大学里拥有较大的学术话语权。但是，因为时代需要和“新文科”建设需要，大学里的人文社科学术的格局需要改变。山东大学儒学高等研究院执行院长兼《文史哲》主编王学典认为，应该看到，学术界的内外形势，现在均已发生深刻而巨大的变动，不管是否自觉和自愿，当下哲学社会科学的每个学科都在重建与现实的联系，与政治的联系，与意识形态的联系。而更加强调学以致用，可能将会成为未来“新文科”的突出特征。

积聚力量，补充“力”的不足，大学只有在解决社会问题中有所作为、有所贡献，才能对社会文化产生影响力、引领力，人文学术研究、学科发展、人才培养等尤其应该率先走进社会，面对各种人生问题和社会问题，大力作为。当前的中国社会仍然处于社会主义初级阶段，社会的主要矛盾是“人民日益增长的美好生活需要和不平衡不充分的发展之间的矛盾”，今后在相当长的阶段里，国家都会围绕着解决这个主要矛盾开展政治经济和社会方方面面的工作。改革开放40多年来，我们取得了巨大的成功和成就，同时，社会还有一些没有解决好的问题，还有一些新产生的问题。一类是经济发展不平衡问题，包括社会阶层收入差别较大问题、少数人占据大部分社会财富问题、相对贫穷问题、收入差距越来越大问题，等等。一类是人与自然的关系，因为工业经济发展造成越来尖锐的矛盾，包括粮食危机、饮用水危机、资源危机、能源危机、环境危机、气候危机、公共卫生危机、疫情爆发危机，等等。一类是社会文化问题，主要表现为商业文化及其传播过多过重，冲击了主流文化的影响力，人心物欲化金钱化庸俗化，偏心不受正力，社会向心力凝聚力公义力不足，封建文化与资本主义文化杂交变异，腐朽腐败没落文化成为社会顽疾，构成滋生腐败的温床。一类是科技发展与道德滑坡带来的社会危机，包括科技发展引发的伦理问题、道德问题、新的发展不平衡问题、财富过度集中问题、人身安全问题、隐私保护问题，产业的去人工化带来的失业再就业问题，道德约束力的降低，会让科技发展朝着产生越来越有害于人类生存的方向行进。一类问题是人口出现老龄化并伴随着低出生率的发展趋势，和西方国家出现的情况类似。一类问题是要面对国内问题的同时，应对世界百年未有之大变局问题。

2. 解放思想，积极入世，勇于担当，敢于成就

伟大的时代会有一个伟大的主题，我们所处时代的主题是实现中华民族的伟大复兴。在中国共产党领导下，中国人民在社会主义道路上实现了一个又一个伟大跨越，取得举世瞩目的伟大成就，创造了民族复兴、国家强大的条件。“我们比历史上任何时期都更接近中华民族伟大复兴的目标，比历史上任何时期都更有信心、有能力实现这个目标。”伟大的时代召唤伟大的人民，实现伟大的目标需要伟大的人民，知识分子更应该投身于这个伟大的时代，勇于担当，敢于成就，为中华民族的伟大复兴做出突出贡献。

受历史传统和习惯影响，受社会文化影响，大学学术存在一定程度疏离现实的现象，出现一种学院派学术流派，影响较大。一般认为，学院派是指受过学术训练、有师承并以“为学术而学术”的学术领域内问题为研究对象的学术流派。山东大学儒学高等研究院执行院长兼《文史哲》杂志主编王学典先生提出，学院派的学术研究要不要关照现实？校园的学者要不要有超越专业目标的现实关怀？国家民族的巨大需求要不要关注？这里事实上提出了“学术与现实”的关系、学术与意识形态的关系、学术与政治的关系，这样一个重大知识论问题。王学典先生进一步指出，学术界的内外形势，现在均已发生深刻而巨大的变动，不管是否自觉和自愿，当下哲学社会科学的每个学科都在重建与现实的联系，与政治的联系，与意识形态的联系。而更加强调学以致用。王学典先生的见解非常准确地指出了大学学术与现实需要之间的脱节疏离问题，亟待加以解决。需要学界和学者解放思想，改革创新，建立新的学术维度，转变学术目标、路径与方法，转变学术评价体系和管理

模式，转变学术人才的培养方式。

学者走出象牙塔，积极入世，从社会问题、国家需要、人类生存与发展需要中选题，进行学术研究，用优良的学术成果解决实际问题，造福人民，造福人类，造福后代。前景美好，任务艰巨，关键是撸起袖子加油干，从时代出发，从实际出发，选取实际问题，加以研究，予以解决，形成方法，形成理论，形成思想，形成具有中国特色的社会科学体系，再回到现实中指导实践。几经反复，螺旋上升，不断创新，不断进步。在理论联系实际的过程中，将学术成果转化为现实生产力、影响力、文化力。

著名历史学家汤因比提出一个文明发展的模型“攀壁说”，一个文明的发展样式并非是单调上升的，或者螺旋式上升，而是攀壁式的：寻找到好的支撑点（适度的问题挑战），向上走一程；没有解决问题，可能停滞一段历史；解决不好问题，也可能引发文明衰落，向下滑一段。汤因比的“攀壁说”对今天处在百年未有之大变局中的我们具有警示作用。在西方阵营的强力阻挠下，我们要实现中华民族的伟大复兴，必须紧密团结在党的旗帜下，以习近平新时代中国特色社会主义思想为指导，同心同德，顽强奋斗，敢于斗争，敢于胜利。在这样的一次伟大的新长征征途上，知识分子应该发扬优良传统，不忘初心，牢记使命，把知识、学术、智慧、情怀投入到民族复兴的伟大事业中，把个人梦想融入民族梦想中，在伟大的时代主题中立德、立功、立言。

3. 分科治学，合科治世

大学先进文化的引领性必须在治国平天下层面上有所表现，探讨较大难度问题的解决之道，为复兴民族、造福人类集聚力量。对于山大来说，要发挥自身优势，形成相关领域的文化引领性。其一，发起中国优秀传统文化的复兴运动。利用“文史见长”的学科优势力量，《文史哲》等刊物人文影响力，校内外媒体平台的传播影响力，博物馆、中华文化体验馆等重要场馆，文学生活馆大型读书推介活动等，立体构建中国优秀传统文化研究应用推广体系；着力构建有中国底蕴、中国特色的思想体系、学术体系和话语体系；古为今用，结合新时代文化命题，发起中国优秀传统文化的复兴运动。其二，构建文化传播与交流的国际平台。民族伟大复兴的中国梦和建设有中国特色的世界一流大学的山大梦的实现，需要中华文化走出去，需要山大文化走出去，走上世界的舞台，走上世界教育、学术与文化的舞台，传播中华文化，传播山大文化；提出人类生存与发展问题的山大解决方案，提出解决各种危机的思想主张、道路方法，为应对百年未有之大变局、构建人类命运共同体、全球治理做出山大贡献。其三，搞好“新文科”建设，为新文化提供新资源和新动力。有关专家指出，中国建设“新文科”的核心要义是，顺应新科技革命和产业变革的大趋势，着眼实现传统文化的创造性转化创新性发展的新任务，立足中国特色社会主义进入新时代的新节点，基于坚持推动构建人类命运共同体的新主张，促进文科发展的融合化、时代性、中国化、国际化，服务人的现代化目标。从中可以看出，“新文科”建设蕴含着巨大历史性机遇和紧迫的现实需要，把人类文明进步、国家振兴、社会繁荣和山大“双一流”建设密切地联系起来，我们搞好“新文科”建设，可以在“双一流”建设中实现弯道超车、后来居上、创新领先，做国际一流大学学科的引领者。其四，服务国家经济发展和地方社会繁荣。创新科技，创新经济样式，引领新的业态发展，引领新的财富浪潮，引领地方社会走向繁荣。其五，证明“二十一世纪是中国文化的世纪”。中外许多知名学者曾断言，21 世纪是中国文化的世纪、中国人的世纪，中国文化具有纠偏西方文化和引领人类文化走向美好未来的重要作用。山大就此命题可做三类工作，一类工作是理性证明这个命题，同时建立起人类文化文明走向共同体的动态模型，提供优质资讯；一类工作是在中国文化走出去的文化交流过程中，突出中国文化引领性的传播，达成全球性学术文化共识，逐步达成影响各国政治、商贸和外交的共识，减少文化隔阂与阻力；一类工作是努力实践，积极参与实现中华民族伟大复兴的中国梦，在事实层面上证明这个命题。其六，与社区开展文化共建。利用校区驻地的便利条件，与当地社区和所在城市进行文化共建活动，通过文化辐射作用，发挥山大文化引领作用。

山大实施文化引领战略，需要广泛有效的传播平台和传播方式，这种传播平台建设和学科学术平台建设一样重要，甚至，前者比后者更为重要。梅贻琦曾言，“所谓大学者，非谓有大楼之谓也，有大师之谓也”，后来的教育工作者认为，要办好大学，大师得要，大楼也得要；就当下形势看，大师得要，大楼得要，大文化更是深层次的需要。鉴此，山大要舍得投入资金，舍得投入人力、物力和精力、气力，搭建文化传播平台，做大文化的朋友圈、辐射圈。

伴随着经济全球化，文化也在全球化。人文与社会科学要取得学科学术话语权、主导权，大学要取得文化的国际引领性，必须经历一场关乎人类生存与发展问题的全球性大讨论，形成思潮，形成全球化文化运动。

参考文献：

[1][2][3] 殷海光. 中国文化的展望 [M]. 上海：上海三联书店，2002：33，35，36.

[4] 联合国教科文组织. 世界文化报告（1998）——文化、创新与市场 [M]. 北京：北京大学出版社，2000：序言.

[5] 李学勤. 十三经注疏·礼记正义（下）[M]. 北京：北京大学出版社，1999：1422.

[6] 马克斯·韦伯. 新教伦理与资本主义精神 [M]. 上海：上海人民出版社，2010：186.

[7] 胡适. 胡适文集 1 [M]. 北京：北京大学出版社，1998：20.

[8] 徐显明. 守护大学精神——山大任职期间讲演录 [M]. 北京：人民出版社，2014：4.

[9] 李学勤. 十三经注疏·论语注疏 [M]. 北京：北京大学出版社，1999：174.

创建世界一流大学还缺什么

大学都有什么？有大师，有大楼，有大树，有大学问，有大项目，有大成果……成千的教授，板凳要坐十年冷，文章不写半句空；数万的学生，书山有路勤为径，学海无涯苦作舟。社会精英出自大学之门，国家栋梁曾经大学深造。青年人对她顶礼膜拜，老年人对她赞许有加。文化思潮唤起人们觉悟，科技兴国催发经济辉煌，民族复兴推动中国崛起……大学，英文叫着 University，宇宙的学问，无所不包，无所不容。她的体量与宇宙同膨胀，她的精神共三光而永光。

然而，大学还是缺点什么，大学还是有许多未解决的问题。不然，人生就不会有那许多困惑，社会就不会有那许多问题，人类就不会有那许多危机；不然，创建世界一流大学的难度何在？大学自强不息的动力何在？

大学缺大文化

大学缺大文化，是指大学对广义的大学文化重视不够，利用大学文化传承与创新功能（大学第四功能）构建大学发展新模式、新战略，推动创建世界一流大学的动力不足。

按照问题来源和传播范畴区分，大学文化包括校园文化和社会文化两部分，或者叫狭义的大学文化、广义的大学文化。狭义的大学文化，是指在这所大学形成和传播的文化。它涵盖了大学生存与发展的历史、传统、精神和风格，也包括了大学学术、教育教学与人才培养、师生文艺生活各个层面。围绕着立德树人这个根本任务，以传道、授业、解惑、尚善为己任，一群人集结起来，探索宇宙奥秘，解答人生困惑，改善社会生态，追求道德修持和真理，这种意义的大学文化叫广义的大学文化。广义的大学文化定义突出了大学文化是大学的系统使命，与《大学》强调的“大学之道，在明明德，在新民，在止于至善”相一致，修身齐家治国平天下是对大学人落实这个文化使命的要求。具体到实际，大学必须回答和解决办什么大学、培养什么人和如何办好大学、培养好人的问题，既强调学术专业性，更强调政治立场方向性。

大学具有文化传承与创新功能（大学的第四大功能），这是中国大学的共识。众所周知，现代意义的大学起源于 11 世纪欧洲行会，以 1088 年意大利的博洛尼亚大学创立为标识，在大约 700 多年时间里，世界上的大学以“人才培养”为唯一的功能；1810 年，以德国洪堡大学提出将科学研究和教书育人同等重视为标识，大学拥有了“科学研究”第二种功能；20 世纪 30 年代，美国威斯康星大学最早将考察教授的标准与其服务社会能力结合起来，大学具备了“服务社会”的第三种功能；大学具备“文化传承与创新”功能是最近几年中国大学形成的共识。大学的每一个功能的开发利用都相应于当时的实际需要和时代主题，并为大学发展起到了带动作用；中国大学对大学文化功能的挖掘与重视，将为中国大学的发展带来持续的推动力，开辟中国大学创建世界一流大学的新模式、新道路。

所谓大学文化发展战略，是指通过促进大学文化传承与创新功能的发挥带动大学发展的战略，是与大学所处的三大时代背景密切相关的。从全球局势看，人类文明发展遇到了种种瓶颈问题：人类的物质需求与地球资源之间的矛盾，人类的健康生活与环境恶化之间的矛盾，和平与战争的矛盾，科技工具进步威力与人类道德法制约束力不匹配的矛盾，文化全球化与民族国家本土化之间的矛盾，自媒体传播方式对文化公义性的消解，等等。从国家层面看，中国的发展处于前所未有的挑战与机遇并存的复杂时期：对外，中国崛起和域外国家的围堵之间的矛盾突出；对内，社会转型期固有的经济矛盾、社会矛盾比较突出。从大学的发展角度看，除了要面对上述国际、国内形成的问题外，大学自身面临着在历史欠账多、起点低、投入相对不足的前提条件下完成创建世界一流大学的艰巨任务。大学应舍弃单靠拼指标、争奖项、碎片化、割裂化发展模式，代之以通过系统性解决问题促进大学发展的文化发展模式，在全球化、中国崛起的大趋势中寻找资源和机遇，建功立业，创建世界一流大学。

大学缺三类专家

相对而言，大学不缺院士和学科带头人，也不缺干将、能吏和实干家，缺的是思想、教育和战略类专家。

改革开放以来，大学的发展对经济社会繁荣贡献很大，值得肯定。但是，在这个过程中，大学发展也吸收了社会上的商业习气，染上了世俗化的弊病，大学变得更像一个工厂、一个经销商、一个大卖场。大学的思想深度、学术高度、博大胸怀、高尚道德、探索精神被学术指标、排行榜和广告所替代，思想家、教育家和战略家仿佛不曾来过，或者已经退出。

司马迁概括世人："天下熙熙，皆为利来；天下攘攘，皆为利往。"杜牧刻画俗世生活如"丸之走盘"："丸之走盘，横斜圆直，计于临时，不可尽知。其必可知者，是丸之不能出于盘也。"世俗之人，追逐名利，投机取巧，随缘而动，置诸网罟而不自知，身被枷锁而不自觉，被庄子戏称为"之二虫""三季人"。思想家则异于是：站得高，看得远，如任公之钓东海；身无力，心通天，如鲲鹏之徙于南冥，"水击三千里，抟扶摇而上者九万里"。超越空间，超越时间，超越万物，超越利害，超越生死，不为局部的是非曲直所困，不为流行的善恶美丑所蔽，思想家是用思想安排人类生活的人。只有思想家能找到无用之用，找到人类生存与发展的正确道路，使之不入歧途，少绕弯路。

教育家是为教育教学提供教育思想、理论、观念、制度遵循、模式设计、特色形成的文化通家。大学很容易受到世俗化影响而走向歧途，浪费人力物力财力，浪费时间。大学教育家就是掌握教育与办学规律的人，就是了解世界教育发展形势的人，就是能够把握大学与外部世界正确关系的人，是为大学提供有所为有所不为之选择依据的人。在大学的日常生活中，大学教育家能够为大学人才培养、学科建设、学术研究、服务社会、文化传承与创新等提供思想与理论指导，制度与模式设计，运行监督和质量保障。特别是对大学发展战略的制定与落实拥有权威性。

大学战略家是指能够从全球化、中国崛起和创建世界一流大学的三大趋势中找到所在大学正确的发展道路的人，吸引资源，抓住机遇，制定战略，引领潮流。大学战略家是大学文化的扛旗人，是大学百年目标发展的掌舵人，是大学新思想新理念新战略的落实者，德才兼备，文理通融，集思想家、教育家、实干家的优点于一身。大学战略家不一定是一个人，可以是一个团队、一个著名智库，或者一个影响力广泛的学派。

大学缺大精神

所谓大精神，乃是人心与宇宙同构同大同一膨胀，自强不息、厚德载物、永无止境的宇宙精神，乃是齐物齐论、齐是非、齐生死、无为无不为的道的精神。

遥想宇宙初起，无穷大能量的奇点爆炸，开启了宇宙百余亿年的演化史。热流迸发，其有阻乎？粒子组合，其有穷乎？星辰聚散，其有定乎？万物流变，其有止乎？道德规律，其可遍乎？信息澎湃，其可知乎？因缘空色诡谲奇，阴阳明暗玄冥虚。宇宙顾自膨胀，万物遽尔转变，宇宙精神乃是不可抑制的增长精神，宇宙精神乃是常变常新的行健精神，宇宙精神乃是包容万物、齐德并育的大道精神，宇宙精神乃是永无限量的发散精神。贯通了宇宙精神，大学就装上了与宇宙同一膨胀的心劲、动力，大学就拥有了与宇宙同一宽阔包容的胸怀，大学就拥有了探索宇宙奥秘的无穷视野，大学就拥有了无限可能的创造力，大学的学问才是真正的宇宙学问，大学才能真正成为开创人类宇宙文明时代的先锋。

有了大精神，就可俯瞰万物世界和人生，从中得到诸般问题的根本解。

万物为用，不在物而在人。一个苹果，既可解渴疗饥，又可启迪发现万有引力定律；一株野蒿既可作牛羊草料，又可成为治疗人类顽疾的仙葩灵芝，登顶诺奖桂冠。无用之用，其用维新，故观鸟飞而用之，人类发明了飞机；无用之用，其用在养心，藉此而有哲学、宗教、艺术与美学，心灵得以安顿，精神得以滋养；无用之用，其用在未来，今时的耕耘、培育与播种，必将成为未来时空的萌芽、开花与硕果；我们可能不知道种下去的是什么，或者长出来的有没有用，但我们要多点耐心和容量，且慢拔“草”，袁隆平还等着用这棵野草培育新的水稻。

射箭选人，人皆知中的之用，未知不中之用；物竞天择，人皆知强者之用，不知弱者之用。竞争法则的要义不在优胜劣汰，不在缔造英雄，而在于让所有人找到自己的德性和适合自己的事业，让齐白石成为齐白石，让小木匠成为小木匠，让整个事业系统处于人尽其才、物尽其用的良序状态。《中庸》说：“天命之谓性。率性之谓道。修道之谓教。”教育的本质是使受教育者找到自己的天命天性天赋，找到自己的“生命的核心”（牟宗三语），使其乐而执之，成就自己。以往的经验是，我们把工作都集中在选拔获胜者方面，而对于非获胜方不予关注，这是一种严重的偏见，很大的不公，极其严重的资源浪费，这是一种制度式漏洞陋习，埋没的人才甚于成就的人才。孔子曾为委吏、乘田、中都宰、大司寇，正是因为仕途不顺，孔子才有时间和精力授徒教学、著书立说、周游列国、推行仁学，不然，中国历史上将多一官吏而少一圣人矣。

有了大精神，就别说“不可能”。文明源自梦想，源自实践的坚持。见到鸟虫飞，人类也想飞，经历千百年的尝试，人类发明了飞机；受鱼游启发，人类发明了舟船与潜艇；电磁的发现启发出通讯文明……有种农药叫六六六，是经过 666 次试验成功的，还有类似的二百二，爱迪生发明电灯，等等。这说明什么？说明经过 n 次试验，实验者就能获得成功。这个 n 可以是 100，可以是 1000、10000，可以是千万、亿万，只要人类能够坚持，亿万次地坚持梦想并穷尽一个又一个方案，任何功能系统最终都能造就。

文化建设是从一流学科到一流大学的关键环节

请允许给大学人提两个问题：其一，生活中必不可少的电灯、电话、电脑、手机、汽车、火车、轮船、飞机，哪个是你的大学发明的？其二，人生中我是谁、我能成为谁、我从何处来、我向何处去、社会如何能更好、人类如何能更好，诸如此类的问题，你的大学解决了几个？

也许，我们可以说，我的大学建校晚，我的大学起步低、投入少、条件差。对，这是事实。也许，我们可以说，我们培养了几十万人才，为国家建设和地方经济社会发展做出了很大贡献。对，这是事实。也许，我们还可以说，我们发表了很多论文，我们获得了很多奖项，我们有不少学术指标已经达到世界一流的水准。对，这是事实。

但是，我们对于已经提出来的两个问题，拿不出可引以为傲的答复。这，也是事实。那么，寄希望于未来会怎样？大学还差什么？

《庄子·天下》曰："……天下多得一察焉以自好。譬如耳目鼻口，皆有所明，不能相通。犹百家众技也，皆有所长，时有所用……天下之人各为其所欲焉以自为方。悲夫！百家往而不反，必不合矣！后世之学者，不幸不见天地之纯，古人之大体。道术将为天下裂。"往而不反者，盖因治学用分析的路数，独持偏见，一意孤行，忘其初心，不能综合、用系统的方法解决天下的问题，是学术分科自治、碎片化、片面化带来的弊病。

加强大学文化建设是克制这个弊病的灵丹妙药。文化是人心，文化是世风，文化是族群社会的生活方式，是族群克服困难、解决问题、追求幸福的生活好尚与选择，而学术活动是文化活动的组成部分。从文化中来，到文化中去，学术问题来源及学术成果应用，出入口都是文化，文化是一切学术活动的母体。大学人的觉悟、人文情怀和责任担当都包含在其探讨问题的提取中，大学学术的目的、价值和意义也在学术成果反哺民族与社会中体现得淋漓尽致；即使在学术探究与攻关过程中，良好的文化氛围也会为学者及团队提供乐此不疲的动力和团结一致的精神；特别是，在为社区、企业、地方和国家服务过程中，大学人把大学文化传播出去，形成影响力。亚里士多德说，整体大于各部分之和，这多出来的效益正是良好文化的贡献！

近日山东大学出台的《山东大学学科建设专项改革方案》，系统梳理了山东大学学科建设面临的机遇和挑战，确立了“统筹布局，一体发展”“分层规划，差异建设”“学科引领，资源统筹”“三‘位’一体，特色发展”“拓展资源，开放办学”的改革发展思路，其中满含着思想、观念、模式、制度、机制与特色等文化建设要素，应当引起重视。我们要把学科建设当成一项系统工程，在进行学科建设的同时，加强文化建设，通过提高文化效益提高学科建设效益。

并非把世界一流学科堆起来就是世界一流大学，在一流学科和一流大学之间还差个环节，这个环节就是一流文化。优秀的文化能够保障大学人及其团队优秀的品质，能够为大学事业提供内生的自动力，能够为大学建设的高度提供系统保障。一流大学需要一流的文化旗帜，表明其人文关注与胸怀的旗帜，学术与教育特色的旗帜，一面招致所需资源与人才的旗帜，一面让人们满怀感激与敬仰的旗帜，独此旗帜，屹立着大学品格，高扬起大学精神。

如果说学科水平代表一所大学的智商，那么，文化水平就代表一所大学的情商，只有智商和情商协调发展，大学才能在全球化、中国化和创建世界一流大学的大趋势中，找到大的发展机遇，找到更加优良的资源，吸引更多的世界级人才，以指数增长的方式，超常规发展。真正的世界一流大学应该是时代文化的领风者，人类文明的创新者，它会因为解决了人类生存与发展中的难题而赢得世界人民的尊重。

积极参与文化引领战略的实施

2020 年 9 月 3 日，山东大学党委发布了《山东大学文化引领战略实施纲要》，号召全面实施文化引领战略。此前召开的有关会议指出，中华民族伟大复兴的根本是文化的复兴，世界一流大学建设的根本是文化的建设，山东大学实现“由大到强”历史性转变的根本是文化的历史性发展。大力实施文化引领战略，是我们必须肩负的重大政治责任，是担承文化使命、增强文化自信的生动实践，是建设一流大学、实现“由大到强”的重要内涵，是彰显办学初心、培育时代新人的必然要求。有关会议强调，文化引领战略在学校“六大战略”布局中居于统领地位、发挥基础作用，具有先进性、引领性的山大文化以及由此形成的广泛山大自信、山大共识，是我们建设世界一流大学的最大禀赋优势和最强驱动力量。

文化是个外来词，英文与法文皆作 Culture，其词义源于拉丁文 Colere，本义是耕作和植物培育，后来引申到精神领域，有化育心灵、智慧、情操、风尚等意思。由于文化概念具有历史性、民族性、社会性和生活方式的多样性，东西方学者给出的文化定义数以百计，各有强调。概括而言，文化包含的要素是，群体的共同的生活方式，有共同的信仰、价值观、语言、好恶和生活蓝图，因为有效解决了相同的生活问题而被广泛采纳形成传播；不同族群和社群的文化有差异。

微观而言，文化即人心，文化即人化。个体的信仰、三观、道德操守、良知良能、情感倾向、偏好偏嗜、理想梦想、方式方法，无一不受文化的濡染，择其善者而从之、而守之，择其不善者而改之，安身立命，以成善我。宏观而言，文化构成了群体的社会的人文环境。一个群体因为共同的事业构成一个目标共同体、价值共同体、命运共同体，并因为各种岗位需要而形成人财物诸多资源协同运作的完整的事业系统，形成一个人文环境，获得 1 +1 >2 的系统增益。理想的文化系统能够保障每个成员人尽其才，发挥其天赋天性天才，获得公平的利益，实现其人生价值的最大化，给人以最佳的获得感、实现感、幸福感、归宿感，使之成为最好的自己；同时系统效益最大化。总体而言，文化既是生产关系，文化也是生产力；文化既是软实力，文化也是硬实力。因为文化牵扯到人，而人是生产力、生产关系中最活跃并起决定性作用的要素，故文化既是生产力，也是生产关系。无论软实力还是硬实力，都是由人和人群产生并使用的，故组织人群产生软实力和硬实力的文化成为一个群体两种实力的决定因素。

大学文化是这所大学在办学过程中形成的。具体来说，是在这所大学的人群中形成和传播的文化。它涵盖了大学生存与发展的历史、传统、精神、风格、特色和实践多种因素，也包括了大学学术、教育教学与人才培养、师生文艺和精神生活各个层面；大学文化还包括大学对外部群体和社会产生影响的部分。

表面上看，一流大学的文化就是一流大学文化，其实不然。相比较而言，一流大学通常强调办学的指标性，某一阶段处于世界领先水平的大学就是一流大学；而一流大学文化是更长期的、更具系统性、更有广泛性的一流影响力，大学的某些办学指标会有波动性，但一流大学文化能保障大学办学水平长期处于先进行列。没有一流大学文化，出于偶然性巧合，大学的一些指标会达到一流大学水平，但不稳定、难长久。所以，一流大学文化是一流大学生存与发展的根本保障，是系统的总体的长期的保障。一流大学建设的过程中，一定要特别重视一流大学文化的建设，实施文化优先建设、文化引领战略。梅贻琦所谓“大学之大，非大楼之谓也，乃有大师之谓也”，现在看，大师大楼都重要，完善起来讲，大学之大，乃有大文化之谓也。

文化具有自发性，即人民群众在伟大的实践中自发产生的解决问题的好的思想观念、方法经验，并得到了普遍接受。如五四运动、真理标准大讨论、小岗村家庭联产承包责任制等，都曾领风气之先，对不同时期的民族进步事业起到了重大的促进作用。如何用好文化的自发性，为山大的文化建设、文化引领战略实施服务？一个重要的原则是，以人为本，调动广大师生员工参与文化建设的积极性创造性，形成多点萌发、多层次开花、全方位结果、全时空传播的大好局面；提高山大人对山大文化建设与传播的自觉性、主动性和贡献度，缩短应然与实然之间的差距，以优秀的文化育化人、团结人、吸引人、感召人、成就人；特别重视引进人才的文化“萃取”，通过引进人才，引进文化，不断总结团队经验，不断探索创新制度与方法，允许试验、允许失败，包容不同特色，长远对待科研与应用产出，梯次化立体设计办学体系；坚持从群众中来到群众中去的方针，管理工作者要深入群众，联系群众，拜群众为师，获得深藏在人民群众中宝贵的经验、智慧和民心民意，使之成为文化建设的增长点、推动力。

如何贯彻落实文化引领战略

2020 年 9 月 3 日，山东大学党委下发了《山东大学文化引领战略实施纲要》（以下简称《纲要》），号召山大全面实施文化引领战略。山大在《纲要》讨论与落实部署等有关会议中指出，中华民族伟大复兴的根本是文化的复兴，世界一流大学建设的根本是文化的建设，山东大学实现“由大到强”历史性转变的根本是文化的历史性发展。文化引领战略在学校“六大战略”布局中居于统领地位、发挥基础作用，具有先进性、引领性的山大文化以及由此形成的广泛山大自信、山大共识，是山大建设世界一流大学的最大禀赋优势和最强驱动力量。山大实施文化引领战略是发挥大学文化功能办学的升级版——依靠大学文化引领吸引有志人才、争取优质资源、寻找高效动力、促进学科融合创新、形成新的办学特色、综合发挥大学四大功能、提高办学质量和效益，实现“双一流”建设的“弯道超车”。这是一场伟大战略引领的伟大实践，是 120 年山大更上一层楼新的建设周期的新起点。

实施文化引领战略，必须回答好引领谁、引向何处以及如何引这三个基本问题。《纲要》中有要求，也有需要进一步明确的问题，如要弄清大学文化与社会文化的关系，进而确定大学的文化方位和使命担当，寻找到大学发展的新的资源和动力。依照大学文化的影响范围划分，大学文化有内外之别，山大文化的学校工作引领性，《纲要》阐述比较具体充分；山大文化对外的引领性，需要进一步探讨。

大学存在于社会之中，大学的办学资源来源于社会，大学的产出也要投放于社会，大学的生存发展、办学效益、办学价值、社会影响力等诸多问题都和它所在的社会具有千丝万缕的联系，大学文化与社会文化关系复杂，彼此影响，需要厘清，避免庸俗文化倒灌，避免大学行政化、功利化、工厂化、庸俗化。

山东大学原校长徐显明教授认为，“政治的权威在政党，管理的权威在政府，公正的权威在法院，资本的权威在企业。大学区别于上述机构的本质特征是：它是知识的权威、学术的权威、思想的权威、文化的权威和道德的权威”（徐显明著《守护大学精神——在山大任职期间讲演录》），这是大学区别于社会的显著特征。在世界大学的历史上，博洛尼亚大学首创了人道主义文化；洪堡大学（柏林大学）首创了科学文化；法国索邦大学等参与起草的《拿破仑法典》引导了权力文化的兴起；北京大学发起的五四运动、新文化运动以及推动马克思主义在中国传播等都对中国和世界产生了巨大影响，开创了新文化的历史时期。当下，中国的大学文化属于社会文化的组成部分，是社会文化中较具先进性的那一部分。坚持以习近平新时代中国特色社会主义思想为指导，进一步增强“四个意识”、坚定“四个自信”、做到“两个维护”，坚持社会主义办学方向，加强党对文化建设的全面领导，贯彻党的教育方针，践行“四个服务”，落实立德树人根本任务，是大学文化存在与发展的前提。在这个前提下，大学在社会文化、全球文化建设中要有使命担当，做出积极贡献，在某些方面起到引领作用。

分科治学，合科治世。大学先进文化的引领性必须在治国平天下层面上有所表现，探讨最困难问题的解决之道，为复兴民族、造福人类集聚力量。对于山大来说，要发挥自身优势形成相关领域的文化引领性。其一，发起中国优秀传统文化的复兴运动。利用“文史见长”的学科优势力量，《文史哲》等刊物人文影响力，校内外媒体平台的传播影响力，博物馆、中华文化体验馆等重要场馆，文学生活馆大型读书推介活动等，立体构建中国优秀传统文化研究应用推广体系；着力构建有中国底蕴、中国特色的思想体系、学术体系和话语体系；古为今用，结合新时代文化命题，发起中国优秀传统文化的复兴运动。其二，构建文化传播与交流的国际平台。民族伟大复兴的中国梦和建设有中国特色的世界一流大学的山大梦的实现，需要中华文化走出去，需要山大文化走出去，走上世界的舞台，走上世界教育、学术与文化的舞台，传播中华文化，传播山大文化；提出人类生存与发展问题的山大解决方案，提出解决各种危机的思想主张、道路方法，为应对百年未有之大变局、构建人类命运共同体、全球治理做出山大贡献。其三，搞好“新文科”建设，为新文化提供新资源和新动力。有关专家指出，中国建设“新文科”的核心要义是，顺应新科技革命和产业变革的大趋势，着眼实现传统文化的创造性转化创新性发展的新任务，立足中国特色社会主义进入新时代的新节点，基于坚持推动构建人类命运共同体的新主张，促进文科发展的融合化、时代性、中国化、国际化，服务人的现代化目标。从中可以看出，“新文科”建设蕴含着巨大历史性机遇和紧迫的现实需要，把人类文明进步、国家振兴、社会繁荣和山大“双一流”建设密切地联系起来，我们搞好“新文科”建设，可以在“双一流”建设中实现弯道超车、后来居上、创新领先，做国际一流大学学科的引领者。其四，服务国家经济发展和地方社会繁荣。创新科技，创新经济样式，引领新的业态发展，引领新的财富浪潮，引领地方社会走向繁荣。其五，证明“二十一世纪是中国文化的世纪”。中外许多知名学者曾断言，21 世纪是中国文化的世纪、中国人的世纪，中国文化具有纠偏西方文化和引领人类文化走向美好未来的重要作用。山大就此命题可做三类工作，一类工作是理性证明这个命题，同时建立起人类文化文明走向共同体的动态模型，提供优质资讯；一类工作是在中国文化走出去的文化交流过程中，突出中国文化引领性的传播，达成全球性学术文化共识，逐步达成影响各国政治、商贸和外交的共识，减少文化隔阂与阻力；一类工作是努力实践，积极参与实现中华民族伟大复兴的中国梦，在事实层面上证明这个命题。其六，与社区开展文化共建。利用校区驻地的便利条件，与当地社区和所在城市进行文化共建活动，通过文化辐射作用，发挥山大文化引领作用。

以三类问题为抓手　落实文化引领战略

落实好文化引领战略，有几类问题需要提出来，思一思、想一想、解一解。第一类问题是能否抓住实现中华民族伟大复兴的中国梦所带来的战略机遇问题。大学也要胸怀两个大局，一个是中华民族伟大复兴的战略全局，一个是世界百年未有之大变局。应对两个大局同时为大学的发展提出了要求，带来了新的机遇与挑战，带来了新的竞争。能否在为国家图富强和为人类谋和平的伟大实践中做出突出贡献，成为检验大学文化引领战略实施成色的关键。

第二类问题是处理好学院派学术、教育与新学术、教育的关系。儒学高等研究院执行院长兼《文史哲》主编王学典先生在近期发表于《山东大学报》“稷下广语”栏目探讨“新文科”建设的谈话中分析了大学学术在“新时代”应该采取的新转变：应该看到，学术界的内外形势，现在均已发生深刻而巨大的变动，不管是否自觉和自愿，当下哲学社会科学的每个学科都在重建与现实的联系，与政治的联系，与意识形态的联系；而更加强调学以致用，可能将会成为未来“新文科”的突出特征。王学典先生的观察非常准确，且极具战略转变的参照意义。新工科、新医科、新农科、新文科“四新”学科建设，足够形成大学新的学术及教育格局，转变慢的会掉队，转变快的会领先，但需要探索，需要处理好两种学术的关系，处理好两种教育的关系。

第三类问题是选题与组织问题。大学要落实好文化引领战略，必须对大学的人才、学科、人力、物力、财力资源统筹安排，有所为，有所不为，选择合适大学解决的文化难题，进行高效的组织，集中力量办大事，做深、做透、做好。文化要解决的问题是具有时代性、普遍性、综合性、复杂性的问题，如一些人生的问题、社会的问题、国家的问题、人类的问题等问题，解决难度很大。因此，起文化引领作用的文化应具有时代先进性、国际先进性和系统综合优势，是被优化了的优秀文化，须经得起实践检验和历史检验。大学里单独的学者、学科、课题或项目都难以胜任解决综合性很强的文化问题。要解决诸如社会问题、国家问题、人类问题之类的文化问题，需要大学师生同心同德，合科合力，共襄盛举。这需要学校层面的组织与发动，需要学校与社会、国家、国际机构之间的协调互动。

审时度势　尽心国是

美国次贷危机引发的金融危机、经济危机给世界的局势带来新的变数。审时度势，不难发现，2008 年，这是一个历史长河里的时间窗口，这是一个伟大民族高速成长的时间窗口，这是关乎人类文明走向的时间窗口。

2008 年对中国是个极不寻常的年份。春节前后的江南大雪，5 月 12 日汶川大地震，百年不遇的自然灾害接踵而至。值得自豪的是，恰恰在这样艰难的条件下，我们分别在 8 月、9 月举办的北京第二十九届奥运会和北京第十三届残奥会都取得了圆满成功；9 月 25 日至 28 日，神舟七号载人航天飞行取得圆满成功。

大灾大难是对国力、国民的总考验。胡锦涛同志在全国抗震救灾总结表彰大会讲话中指出，我们组织开展了我国历史上救援速度最快、动员范围最广、投入力量最大的抗震救灾斗争，最大限度地挽救了受灾群众生命，最大限度地减低了灾害造成的损失。坚决战胜这场灾害，保护人民生命财产安全、保卫改革开放和社会主义现代化建设成果，是对中国人民意志、勇气、力量的严峻考验，也是对我们党执政能力和先进性的重大检验。实践证明，我们经受住了考验和检验。

多难兴邦，温家宝同志说出了人民的心声，道出了历史发展的辩证规律。翻阅历史，无论是中国历史还是世界历史，不难发现一个共同规律，每一个伟大的民族都是从苦难中崛起的，都是从与灾难的抗争过程中增强凝聚力、提高创新力、砥砺意志品质发展壮大起来的。英国著名历史学家汤因比认为，文明的诞生、成长、辉煌都是适度挑战和选择正确应战双重作用的结果。种种大灾恰恰构成了对当下社会的适度挑战，由此而激发出的民心、民爱、民智、民力和社会应激反应等都经受住了考验。

北京奥运会和残奥会的成功举办，塑造了中国国家、中华民族、中国国民的新的文化形象，让亲见的事实告诉世界中国的真实，并赋予和谐世界理念以实践意义。大国将起，协和万邦，两个奥运给我们提供了这个契机和舞台。神舟七号载人航天飞行圆满成功，实现了我国空间技术发展具有里程碑意义的重大跨越，标志着我国成为世界上第三个独立掌握空间出舱关键技术的国家，对于增强我国经济实力、科技实力、国防实力和民族凝聚力，鼓舞全党全国各族人民夺取全面建设小康社会新胜利、开创中国特色社会主义新局面具有重大而深远的意义。

当下，由美国次贷危机引发的金融危机、经济危机有蔓延世界之势，我们必须高度清醒，应对好此局。当下的局面给了我们很大的运作空间，首先是自保，确保我们的金融和经济少受冲击，获得一个相对增长优势。其次是参与世界金融、经济的救助工作，担承大国责任，进一步融入世界经济，在全球经济一体化的语境中取得较大的发言权。

势力决定发言的份量。中国对于人类文明的价值取舍、发展方向、发展方式等都有自己的见解，关键的问题是我们还没有取得人类文明何去何从的引导权。现在，世界局势带来了新的挑战和新的机遇。值得自信的是，历经经济开放的种种考验，历经 2008 年种种大事件的考验，我们业已具备了推动大国崛起的能力，积聚了民族复兴的更大的动力。

大学要有大责任、大担承、大智慧和大眼界。特别是对于研究世界经济、政治、文化的学者而言，责任意识的提升、使命感的唤起都有了急迫性；而学术研究、学术选题、学术投入等种种学术活动也应该有所侧重、有所行动。青年学者和广大学生也应该在应对当下的局势中投入更多的激情和智慧。无论对人类文明的走向，还是对世界局势的判断，大学必须竭诚尽力。2008 年是一个关键的时间窗口，我们必须打起精神，审时度势，尽心国是，创造伟大民族复兴的良机。

一流胆识是创建一流大学的首要品质

一流大学的创建是个曲折艰辛而复杂的过程。诸多困难，诸多瓶颈，诸多变幻，诸多挑战，需要大学具备诸多优良品质来应对，而一流胆识是创建一流大学的首要品质。

创建一流大学的关键是创。有一个事实往往容易被人们忽略：这个事实是，一流大学，不是先有主观意念，而是先有客观事实。换而言之，一流大学是被外界认可的，这意味着它已经有了一流大学的事实，在多个领域有着广泛而深刻的影响力。我们还不是一流大学，这意味着我们没有一流大学的影响力，我们要建设一流大学，我们是个后来者，后来者居上，就必须创字当头，创新、创造、闯关、超越、立极，创出一个新格局来。

要敢闯、能创，就必须有胆识。五四运动和新文化运动开创了中国历史与中国文化的新纪元，翻开了中国知识分子影响中国命运的新篇章，树立了中国大学改变民族命运的光辉典范。评价五四运动和新文化运动有很多话说，要紧的是北大、清华的胆识，他们敢为天下先的勇气。正是因为五四运动和新文化运动的成功，北大和清华在中国乃至世界范围内产生了广泛而深刻的影响力，奠定了两所大学成为中国大学两面旗帜、两块阵地的地位。

比较而言，缺乏胆色是世界各大学的通病。没有足够胆色的催动，大学的一切活动便失去了张力与生机，大学的表现力和影响力都减弱了，知识和学术少了良心与责任，多了工具性与功利性。大学无法为它的社会做出价值判断，大学也无法为文化的走向做出选择，大学真正被边缘化了，大学从文化与文明的中心走向社会与人类的边缘。

孔夫子的伟大尽人皆知，后人学习他的学说、他的道德、他的教育教学方法、他的精神等，但是很少有人关注他的勇，学习他的胆色。孔夫子创立仁学，这是第一步，后面的问题是聚徒讲学，是游说列国，传播仁学，推动仁学的应用。限于当时时局的混乱，孔子之学未得大用，但是，因为孔子弟子众多，加上游说列国 14 年的影响，孔子之学得以发扬。佛教、基督教、伊斯兰教能成为今日世界的三大宗教，其创立者大智大勇的传教居功至伟。希腊三贤苏格拉底、柏拉图、亚里士多德都是以胆识过人而著称的人。当下，学人缺乏大爱，缺乏人文情怀，更直接的是缺乏胆色，缺乏敢为天下先的勇气。

即使做学问也需要有胆色，也需要有胆识。胡适先生有个著名的口号叫“大胆假设，小心求证”，说的是学术探索和学术立论的一般规律。20 世纪 50 年代初，钱思亮在私下对胡适先生说，学理、工、农、医的人应该注重在上一句话“大胆假设”，因为他们都已养成了一种小心求证的态度和习惯了；

至于学文史科学和社会科学的人，应该特别注重下一句话“小心求证”，因为他们没有养成求证的习惯。胡适说，这个意思，我大体赞成。

著名物理学家史蒂芬·霍金在接受美国著名知识分子视频共享网站 Big Think 访谈时称，地球将在 200 年内毁灭，而人类要想继续存活只有一条路：移民外星球。毫无疑问，这是一个“大胆假设”，是关于人类未来命运的大假设。接下来的问题是“小心求证”，让全人类都来面对这个假设，求证这个假设。大学必须在求证的路上走在前列，必须放胆去承担种种前所未有的挑战。

在地球没有毁灭之前，在人类没有摆脱种种困境之前，天下依旧有很多道义需要大学的铁肩。当地球所能提供的维持人类当下文明生活的资源越来越少的时候，当各民族国家、各文化圈之间的利益冲突、价值冲突、信仰冲突越来越激烈的时候，当环境污染日益严重、气候异常成为常态、自然灾害频频发生，“生存还是毁灭”成为人类的共同命题。大学必须先于其他机构来面对这个命题。当人们面对天大的困难保持沉默的时候，大学或许应该以超人的胆识洞悉先机，迎接挑战，大胆承诺说——让我来。

抓住“新文科”建设的历史机遇

《中国大学教学》2020 年第 5 期刊发了山东大学校长、教育部新文科建设工作组组长樊丽明教授的文章《“新文科”：时代需求与建设重点》，文章阐述了“新文科”的核心要义，

“新文科”建设的融合化、时代性、中国化、国际化，“新文科”建设的重点任务。文章高屋建瓴，方向明确，内涵丰富，对“新文科”建设具有切实的指导意义。“中华读书报”微信公众号6月4日刊登了采访山东大学儒学高等研究院执行副院长、《文史哲》主编王学典教授的文章《王学典 | 何谓“新文科”?》，探讨“新文科”的内涵、“新文科”与“旧文科”的关系、“新文科”与第三次学术转型的关系、“新文科”与新时代的关系、“新文科”建设中应注意的问题等。王学典教授提出“新文科”建设的一个主张是“弱化学科，突出问题”，可谓切中要害、一语中的。特别地，两位学者的见解对于促进山大“文史见长”又见长，对于山大人文学科的交叉融合创新发展，对于山大抓住“新文科”建设历史机遇促进山大人文学科繁荣发展，大有裨益。

什么是“新文科”？什么是“新文科”建设？怎样进行“新文科”建设？两位学者都有探讨，都有主张。

什么是“新文科”？“新文科”和“旧文科”有何区别？王学典认为，所谓“新文科”和“旧文科”之间的差异，应该是中国特色学科体系和西方化学科体系之间的差异。以中国特色哲学社会科学为核心内容，即在一定程度上反映、呈现和包含中国经验中国材料中国数据的文科，就是所谓的“新文科”。王学典进一步指出，新旧文科的第二大差异是，“旧文科”特别强调“分科治学”，而“新文科”格外追求“学科融合”；新旧文科的第三大差异是，“新文科”更加突出问题，更加强调以问题研究为中心。王学典通过分析，提出了“未来‘新文科’建设的重心就是弱化学科，突出问题”的主张。

樊丽明在文章中概括说，“中国建设‘新文科’的核心要义是，顺应新科技革命和产业变革的大趋势，着眼实现传统文化的创造性转化创新性发展的新任务，立足中国特色社会主义进入新时代的新节点，基于坚持推动构建人类命运共同体的新主张，促进文科发展的服务人的现代化目标。新文科建设的重点在于新专业或新方向、新模式、新课程、新理论的探索与实践。”这个概括明确指出了“新文科”建设的背景需要、出发点、使命担当、建设重点和建设目标，回答了学术与教育界对“新文科”建设的核心关注，令相关方面筹谋有谱，行有方向，应该成为中国高校“新文科”建设的指南，曾经以“文史见长”的山大更应该在“新文科”建设中起带头作用、示范作用。

笔者非常赞同两位教授的分析、观点和主张，特别是关于“新文科”建设应注重从解决实际问题中获得资源、动力和目标的主张，“新文科”建设注重融和的思路，“新文科”建设要和新时代同步的主张，寓“融合化、时代性、中国化、国际化”于“新文科”建设的统一体中。

哲学和科学都认为，物质是无限可分的，事物的区别也可以无限进行下去，影响事物变化及其结果的因素可无限分析。这些认知导致了学科的分化，从宏观到微观，几乎可以不断分解下去。毫无疑问，这种脱胎于西方科学分析分化以及西方工业经济分工分化的学科分解发展的路数，符合客观事物属性和人类需要，产生了巨大的文明推动力，创造了近代西方文明，强盛至今。但，这种分析分化的路数并不是学科发展的唯一路数，而且西方文明业已显露出种种弊端，导致了人类生存与发展的重重危机。学科发展还有综合的路数，还有交叉融合的路数，还有从解决实际问题中获取资源与动力的路数，而且这些路数发展出来的学科更具人文情怀和人类道德性，更具连续性、综合性、整体性，代表了文明融合发展、整体优化和可持续进步的发展方向。这些学科发展的新路数，恰恰是中国人文学术的专长和特色，需要在“新文科”建设中传承创新，发扬光大，结成硕果。

著名学者季羡林先生认为，西方文化是分析思维，这种分析思维就是抓住物质一个劲儿地分析下去，一直分析到基本粒子，这种分析思维最大的弱点是只见树木不见森林。他认为，东方文化，尤其是中华优秀文化，是综合思维。他认为，所谓综合思维可以归结于两点：一点是整体的观念与普遍联系的观念；另一点是既见树木又见森林。季羡林先生提出一个著名的文化论断：三十年河东，三十年河西；以前是西学东渐，到了21 世纪，将是东学西渐，西方文化将逐步让位于东方文化，人类文化将进入一个新的时期。文化如此，作为文化骨干与筋腱血脉的人文学术亦如此。分析是为了了解因果关系、作用机理机制，增强可控制性，增强获取标的的准确度和成功率。分析只完成了学术与技术的一半——知其然与所以然，还有另一半是应用，用于人类生产与生活的需要，去解决个体的人生问题、群体的社会问题、人类总体的生存与发展问题。这种应用显然不是纯粹的器用层面的，还有心理情感与精神意志的形而上学层面的。牵涉到人文问题，就应该用连续的、综合的、整体的中国式思维，中国的学术精神——民胞物与、中庸之道、和实生物、天人合一等，进行高级思维。西方科学讲究把人和物、人和自然分开研究，追求物化系统效率最大化、利润最大化。但是，这容易导致“竭泽而渔”“零和游戏”“丛林法则”“马太效应”、资源危机、环境危机、道德危机、战争危机、生存危机等诸多问题。中国的中庸之道把西方的“客观系统”改进了，增加了人的因素、和的法则，讲究共赢之道，追求人与环境的和谐、文明的可持续发展，全面优于西方“唯我最优”的追求目标。中国学术、中国文化的优势已经为许多中外学者共见，构建人类命运共同体逐渐成为人类的共识。

事实上，早在2000多年前，战国时期的庄子已经发现了“天下之人各为其所欲焉以自为方”造成学术分裂、碎片化、专门化、门户化、“百家往而不反，必不合矣”的弊端。《庄子·天下篇》说，“天下大乱，贤圣不明，道德不一。天下多得一察焉以自好。譬如耳目鼻口，皆有所明，不能相通。犹百家众技也，皆有所长，时有所用。虽然，不该不遍，一曲之士也。判天地之美，析万物之理，察古人之全。寡能备于天地之美，称神明之容。是故内圣外王之道，暗而不明，郁而不发，天下之人各为其所欲焉以自为方。悲夫！百家往而不反，必不合矣！后世之学者，不幸不见天地之纯，古人之大体。道术将为天下裂。”今天的分科治学，学术注重论文不注重实际问题的解决，不注重与“内圣外王之道”相合发展，以至于脱离社会、脱离时代的“闭门造车”“瓦釜雷鸣”学术腐败现象屡有发生。一个学者发上百篇论文、出十几部专著，解决了什么问题呢？其文其著比起5000多字的《老子》、1万多字的《论语》价值几何？反过来想，能不能从这么多的学术成果积淀中凝练或者扩充形成一门或几门新学科呢？

毫无疑问，“新文科”建设注重从解决实际问题中寻找学科问题、思想、理论、方法、学科发展动力，既包括服务国家需要、社会需要、人类文明发展需要，也包括服务地方、社区、企业需要，也包括服务个体人生的需要，解决人生疑难问题。所谓修身齐家治国平天下，每一个层次的服务都不能少，每一个层次的问题解决都足以刺激一门新文科的诞生。假如山大服务山东很好地实现了新旧动能转换，山大服务济南尽快实现“大强美富通”现代化国际大都市目标，山大服务企业成长为像华为和苹果一样的企业，或者引导人工智能产业化替代了大部分人类的体力劳动，将人类从必须劳动的限制中解放出来，帮助人的发展实现了从“必然王国”到“自由王国”的目标，这其中涉及的人文问题资源是不是足够刺激创新出很多门新文科？

如何评价“新文科”的建设效果？或者，我们建设的“新文科”是好的，还是坏的？标准是什么？两篇文章未做讨论。笔者主张，还是要回到实践检验，重提“实践是检验真理的唯一标准”这个标准，去检验我们建设的“新文科”解决人生问题、社会问题、中国问题——解决中国人的现代化问题的效果，去检验应对世界“百年未有之大变局”、促进中华民族伟大复兴的中国梦的实践效果，去检验应对能源危机、资源危机、环境危机、气候危机、疫病传播危机、贫富分化危机、道德危机、战争危机等全球性问题的效果，去检验解决构建人类命运共同体问题、全球治理问题、人类和平可持续发展问题的效果，用事实说话，用效果说话，让人民评价，让人类评价。

勇担强校兴国使命　突出文化引领作用

2019年9月29日，山东大学领导班子“不忘初心、牢记使命”主题教育第二次集中学习研讨会举行。校长樊丽明在题为“勇担强校兴国时代使命，提升服务国家战略能力”的领学发言中指出，要担负好强校兴国这一时代使命，就必须坚守“为天下储人才，为国家图富强”的办学宗旨，在扎根中国大地、融入国家战略中积极探索建设中国特色世界一流大学的山大道路。樊丽明进一步提出，找准服务国家战略的山大路径，关键突出三个“着力点”，其中第二个着力点是突出文化引领作用。要为中国特色哲学社会科学培育“山大学派”，为社会主义先进文化建设贡献山大智慧，为中华文化走出去贡献山大力量。

怎样才能将山大创建一流大学和强校兴国时代使命担当有机结合起来？笔者认为，樊丽明校长提出的突出山大的文化引领作用，为中华文化走出去、构建人类命运共同体、参与引导全球治理贡献山大力量，是个很好的结合点、着力点。

习近平总书记在纪念孔子诞辰2565年国际学术研讨会上的讲话中指出：“世界上一些有识之士认为，包括儒家思想在内的中国优秀传统文化中蕴藏着解决当代人类面临的难题的重要启示，比如，关于道法自然、天人合一的思想，关于天下为公、大同世界的思想，关于自强不息、厚德载物的思想，关于以民为本、安民富民乐民的思想，关于为政以德、政者正也的思想，关于苟日新日日新又日新、革故鼎新、与时俱进的思想，关于脚踏实地、实事求是的思想，关于经世致用、知行合

一、躬行实践的思想，关于集思广益、博施众利、群策群力的思想，关于仁者爱人、以德立人的思想，关于以诚待人、讲信修睦的思想……”

传承儒家思想，创新儒学应用，是将包括儒家思想在内的中国优秀传统文化和现实问题结合起来，寻求世界难题中国解的创新之举，有助于形成中国高等教育引领世界教育的新潮流，对高校“双一流”建设整体格局有利。传承儒家思想，创新儒学应用，特别要用好孔子的世界性影响力。孔子是世界公认的伟大的思想家、教育家和政治家，儒家学派的创始人，他被联合国教科文组织评为“世界十大文化名人”之首。世界诺贝尔奖得主在一次集会中得出的共识是“人类如果要在21 世纪生存下去，必须回头 2500 年，去吸取孔子的智慧”。英国著名历史学家汤因比指出，到了 21 世纪，人类会因为过度的自私和贪婪而迷失自己，科技手段将会毁掉一切，加上道德沦丧，信仰疲乏，心灵空虚，世界必将出现空前的危机；要拯救三大生存危机，唯有中国儒家孔孟之道，所以 21 世纪是中国人的世纪。

传承儒家思想，创新儒学应用，是涉及立德树人、文化引领、国际交流、学术研究、学术创新、人才培养多层面的系统工程，必须进行顶端设计、科学谋划。近日获教育部批准建设的山大“儒家文明省部共建协同创新中心”，在设计总体发展目标上就很有典型性。“儒家文明省部共建协同创新中心”建设的三大目标包括建成世界一流儒学重镇、儒家文化“两创”基地和国家文化发展战略智库，是基础性理论研究和应用性功能发挥的有机结合体。如，发掘儒家文明的现代价值，加强中华优秀传统文化的研究阐释，对作为社会发展理论的儒学的一系列命题进行创造性转化和创新性发展，并对接到现代思想框架和知识范式中来，进而重构中国社会科学理论体系和知识体系，实现从对西方理论的模仿到中国创造的升级，为国家治理提供基于传统的智慧；如，探索中华传统文化与马克思主义、西方文化的融合之道，为深入实施中华文化走出去战略、推动世界文明交流互鉴建言献策，等等。

传承儒家思想，创新儒学应用，关键是从儒家思想中吸取大智慧，解决世界性难题。习近平总书记指出，“中国优秀传统文化的丰富哲学思想、人文精神、教化思想、道德理念等，可以为人们认识和改造世界提供有益启迪，可以为治国理政提供有益启示，也可以为道德建设提供有益启发。对传统文化中适合于调理社会关系和鼓励人们向上向善的内容，我们要结合时代条件加以继承和发扬，赋予其新的涵义。希望中国和各国学者相互交流、相互切磋，把这个课题研究好，让中国优秀传统文化同世界各国优秀文化一道造福人类。”面对当下世界“百年未遇之大变局”，要从儒学体系中寻求解决道德沦丧、信仰疲乏、心灵空虚的良方，寻求解决资源危机、环境危机、发展失衡危机、文化危机、战争危机的良方，解决人类生存与发展中的难题。

传承儒家思想，创新儒学应用，需要一场伟大的文化传播实践。与孔子周游列国相似，大学应当提倡全球性的游学交流。据史载，孔子曾从当时的鲁国出发，先后到过卫、曹、宋、郑、陈、蔡、楚诸国，共 14 年，每到一地，必问政事，必察民风，向诸侯宣传政治主张，传播儒学。当下，在经济与文化全球化背景下，在中国崛起的大势下，我们更应该学习孔子游学的模式，深入各国各地，考察文明文化，经世致用、知行合一，解决实际问题；发扬“礼之用，和为贵”“和实生物”“和而不同”“协和万邦”的“和文化”精神，传播中国文化，共建和平世界。

我们应当如何面对世界陈述

2014 年 6 月 25 日，《文史哲》英文版 Journal of Chinese Humanities 首发式暨“方法与路径：中国文化如何走出去”学术研讨会在青岛举行。此前，第三届世界尼山论坛在山东大学举行，“在文明对话中培养人类福祉之责任意识尼山协定”同期发表。加上 2015 年 8 月份在山大举办第 22 届国际历史科学大会，山东大学人文社会科学走向世界的良好局势逐渐形成，对于山东大学学科发展、人才培养、创建世界一流大学、在中华民族文化复兴中的责任担当等都将产生积极的影响。

面对中国崛起所引发的种种问题，面对当今世界复杂多变的局势，面对当下人类生活方式所带来的生存与发展危机，作为山大学人、中国学者，我们应当如何面对世界陈述？解决资源匮乏问题、环境污染问题、气候异常问题、自然灾害频发问题、粮食生产与人口增加问题、经济增长与文明进步负相关问题、地区发展不平衡问题、生活方式转换问题、人类走向何方问题，我们有何良策？避免文化冲突，避免零和游戏，避免世界大战，我们能否提出自己的理论、方法与目标？关于人类文明发展，我们能否构建一种新的模式？先贤们曾预言，21 世纪是中国文化的世纪，21 世纪的中国文化是什么？以上问题值得深入探讨并亟待解答。

《文史哲》主编王学典教授表示，《文史哲》英文版的创办意义在于，希望在世界文明对话等重大问题上，让西方主流学术界更多地听到来自中国学者的声音。“世界需要了解中国。中国正在崛起，并日益成为世界新的中心。与历史上所有其他大国的崛起一样，中国崛起必将引起世界文明秩序的重构。在全球化背景下，中国的崛起同时也更意味着中国的世界化。”

中国崛起，既意味着经济与军事等硬实力的崛起，也意味着政治与外交等文化软实力的崛起，两者相辅相成，成为当今世界发展的新势力。崛起意味着担承责任，厘定是非，促进和平，促进繁荣，引领进步，对世界局势和重要事务产生重大影响。但是，中国崛起会引起一些国家恐慌，会引来一些国家的阻挠。霸权主义国家不愿看到我们崛起，纠结一些国家制造事端，围堵我们。

国家之间硬实力冲突根由是缺乏文化信任，对对方发展的目的以及发达之后的作为缺乏信任。在世界史上，群雄追鹿，弱肉强食，大国崛起无不以别国的衰落为代价，这叫丛林法则，这叫零和游戏。这也是西方文明的基本逻辑。中国崛起，他们也开始喊“狼来了”！我们说，中国崛起是和平崛起，他们不信。

所以，除了语言翻译这个难题之外，中西文明价值体系的融通和学术理路的对接也成为一大难题。正如有的学者所言：“幅员辽阔且蕴含着巨大能量的中国是一块神奇的土地。在这里，一切不可能的都已成为可能，一些在世界其他地方不相容的在这里都能和谐共生，许多杰出经济学家、政治学家所难以解释的奇迹在这里都已发生。这个民族的文化有太多的内涵需要挖掘，这个共同体的基因有太多的变异密码有待破译。”难以解释的奇迹和太多变异的文化密码都是我们探索研究的问题，也是我们吸引世界学者目光的焦点，是我们释疑解惑的重点。我们有很多课题可做。

与此同时，世界局势进入各种危机多发期。在把文化学术推向世界的同时，我们还要行动。正如在山大举行的第三届世界尼山论坛发表的“在文明对话中培养人类福祉之责任意识尼山协定”所呼吁和倡议的，在“重视充分实现《世界人权宣言》和1966年关于公民权利和政治权利及关于经济、社会与文化权利的两项国际公约等其它普遍认同的法律文件中宣布的人权与基本自由”的同时，还要重视教科文组织的总干事伊琳娜·博科娃女士提出的一种重视实践的新人文主义：“世界的变化要求发展一种新人文主义。它不仅是理论的，也是实践的。不仅是强调寻找价值（这当然需要），而且还是指向具体措施之实行及其显著效益。”行大于言，学者亦应成为处理文化冲突和危机事件的专家。

2015年8月，第22届国际历史科学大会将在山大举办，数以千计的国际历史学家齐聚山大，共同探讨人类文明的历史与发展问题。我们有很多机会与他们面对面交流，发出我们的文化学术声音。我们必须思考中国学术文化“走出去”的路径、方式和话语体系等问题，必须清楚我们应当如何面对世界陈述。

当世界以历史的方式来到我们面前

2015年8月23日至29日，第22届国际历史科学大会在中国山东举行，主会场设在济南，大会由中国史学会和山东大学承办。来自76个国家的2000多名历史学家参加了大会，经过7天180多场次分会演讲、发言、讨论、交流，大会取得圆满成功。这次大会是国际历史科学大会创立115年来首次走进亚洲，走进中国，走进山东，走进山东大学。世界各国的历史学家通过对人类不同时期的历史问题、学术研究和答案还原出一个历史的世界，并将这个世界呈现在我们面前。

当世界以历史的方式到来时，作为有着5000多年连续发展的文明史并正在崛起的中国，作为中华文明发祥地和经济大省的山东，作为以“文史见长”和正在创建世界一流大学的山大，作为担承着“究天人之际，通古今之变”使命的中国历史学家，我们和这个历史的世界进行了充分而自由的交流，我们既学到了东西，我们又展示了自我、奉献了精彩。

党和国家非常重视此次大会。中国国家主席习近平为大会发来贺信，国务院副总理刘延东出席开幕式，宣读习近平贺信并致辞。习近平主席的贺信引起了包括国际历史学会主席（2010～2015年）玛丽亚塔·希耶塔拉等许多中外历史学家的热议、赞同和解读。参加大会的中国青年史学家们更是倍受鼓舞，对未来的历史研究充满信心和希望。山东大学专门召开党委常委（扩大）会议，专题学习习近平贺信和刘延东讲话精神，把学到的精髓贯彻落实到学科建设、学术研究和为国家提供智库服务中。

山东省委和省政府非常重视此次大会，尽最大可能地为这次大会提供了支持和保障。山东省委书记、省人大常委会主任姜异康参加了大会开幕式，山东省省长郭树清在开幕式上致辞。郭树清在致辞中给出了山东省非常重视这次大会的原因，其中有一条提到了山东的经济社会发展与全球化的关系：在推动产业结构升级时，我们会反复研究欧洲、北美和日本、韩国的经验；在治理雾霾时，我们会不断重温伦敦、东京、洛杉矶的教训；在抑制腐败过程中，我们会阅读美国“进步运动”的史料和新加坡建设廉洁政府的实践……大会也为中国历史学家和国外同行带来平等交流、互相学习、彼此合作的机会，系统展示了中国历史研究的队伍和成果，展示了优秀的中国文化和建设成就。正如玛丽亚塔·希耶塔拉所说，在互联网信息传播方便快捷的时代，举办这样的大会能让历史学家面对面讨论、争论，各抒己见，互相启发；面对活生生的人显然比面对文字会更有效。国际历史学会秘书长（2010～2015 年）罗伯特·弗兰克教授在总结大会报告中指出，世界所有地区都有代表出席此次大会，本次大会的议题也涵盖世界所有地区；大会对新的研究方法作出了最为广泛的回应，并促进有关这些新方法的更大范围的国际交流与讨论。大会期间，我们系统展示了中国历史研究的队伍和成果，中国参会学者有 1000 多位，与中国有关的会议论文超过 90 篇，会议主持人和会议评议人有 75 名，创历届大会之最；比较全面地展示了中国的优秀文化，包括系统的、学术性的中国元素展示，办会原则，会议环境烘托，以及济南市民热情好客的生动事例；较好地展示了中国的建设成就和崭新面貌，通过鲍德威教授、彭慕兰教授等观察中国独特的视角，见证了中国的发展变化。

作为承办单位，山东大学做了大量工作，特别是6个方面的创新性工作引人瞩目：大会增设第四个研讨主题——历史学的数字化转向，体现大数据时代下的传统历史学研究的现代化倾向；在济南、青岛、淄博、济宁、泰安、聊城6市增设卫星会议，发挥山东丰厚的历史文化资源优势，彰显山东蓬勃发展的现代风韵；召开中国历史学科教学指导委员会年会暨全国历史系系主任联席会议、中国博士后学术研讨会等平行会议，搭建中外历史学家和青年学者的沟通平台；在全球范围开展青年研究生学术墙报征集活动，促进史学研究后备力量成长；配合国际历史学会设立首届"国际历史学会——积家历史学奖"奖项，提升公众对历史学的认知；创办《中国历史评论》，扩大大会在中国学术界的影响。

历史是民族的记忆，历史是文化的基因，历史通过人们的学习、选择和传播而复活，并成为影响现实的镜鉴、尺度和力量。在这个意义上，历史又是现实的，历史又是未来的。全球化，中国崛起，建设经济文化强省，建设世界一流大学，这些关键词把中国、山东、山东大学和世界紧密地联系在一起，和其他国家的文明、历史、现实与未来紧密地联系在一起。大会成果所产生的影响力将逐渐显现出来。"给我一个支点，我将撬动地球！"第22届国际历史科学大会的召开就是我们撬动梦想的支点，而杠杆就是人类通过重视历史、研究历史、借鉴历史所形成的各民族彼此尊重、平等交流、多元互鉴、包容发展的文明。

入世，为大学开放提供最佳契机

2001 年 11 月 10 日，世界贸易组织（WTO）第四次部长级会议作出决定，接纳中国加入 WTO。消息传来，举国振奋。中国经过 15 年的艰苦努力，终于成为世界贸易组织新成员，这标志着我国对外开放事业进入了一个新的阶段，这也意味着中国的各行各业将面临新机遇和新挑战，中国的高等教育更不能置身事外。

众所周知，中国的经济开放已有 20 多个年头了，而且成效显著，功业辉煌。而在这 20 多年里，中国的高校开放却是相对滞后的。这与大学的精神相悖。究其原因，既有体制机制的钳制，又有高校自身弊端的束缚。

显然，入世后的经济贸易最终会直接或间接地把大学教育带进国际化的道路，未雨绸缪，大学应该早有准备，审时度势，关键是探明资源，知己所长，知己所求，仔细思量，放胆一闯，在遵从教育规律的前提下，弄潮于世界大学教育改革的汪洋中，与时俱进，形成新的办学特色。

在知识经济时代，大学的开放首先是向经济领域的开放。无论出于迎合知识经济的呼唤，还是响应“科教兴国”的号召，还是为了大学自身发展寻求契机，大学都应从不同角度牵牢联络经济的纽带。大学向经济领域开放是双向的，即从国家经济、地方经济领域中寻找亟待解决的、富于挑战性的问题，作为科学研究、技术应用、人才培养过程中所需要的素材，利用大学的科技、人才、实验、学科、设备等优势，进行快捷有效的研究与实验工作，做出成果来，然后拿到经济建设的主战场进行检验、改进、丰富和发展，最终以成果转让、技术服务、产品生产、市场开发、企业管理等可操作成果与方式投入到实践中，利人利己，收获较好的经济效益和社会效益。

其次，大学的开放应及早地与国外的经济实体、高校、科研机构、教育机构建立合作关系，采取“拿来主义”与“送去主义”双向互动，既把大学自身的资源用好，又要引资、引智、引进先进的办学模式，走大学国际化道路。嫁接出优势，合金出新材，只有在国际交流与竞争中，中国大学才能超常规发展。“拿来”我们都不陌生，“送去”似乎有点儿新鲜，送什么，送给谁，怎么送，都值得思量。最近，国学泰斗季羡林和著名学者汤一介先生都主张中国文化传播需要“送去主义”，并极力宣传21世纪是中国文化的世纪。这很有鼓动性，也很有前瞻性。中国文化的“送去主义”靠谁执行？大学是很合适的角色之一。古希腊文明、文艺复兴、实用主义等泊来品，拿到中国来卖了个好价钱，卖了100多年还长盛不衰。中国的孔孟之道、诸子百家、改革开放的成功探索能不能拿到西方卖一卖？这主意值得大学去试试。

当然，大学的开放本身将为大学的发展营造一个竞争的环境。与国内的大学竞争，争夺国际市场份额；与国外的大学竞争，争夺在同一地区知识经济份额。物竞天择，适者生存。没有开放就没有竞争，没有竞争，就没有活力，也就形不成自己的特色。

中国政府为加入世贸组织艰苦奋斗了15年，这显示了中国坚定不移的开放决心。中国经济融入世界经济生活的大局已定，不可逆转，而科技和教育既可纳入生产力的范畴，又可纳入上层建筑的范畴，都与经济强相关。因而中国的大学的开放是势在必行的，而且，现在，入世为大学开放提供了最佳契机。

伊拉克战争对人类安全的警示

2003年12月14日，美国宣布已将伊拉克总统萨达姆抓捕。萨达姆的被捕和2003年4月美英联军进攻伊拉克一样，是震惊世界的重大事件：美英绕开联合国，不顾多国的反对，采取单方行动，在半年多的时间里将伊拉克政权颠覆。事件本身所包含的意义是复杂的、深刻的、广泛的，甚至是划时代的。评估事件的全面影响为时尚早，但事件所表露的单极主义姿态是明显的，所引起的忧虑是深层次的。人们不得不重新审视自己的安全是否可靠，人们的隐私是否真的隐秘，人们的价值观要不要做出重大修正，人们的行为是否稳妥，人们能否像他们的祖先一样敢于出头，人们真的拥有民主吗，人们真的敢于自由吗，单极主义能在多大程度上容忍异己……一句话，萨达姆的遭遇戳破了人类忧虑的新伤痛。

撇开政治的是非不谈，人们必须从理性的意义上反思人类的安全问题，人们必须从文化的多样需求来理解和容忍异己，人们必须从制衡的角度保护不同文化体系的生存权，人们必须以发展的眼光看待弱势文化的暂时困难，所有的文化生存应该处于“和而不同”的状态，“万物并育而不相害，道并行不悖”，所有文化的沟通应该“求同存异”，应该异中生新。人类文化的历史就是继承传统与开拓创新的历史，就是在沟通中容忍异己、竞争异己、发展异己的历史，由此才产生了文化的多样性、比较性和可择性，才有了人类文化今天的繁荣。但是，人类文化的发展并不能如人们的一厢情愿，而是常常处于竞争的、冲突的甚至战争的状态中。文化格局的形成受到了历史的、地域的、资源的、宗教的、人种的、价值选择的、文化传播的以及某些偶然性因素的影响，马太效应在文化竞争中夸大了历史积累的差异性，人竞天择比物竞天择更加残酷，更有利于文化单极主义的形成与发展。强势文化凭借其强大的军事、政治、经济和外交势力，凭借其强大的媒体传播势力，对弱势文化进行外困内扰，竭泽而渔，走向衰途，直至没落，消亡。文化构成人类生存的精神家园，是历史与祖先的世袭领地，是民族之根，是民族之魂，是子孙后代回溯的源头，并非属于哪一代人或哪几代人。但是，弱势文化的固守十分艰难，甚至不能避免失守的悲剧。

科技的本质与方法是解密的，是解剖的，是分析的，是刨根究底的，是揭示公理的，是无情无意的，是反隐私的，其工具理性显然更容易被单极主义所利用，成为侵犯人们安全的鹰犬。在人类生存的自然环境里，一丛草、一棵树、一堆土、一块石、一个坑、一道沟、一洼水甚至一阵烟雾都曾经是人们藏身的掩体。历史上依靠天险割据的政权也数不胜数。在科技化军事与科技化经济的今天，一切天然的屏障已经不足为据了，上天入地，潜水钻山，科技像魑魅魍魉一样能跟踪人、搜索人、锁定人、缉捕人。伊拉克有 44 万平方公里的国土，多少山水，多少大漠，但是，纵横千里的国土竟然藏不住它的元首，萨达姆在提克里特附近的一个废弃的农舍地窖里被捕，他在遭捕时一脸茫然。科学的认知是客观公正无私的，所谓科学面前人人平等，科学真理不为尧存，不为纣亡，这是无可质疑的真理。但是，作为科学的应用，技术带着浓郁的文化色彩，因为应用就是一种文化选择，就是基于人们或者社会或者政府的需要而产生的偏好。显然，受文化差异性因素的影响，受经济支持力度的制约，各民族国家的技术水平及技术优势存在相当大的差别，这种差别所导致的技术不平等，加之由此而产生的马太效应，为文化单极主义畅行打开了凯旋门。伊拉克也拥有科技作支撑平台的军事、国防、经济甚至政治，但其科技水平与美英相比不可同日而语。萨达姆也会利用当代技术整容，但美国用更精密的DNA技术验明其正身，即令人面目全非了，还是无处可藏。在科索沃战争中，美国使用了一种跟踪爆炸技术，只要能找到被炸人的通讯信息，导弹便会跟踪而至，让人防不胜防。

小隐隐陵薮，大隐隐朝市，人类的社会生活本身为人们提供了庇护。但，当道德沦丧、伦理失序、人心叵测的时候，庇护就会土崩瓦解，人群里反而会危机四伏，陷阱重重。据传，萨达姆的被捕与其亲属告密有关。2500万美金足以穿透伦理道德信仰等一切防线，让人把灵魂卖给魔鬼。在唯利是图的时代，人们纷纷脱下道德的遮羞布，拥着金钱跳裸舞，在疯狂与嘈喳中，灵魂渐次失去了栖地和安宁，痛苦着，呻吟着，流浪着，蜕变着，人们只好饮鸩止渴，以痛止痛，用金钱的喧哗声掩盖灵魂的呻吟声。于是，逆行蜂起，丑闻迭至，人们的社会安全感消失了，人们顾虑重重，小心翼翼，试图通过藏得更深，隐得更秘，求得安全。但是，功利主义的链条拴住了人们的欲望，竭泽而渔的经济化原则像天网一样恢恢然，疏而不漏。只要有人出价，隐私便不姓私，隐私便隐它不住。在唯利是图的时代，你叼着我的胳膊，我咬着你的腿，谁也别瞒谁，谁也避不开谁，想隐朝市，比登天还难。可见，人们缔结什么样的社会契约，人们就选择了什么样的社会生活。人类需要隐私，还是更需要暴露？保护隐私将导致更多的自由，还是充分暴露会产生更多的自由？是隐私更有幸福感，还是暴露更有幸福感？

那么，美国人有安全感吗？回答这个问题的难度很大。如果说“9·11”事件是出于美国防范失误的偶然性结果，那么，美国防恐警戒的步步升级则意味着美国人的安全感正在消失。尽管美国政治有很好的理由为其单极主义辩解，但是，美国人在人类文化的沃野上种下了仇恨，这一事实无法掩盖。种下仇恨，收获复仇，文化由冲突到平衡这笔账总要由历史来结清。在复仇的烈焰里，美国人的安全感又从何谈起呢？

一个滑天下之大稽的笑柄是，美英在攻占伊拉克后便加大了搜寻伊拉克大规模杀伤性武器的搜寻力度，但结果却大出美英政府的意料，伊拉克根本就没有大规模杀伤性武器！抓到萨达姆又怎么样呢？推翻了伊拉克政权又怎么样呢？战争的主要理由不成立了，真理或者谬误还有什么烟幕？美英的单极主义嘴脸还拿什么遮住？狼吃羊的逻辑早已被弱者的鲜血染得猩红猩红的，还有什么美丽的言辞能够掩饰这种逻辑的血腥味以及避无可避的警示?!

中国主导全球化端倪初现

从历史与传统看，中华文明是世界上唯一绵延五千年不断的文明，寿命长反映了生命力强大。在历史上，中国多次缔造帝国盛世，成为世界文明中心，并推动经济、贸易、文明、文化交流，如汉唐盛世及丝绸之路的开拓、郑和下西洋等等，把中国古代四大发明、丝绸、瓷器、茶叶等物质文明与生活方式带给了世界人民。换言之，汉唐时期，中国是世界文明中心，并且是全球化文明交流的主导者。

从文化上看，中华民族一直怀抱家国天下的志向与情怀，自强不息，厚德载物，仁以为己任，崇尚大一统，追求大同世。但中华民族同时又是一个热爱和平、坚守正义的民族，奉行忠恕之道，“己欲立而立人，己欲达而达人”，“己所不欲，勿施于人”，内圣外王，协和万邦，这是世界文明共处与走向团结的最好原则。作为对文化传统的继承，维护世界和平、促进共同发展是中国对外政策的宗旨，独立自主是中国对外政策的根本原则，和平共处五项原则是当下中国处理同一切国家关系的基本准则。

从全球化趋势看，中国近代史开启于鸦片战争，是西方霸权主义主导的全球化以极其野蛮的侵略战争方式对古老文明的践踏、冲击与挑战。鸦片战争之后的中国陷于外战、内战、清廷割地赔款、百姓流离失所、社会动荡不已的黑暗时期。包括后来的中日甲午海战、资产阶级革命推翻清朝统治、军阀混战、抗日战争、解放战争，一个多世纪的动乱几乎把中国的经济社会基础毁坏殆尽。在这种条件下建立的新中国，在丧失 20 年时间的前提下，经过近 40 年的改革开放，把中国建设成为全球性的政治经济军事外交文化各领域都强大的大国。但是，中国并未报复西方侵略者，而是以德报怨，通过自身经济增长带动西方及世界的经济增长，并多次把西方国家从经济危机、金融危机中解救出来。当下，中国经济等各方面依旧处于良好的上升通道中，而美国、日本、欧洲一些国家的经济却处于相对停滞和下降周期中，一个显明的预期是，在未来几年中，中国经济将超越美国成为全球第一大经济体，在此基础上的军事、外交和文化等国家实力也将成为全球第一。

中国崛起的理想目标

怎样才算中国崛起？中国崛起的标的是什么？短期目标是实现全球化的中国化，即中国主导全球化，通过改革、创新、和平、合作、共赢、可持续的模式解决人类生存与发展中存在的问题，在追求本国利益时兼顾他国合理关切，在谋求本国发展中促进各国共同发展，打造人类命运共同体；长期目标是和世界人民一道，不断提高物质文明和精神文明水平，直至实现共产主义。特别是，实现共产主义是中国共产党人的理想，是中国人民和世界人民的理想，共产主义社会是人类命运共同体的最高级形式。

为什么是中国主导全球化

大航海时代以来的全球化基本上就是西方扩张、侵略、掠夺、殖民的历史，西方国家从中获得巨大利益，创造了历史上的奇迹与辉煌，并成为鼓舞后人推行相同政策、走同一发展模式的典范。二战后的美国发展了这种模式，把霸权主义推行到极致。美国主导的全球化奉行的就是“美国优先”的霸权主义，通过政治、军事、外交、金融等工具干涉其他国家和地区事务，从中谋取美国利益，引导全球化朝着有利于美国的方向发展。美国采取的全球策略是零和游戏、美国第一，以损人利己的做法保证美国的绝对强大，否则，就把别国视为对美国安全的威胁。在通过扩张、侵略、掠夺、殖民的方式获得自身利益的同时，给别国人民带来损失、灾难和祸患，增加了恶、仇恨与动乱。历史和事实证明，欧美通过霸权主义主导全球化的模式行不通。

中国因为拥有文化优势、人口优势、制度优势、道路优势、经济优势和改革创新等优势而成为当下主导全球化最合适的国家。

英国著名历史学家汤因比坚信未来的人类只有走向一个“世界国家”，才能避免民族国家的狭隘，才能避免民族国家因为狭隘的国家利益追求而带来的人类社会的灭亡。而人类社会要过渡到一个“世界国家”，西方社会是无法完成这样的任务的。汤因比认为，世界的未来在中国，人类的出路在于中国文明。汤因比对未来人类社会开出的药方不是武力和军事，不是民主和选举，不是西方的霸权，而是文化引领世界，这个文化就是博大精深的中华文明。在汤因比看来，19 世纪是英国人的世纪，20 世纪是美国人的世纪，而 21 世纪将是中国人的世纪。当然，值得强调的是，汤因比说 21 世纪是中国人的世纪，主要是指中国的文化尤其是儒家思想和大乘佛教引领人类走出迷途和苦难，走向和平安定的康庄大道。他认为，以中华文化为主的东方文化和西方文化相结合的产物，将是人类未来最美好和永恒的新文化。

中国的家庭家族文化既有保守性，又有精进性。保守性利于稳定，精进性利于经济社会繁荣。修身齐家，这两样功夫被中国人练得出神入化，改革开放 30 多年的经济社会繁荣，主要动因是人民群众改善物质生活条件和发家致富的需要。也有学者（如宋鲁郑）认为，改革开放的成功、国民经济的稳步增长还与中国国民性即生活方式与文化有关。中国国民性在经济生活中，表现为比较节俭，喜欢储蓄，喜欢投资。这些良好的习惯使得财富利用效率高，货币流通比较均衡、平稳，有助于避免西方高杠杆、高趋同、暴涨暴跌式的金融危机。

特别是，中国共产党领导下的社会主义制度比西方资本主义制度具有明显的优越性，马克思早已做过论述。中国共产党的长期执政也保证了中国社会长期目标的既定性和相关政策的稳定性。社会主义国家的宏观调控能力和集中力量办大事的措施都是西方资本主义国家所望尘莫及的。

习近平主席在世界经济论坛 2017 年年会开幕式上的主旨演讲中概括中国道路说，中国的发展，关键在于中国人民在中国共产党领导下，走出了一条适合中国国情的发展道路。这是一条从本国国情出发确立的道路。中国立足自身国情和实践，从中华文明中汲取智慧，博采东西方各家之长，坚守但不僵化，借鉴但不照搬，在不断探索中形成了自己的发展道路。这是一条把人民利益放在首位的道路。中国秉持以人民为中心的发展思想，把改善人民生活、增进人民福祉作为出发点和落脚点，在人民中寻找发展动力、依靠人民推动发展、使发展造福人民。这是一条改革创新的道路。中国坚持通过改革破解前进中遇到的困难和挑战，敢于啃硬骨头、涉险滩，勇于破除妨碍发展的体制机制障碍，不断解放和发展社会生产力，不断解放和增强社会活力。这是一条在开放中谋求共同发展的道路。中国坚持对外开放基本国策，奉行互利共赢的开放战略，不断提升发展的内外联动性，在实现自身发展的同时更多惠及其他国家和人民。

实际上，中国提出的打造人类命运共同体和积极推动全球治理的主张得到许多国家的赞同与响应，并取得了一些成就：构建中美新型大国关系，协调解决全球治理难题；巩固G20在全球经济治理中的核心地位，引领G20向长效治理机制转型；人民币加入SDR，催化国际货币体系改革；成立金砖银行和亚投行，完善全球金融治理格局；提出“一带一路”重大倡议，建立更广泛国际合作框架；以最积极的姿态推动巴黎气候协定达成，体现大国担当；积极完成自贸区建设，推动区域经济一体化；持续深化南南合作，实现历史性新跨越；推进中非务实合作，打造中非“命运共同体”；成立中国—拉共体论坛，影响全球治理格局。（据田慧芳文章“这三年，习近平全球治理十大成就”）

重要时间节点

2008年金融危机爆发后，欧美陷入经济增长乏力困境，这些国家采取了多种保护本国产业的政策。WTO数据显示，目前有近300个备案的各种自贸区协定（FTA），这种情况导致全球价值链分工协作的割裂和全球贸易的碎片化。2008年至2016年，8年间美国推出了600多项贸易保护措施。贸易保护主义和民粹主义已经形成全球化逆流。

习近平主席在2016年9月4日G20杭州峰会开幕式讲话中给出全球经济问题的“中国方案”：应该加强宏观经济政策协调，合力促进全球经济增长、维护金融稳定；创新发展方式，挖掘增长动能；完善全球经济治理，夯实机制保障；建设开放型世界经济，继续推动贸易和投资自由化便利化；落实2030年可持续发展议程，促进包容性发展。

2017年1月20日，特朗普就任美国第45任总统。特朗普推行“美国优先”的贸易保护主义，并从政策上限制移民、为难中国，任命以反全球化闻名的经济人物加利福尼亚大学欧文分校经济学教授彼得·纳瓦罗为白宫国家贸易委员会主任，大量启动“逆全球化”步骤。英国加速退出欧盟，也是对全球化的逆动。西方很多国家把本国遇到的经济和社会问题归咎于经济全球化，推卸国际责任和义务，采取相应措施，逆全球化而行。

习近平主席在世界经济论坛2017年年会开幕式上的主旨演讲中指出，把困扰世界的问题简单归咎于经济全球化，既不符合事实，也无助于问题的解决；我们不能就此把经济全球化一棍子打死，而是要适应和引导好经济全球化，消解经济全球化的负面影响，让它更好地惠及每个国家、每个民族；面对经济全球化带来的机遇和挑战，正确的选择是，充分利用一切机遇，合作应对一切挑战，引导好经济全球化走向。

全球治理　任重道远

宏观看待人类当下的生活，各民族国家的文化差异性很大，因而，在信仰、价值观、语言、生活方式及主张等方面存在很大差异与分歧。唯一走向趋同的是商品化生活。各国施政以及可以参与全球化的最大公约数是经济，追求经济利益增长是各国彼此链接的纽带。是故，发展经济，在增加各方经济利益中求同存异是各国沟通、合作、互利、共赢的基础。

由于历史、地理、资源、文化等方面的差异性，各个国家与地区的现代化发展存在很大差异性，对全球化的需求与供给也存在很大差异性。这些差异性，对全球治理造成困难。即使在经济领域，西方贸易保护主义抬头，“逆全球化”政策频出，全球经济治理面临更多困难。特别是，中国应正确估量“逆全球化”对中国经济建设和国际贸易的消极影响，采取积极应对策略。

习近平主席在世界经济论坛2017年年会开幕式上的主旨演讲中指出，世界经济增长乏力的三个问题：一是全球增长动能不足，难以支撑世界经济持续稳定增长。短期性政策刺激效果不佳，深层次结构性改革尚在推进。世界经济正处在动能转换的换挡期。二是全球经济治理滞后，难以适应世界经济新变化。过去数十年，国际经济力量对比深刻演变，而全球治理体系未能反映新格局，代表性和包容性很不够。三是全球发展失衡，难以满足人们对美好生活的期待。全球最富有的1%的人口所拥有的财富量超过其余99%人口财富的总和，收入分配不平等、发展空间不平衡令人担忧，全球仍然有7亿多人口生活在极端贫困之中。

全球治理不仅表现在经济政策层面的分歧与碎片化，还表现在商品生产与消费领域缺乏宏观调控性。经济全球化很大程度上表现为资本与商品流通的自由化，而这种自由化实际决策的主角是资本家。所谓资本与商品自由流通，是依照资本与商品的逐利本性流动，资本主义国家政府的政策干预往往以利益为导向，顺水推舟。所以，从宏观上看，决定资本与商品流动方向的权力主要掌握在全球资本家手里，这是难以对全球经济实施组织与调控的根本原因。在商品生产与消费领域，因为各种定价权掌握在资本家手里，政府和消费者的影响力相对不足，这也是导致全球经济发展失衡的一大原因。鉴此，把人类福祉和经济均衡可持续发展的责任交给资本家是不合适的。不能过分强调资本的自由化，必须强调全球宏观调控下的自由经济发展模式。在这方面，中国成功的经验值得推广。

解决上述问题，可以在三个方面着力。一是促进已有国际经济组织、各国经济政策引导、市场调配等影响因素发挥作用。二是习近平在世界经济论坛2017年年会开幕式上的主旨演讲中倡导的：第一，坚持创新驱动，打造富有活力的增长模式；第二，坚持协同联动，打造开放共赢的合作模式；第三，坚持与时俱进，打造公正合理的治理模式；第四，坚持公平包容，打造平衡普惠的发展模式。三是经济全球化和文化全球化同时抓，通过改变人类文化价值体系、生活方式和信仰，通过跨越式文明进步，改变全球经济模式，从根本上解决经济发展中的问题，解除人类因为过度追求经济发展而造成的诸多危机；推广中国经济社会发展成功的经验，打造全球版的“改革开放”体系，使之适用于不同的国家和地区，在改革、开放、创新、合作、共赢和发展中解决问题，落实全球治理。其中的关键之一是科技发展带来的文明跨越式进步，尤以信息技术、生物技术、航天技术、新材料技术、新能源技术的进步为要；关键之二是商人的觉悟和道德水平的提高，由此而带来的价值追求从以物质利益为主转向以道义追求为主。

增强党在中国主导全球化过程中的领导力

伟大的事业激励人，伟大的事业教育人，伟大的事业锻炼人，伟大的事业团结人，伟大的事业成就人，伟大的事业是党和人民休戚与共、命运相连的纽带。当下，这项伟大的事业就是党领导中国崛起，实现中华民族的伟大复兴；就是党领导中国成为全球化的主导力量。能否融入到这项伟大的事业中，并在其中尽心竭力、发挥才干、积极贡献是对党员党性与才干的最好考验。党建工作一定要和这个伟大的实践活动结合起来，激励人、教育人、锻炼人、团结人、成就人，增强党的号召力、凝聚力、创造力、战斗力、执政力、领导力和国际影响力。

领导中国崛起、主导全球化是中国共产党领导中国人民开启的一段新的万里长征。和中国工农红军进行的二万五千里长征相比，在这段新的征程上，面对难以预料、复杂多变的国际局势，更是充满了艰难险阻和数不胜数的困难。要取得新长征的胜利，必须对广大党员干部提出新的要求。党员干部除了做好传统的功课外，还要做好引导全球化的功课。

除了重视思想觉悟、政治立场、政治才能外，党员干部还要重视思想方法、理论体系、社会科学、传统文化、国外文化、经济建设、外交战略等专业层面的需要，用好科学技术、文明创新和专业知识，提高执政能力和执政效益。

在文化领域，要了解世界上一切民族文化，吸收一切民族文化的精华，为我所用。以中华文化（社会主义文化、共产主义文化和优秀的传统文化）为主体，吸收世界其他民族文化精华，以解决全球化中的问题为用，一体共和，各美其美，形成一个为世界人民广泛接受的全球文化。值得注意的是，文化传承、拿来、吸收、创新一定是在微观元素营养水平上的，不是生吞活剥或者活体移植，要避免严复“牛体马用”之类的文化悖论。从消化吸收别个文化的养分，到长成自己的身体，到解决实际问题，成为我们得心应手的习惯，这个过程是漫长的，需要党员干部时时处处不忘文化使命，带头做文化的创新人和传播者，在全球化过程中形成“中体世用”的文化格局。

要着手构建共产主义文化体系。以马克思的科学共产主义为理论核心，兼顾中国古代的世界大同理想、乌托邦主义，吸收世界各族人民的优秀文化理想，从争取多数进步人士、觉悟者、人类主义者和共产主义者原则出发，寻找实现共产主义的可行路径，以解决实现共产主义理想实践中遇到的问题为核心，构建共产主义文化体系；以中国共产党为领导核心，团结其他国家的共产党和全世界的共产主义者，在全球化过程中开展共产主义运动，传播共产主义文化；在新的形势下，这个文化体系应探讨新的实现路径。

要把共产党的诞生和共产主义运动放在整个人类社会历史的长河中看待，放在全球化过程中认识，从历史发展和人类理想两种维度上考察共产党的使命和共产主义运动的非凡意义；从中华民族的历史追求、梦想和中国崛起的现实中理解中国共产党的历史功勋和卓越领导力，并坚信，中国共产党是领导中华民族复兴的最可靠力量。在这些认识的基础上，党员干部树立坚定的理想信念，勇担使命，再踏征程，领导中国人民实现中国崛起并成为全球化的主导力量，让共产主义事业成为共产党人终身奋斗的目标，不懈追求，反复实践，让越来越多的人看到共产主义理想实现的可能性在不断增加，让越来越多的世界人民加入到为共产主义理想奋斗的队伍中来。团结一切可以团结的力量，为共产主义而奋斗，让共产主义事业成为人类共同的事业，用和平正义的力量主导全球化，是中国共产党的新长征。

（此文公开发表于 2017 年 4 月份《社会科学报》网络版，2017 - 05 - 04 被湖南智库网转发）